上海對外經貿大學

校史

（1960–2020）

上海对外经贸大学校史编写组　编著

上海三联书店

图书在版编目(CIP)数据

上海对外经贸大学校史:1960—2020/上海对外经贸大学校史编写组编著.—上海:上海三联书店,2020.9

ISBN 978-7-5426-7179-0

Ⅰ.①上… Ⅱ.①上… Ⅲ.①上海对外经贸大学-校史-1960-2020 Ⅳ.①G649.285.1

中国版本图书馆CIP数据核字(2020)第170545号

上海对外经贸大学校史:1960—2020

编　　著/上海对外经贸大学校史编写组

责任编辑/郑秀艳
装帧设计/一本好书
监　　制/姚　军
责任校对/张大伟　王凌霄

出版发行/上海三联书店
　　　　(200030)中国上海市漕溪北路331号A座6楼
邮购电话/021-22895540
印　　刷/上海普顺印刷包装有限公司

版　　次/2020年9月第1版
印　　次/2020年9月第1次印刷
开　　本/710×1000　1/16
字　　数/220千字
印　　张/18.5
书　　号/ISBN 978-7-5426-7179-0/G·1571
定　　价/68.00元

敬启读者,如发现本书有印装质量问题,请与印刷厂联系021-36522998

目 录

第四章 再启征程 高掌远跖(2003—2012)

第一章　创业维艰　两起两落(1960—1977)

1960 年,为满足国家对外贸人才的需求,上海对外贸易学院在上海成立。学校建立之初命运多舛。1962 年被迫撤销,1964 年,为发展外贸事业,学校再次建立。但学校发展刚刚步入正轨,“文革”不期而至,学校于 1972 年再度被撤。这一时期是学校的创业时期。创业维艰,两起两落,但建校阶段“贸院人”的艰苦创业精神一直作为学校的优良传统传承至今,是激励学校在改革春风激扬华夏大地之时顺利复校重建和实现跨越式发展的精神动力。

第一节　以贸为名　筚路蓝缕

上海对外贸易学院以“外贸”为名,建立初衷是为国家和社会培养忠于社会主义事业、又具有一定外语基础和对外贸易理论与知识的外贸工作干部和外语翻译干部,为推动我国同世界各国的外贸往来与商业交流提供人才支撑。1960 年,为满足国家对外贸人才的渴求,上海对外贸易学院在上海成立,是中央对外贸易部直属的两所高校之一。

一、学校建立与外贸事业同起航

1. 学校筹建缘起

新中国成立后,我国外交事业不断发展,同广大社会主义国家和友好国家建立起相互支持和合作关系,与越来越多的国家在和平共处五项原则基础上建立了外交关系,同各国人民的友好往来和经济交流日益广泛。与此同时,我国的对外贸易事业获得了较大的发展。以上海为例,上海的进出口贸易总额有较大幅度的增长,1958 年比 1957 年增长 37%, 1959 年比 1958 年增长 21%。按当时的估计,到 1967 年,出口总值将达 70—90 亿元,比 1959 年增长 300%左右。但从当时的外贸干部队伍状况来看,干部的质量和数量都远远不能适应外贸工作日益发展的需要。一方面,干部队伍的基础比较薄弱;另一方面,随着对外贸易业务的迅速发展,干部的人数将会出现不足。如按每年3%—4%的增长比例计算,8年内约需增加外贸干部2 000余人,加上自然因素(如退休、死亡等)约减少1 700人,两者共需增加3 700余人。因此,积极培养一支又红又专的外贸干部队伍以适应外贸工作的需要,已经成为当时一项刻不容缓的任务。

针对我国对外贸易不断发展、外贸人才需求日益增长的局面,1958年6月,中央对外贸易部(以下简称“外贸部”)在上海召开全国外贸局长会议,指明了中央对各口岸在培养干部工作方面的要求。同年7月12日,上海市对外贸易局(以下简称“上海外贸局”)党委向上海市委财政贸易工作部和教育卫生工作部请示,为了更好地适应外贸业务发展需要,拟将上海外贸干部学校并入上海外国语学院,设立外贸外语系,并将请示报告抄送上海市高等教育管理局党委和上海外国语学院党委。外贸外语系的主要任务是:(1)调训上海与六省(江、浙、皖、鲁、赣、闽)协作区外贸干部;(2)从上海财贸系统抽调部分工农干部与知识青年干部;(3)招考部分高中毕业生进行训练,补充外贸干部的来源,以培养又红又专的、忠于社会主义事业的、具有一定外语基础和对外贸易理论与技术知识的对外贸易工作干部和外国语翻译干部(包括出国干部)。

上海外国语学院外贸外语系设立后,1958年和1959年先后招收在职干部(调干生)484人(1958年招收287人,1959年招收197人),学习期限定为二年制和四年制两种。考虑到学生都是调干生,存在年龄大小不一、文化程度不同、接受能力差异等特殊情况,为适应教学和外贸业务发展对干部的迫切需要,学生入学时暂不规定学制年限,先行试读一年,然后参照第一年的学习成绩和上海外贸公司对人员的需要,将学生分为二年制、三年制、四年制和五年制。1958年招收的287名学生分为14个班:英语二年制4个班、三年制6个班,英、日、德语四年制3个班,法语五年制1个班。1959年招收的197名学生,分为8个班(不再设二年制):英、日语三年制5个班,英、德语四年制2个班,法语五年制1个班。

2. 建校历程

虽然上海外国语学院外贸外语系承担了培养外贸人才的任务,但由于国家对外贸人才需求量大,单单是一个科系无法满足国家对人才的需求,需要更为专业的学校承担培养外贸人才的任务。正是在这种背景下,上海对外贸易学院开始酝酿建立。

上海地处我国对外贸易发展前沿,有着发展外贸事业的优越条件,也需要大量的外贸人才。当时,在上海建立外贸学院的时机和条件都已经成熟。1959 年 12 月 25 日,外贸部人事局征求上海外贸局党委在上海筹建一所外贸学院的意见。1960 年 1 月 14 日,外贸部通知召开全国外贸部门人事工作会议,并要求讨论 1960 年建校工作。全国对外贸易系统人事工作会议于 1960 年 2 月 8 日至 2 月 19 日在北京召开,中心议题是培养外贸新干部。会议认为,随着对外贸易的发展,对外贸干部的需求还会增长。从长远来看,根据中央指示的精神,必须自力更生,有计划地开办一些学校。外贸系统的学校规划应当同外贸系统的干部管理体制相适应。各省、市、自治区的外贸干部都属地方党委管理,因此,外贸系统新干部的培养,应主要为地方办学,作为地方教育体系一个组成部分。会议决定在上海创办一所外贸学院以培训外贸人才。

为了加强对学校筹建工作的领导,加速建校工作的进行,上海外贸局党委于 1960 年 3 月 10 日召开上海对外贸易学院筹建工作首次会议。会议除传达中央和上海有关部门关于建校工作的指示外,还讨论了基建、招生、师资、干部配备和教学准备工作,并即席成立了筹建小组。筹建小组由谭守贵、金兴担、周启贤、张方季、王念祖、朱成和、傅学强、周丕炎、严陆一九位同志组成。谭守贵任组长,金兴祖、周启贤任副组长,张方季任办公室主任,并由上海外贸局宣传部、组织部、工会工作组、财务处、上海外国语学院外贸外语系各抽调干部一人,当即开始集中办公。当时,筹建小组的办公地点分散,没有固定地方,开始时暂借延安东路外滩原洋商亚细亚火油公司房屋,后迁入外滩 18 号二楼,最后又改在圆明园路 169 号五楼办公。

学校建立的目标是为国家培训外贸干部,服务于国家和社会的发展需求。在 1959 年 9 月,中央财贸部在三省三市财贸干部工作会议上指出:“外贸要下决心,力求在三到五年内培养一支又红又专的外贸干部队伍。”学校响应国家号召，在建校初期就明确了办学定位，即：在教育为无产阶级政治服务、教育与生产劳动相结合的教育方针指导下，按照对外贸易的特点和要求，为国家培养又红又专的外贸业务干部和外语翻译干部。学校的发展方向、教学目标皆是培训服务国家、社会的外贸人才，满足我国外贸事业对外贸人才的需要，推动外贸事业的发展。

学校办学规模计划为中等规模，主要是培训华东地区的外贸人才并辐射全国。1960 年，外贸部在干部培训规划草案中提出："上海建立外贸学院一所，规模 1 000 人，干部训练 500 人，外贸中学（预科）规模 600 人。"学校的学生经常保持在 1 500 人左右，其中 1 000 人从社会上招收高中毕业生。自 1960 年起，每年招生 250 名左右，500 人为干部训练部分。争取到 1962 年初，在校学生达 800—1 000 人，最大规模为 1 600—2 000 人。1960 年，学校设置预科，以稳定学校生源。

对于本科的培养目标是：培养学生成为有社会主义觉悟、经得起风险的、有对外贸易科学知识与实际工作能力的体魄健康的劳动者。具体要求是：1.培养学生具有工人阶级的阶级观点、劳动观点、群众观点以及辩证唯物主义观点，并能具体贯彻于实践活动中。2.具有一定的专业知识与技能。其中，对外贸易经济系的专业要求是：通晓对外贸易基本理论、政策和专业技术知识，具有外贸实际工作能力并掌握一种外国语言；对外贸易外语系的专业要求是：精通一种外国语言，能在对外贸易活动中担任翻译工作，一般了解对外贸易基本理论、政策与专业技术知识。3.身体健康。学生具备良好的身体素质，可以克服学习中诸多压力。

鉴于对外贸易形势的发展，必须加速外贸干部的培养，上海外贸局根据上级的指示精神酝酿筹建上海对外贸易学院。1960 年 9 月 6 日，上海外贸局和上海外国语学院按照沪贸党（60）字第 285 号联合报告，要求成立上海对外贸易学院并将上海外国语学院外贸外语系并入。同年 10 月 10 日，经中共上海市委正式批准，在上海外国语学院外贸外语系的基础上成立上海对外贸易学院。同年 11 月 14 日，上海市高教局同意将上海外国语学院外贸外语系正式并入上海对外贸易学院。上海对外贸易学院在中央和地方的支持下开始筹建。

3. 两种办校方案

筹建上海对外贸易学院的时期，正是1959年到1961年我国国民经济严重困难时期。尽管如此，筹建小组仍遵照中央财贸部和外贸部的指示积极进行建校工作。到1960年底，教学大楼及部分附属工程已经竣工，学校的组织机构、教职人员基本配齐。同时，与上海外国语学院外贸外语系办妥了交接手续。学生除外贸外语系本科高年级学生和海关学校学生仍在原址上课外，本科一年级和预科的学生正式迁入学校新校址上课。

在上海市委正式批准成立上海对外贸易学院、筹建工作加速进行之际，有关部门对上海对外贸易学院的开办出现了两种不同的意见：一种是如果师资来源、学生来源能够解决，可继续自办；一种是附属其他学校代办。显然，这一时期，对于是否建立上海对外贸易学院还存在着不同的看法。

针对这一问题，上海外贸局党委作了认真的讨论研究，于1961年1月22日和3月4日向市委财贸部和外贸部党组分别写了报告，申述合办和单独办的利弊。报告明确提出，根据外贸工作的特点和今后发展需要，上海对外贸易学院单独办校的方案更为合理，理由如下：

(1) 外贸政策性强，技术性高。对干部的要求，不仅要具备一定的外文基础，而且要懂得国际法、运输保险法、商品学和掌握行情研究等知识，在学校里单纯读外文是不能符合要求的。

(2) 为了解决学生来源和提高教学质量，上海对外贸易学院设立大学预科，在招收预科学生时，就注意学生思想政治条件。在预科培养过程中，兼顾本科教育要求。有些本科需要学的课程，在预科阶段就打下了基础。

(3) 上海外贸系统在职干部的培训任务较重，一般干部必须由上海对外贸易学院来担负，不再设立外贸干部学校；同时上海对外贸易学院还需要为华东地区各省培养外贸人才。

(4) 上海海关学校培养海关干部的任务也重，而领导骨干较弱，上海对外贸易学院设立后，可以加强对它的领导。

同时，学校也提到过去委托上海外国语学院代办外贸外语系的情况。在办学过程中，尽管得到上海外国语学院的大力支持，但在一定程度上也存在不少问题，如：外贸外语系学生多，但师资配备弱；外贸外语系学生在校舍条件等生活问题上存在不少困难等等。基于以上情况,上海外贸局党委认为,必须依靠上海对外贸易学院培养新生力量来解决上海外贸的干部问题。上海对外贸易学院单独设立是完全必要的。外贸部研究认为,从上海口岸干部队伍情况和长远发展需要来看,在上海单独成立一所学校是需要的,并要上海外贸局将上述情况正式向市委汇报。最终,上海对外贸易学院创建工作尘埃落定。

二、基础建设与系科机构设置

1. 校址选定与基础建设

上海对外贸易学院在确定建立后,便开始积极同各方协调,选址建校。当时的建校选址方案是:首先是江湾地区,第二是浦东地区,第三是吴淞地区。

最理想的校址是在江湾一带,邻近上海外国语学院。因为学校计划新建的教学大楼空间尚不能满足全部教学需要,在今后一到两年中需要借用上海外国语学院的校舍和一部分师资力量进行教学,两地之间不能相隔太远;此外,该区市政设施较齐全、交通方便,又邻近外贸公司的许多仓库、码头及加工厂,便于学生参加生产劳动。当时,市建委决定外贸学校设在江杨南路东南边。但那里是一片洼地和茭白塘,仅填土就需要花费 60 至 70 万元,学校建设经费十分有限,难以支撑如此昂贵的填土费用。之后筹建小组又选择了外贸运输公司张华浜仓库对面一块地,但要动迁、拆除民房 150 间,难度很大。期间,根据上海市发展卫星城的方针,上海城市规划局也曾提出可以在金山、奉贤征地。最后,在几经周折后,筹建小组成员再赴上海西郊察看,实地考察并综合衡量后,选定天山路古北路附近建校,即现在的古北校区所在地。

1960 年 4 月 20 日,外贸部批准上海对外贸易学院的总体规划,计划投资(包括设备购置)300 万元,建筑面积控制在 30 000 m^2 以内。为保证当年秋季开学,外贸部同意 1960 年先建 5 000 m^2 教学大楼和部分必要用房,投资不超过 60 万元。上海外贸局于当年 3 月 15 日和 4 月 19 日向上海市基本建设委员会和经济计划委员会申请,要求将征地、设计和施工列入当年第二季度计划之内,力争在暑假前建成教学大楼。

校址选定后,面临的是施工的困难局面。在市计委、建委的支持下,学校 5 000 m^2 的教学大楼列入 1960 年 7 月上旬的施工计划。施工时间已定，建筑承包单位落实，条件已具备，可是问题和困难仍接踵而至。供应紧张的水泥、钢材、木材三大材料要学校解决，辅助劳动力要学校解决，工地运输要学校解决，水、电、路三通所需的材料也要学校解决，工程进展极为迟缓。为保证学校可以按时开学，筹建小组成员日夜奔忙，终于使建校舍所需的建筑材料及时运进施工现场，同时抽调 100 多名学生支持工地，参加平地、筑路、挖槽的建院劳动，并调运车辆保证运输畅通。

为了尽快建成教学大楼，帮助学生树立劳动观念和勤俭建院的思想，筹建小组临时党总支组织一年级新生从 8 月 15 日起分三批参加建院劳动。劳动前，组织他们学习党的教育方针，把劳动作为入学的第一节课。学生们劳动热情很高。他们在劳动中提出："用自己的双手，建设自己的学校"、"大雨小干，小雨多干，晴天大干，阴天猛干"的口号。他们在劳动实践中真实体现了这些豪言壮语。工地上到处出现"挑困难、拣重活、让方便、搞互助、抢夜班、带病干"的先进事迹。党员学生日劳动，夜突击，从不叫苦。预科的学生平均年龄仅十四五岁，也参加了建院劳动。劳动中，有些学生即使出现伤病，老师知道情况后，让他们多休息，但他们仍坚持照常劳动。女同学也不甘示弱，和男同学一样挖土、抬土、拉车，样样干，而且干得很出色。师生们在艰苦的环境下，人人无私奉献，只为早日建成学校。学校的建立与发展离不开师生的默默付出。

然而，开学临近，学生的住宿问题仍未解决。筹建小组认为不能完全依赖基建来解决秋季开学的校舍问题。学校想方设法采取在现有的住宿楼内再多挤一些人，搭建简易房屋，商借文化干校，使用公司新建仓库，动员离家近的学生走读等措施，克服各种困难，从而保证学生的住宿和正常上课。到 1960 年底，教学大楼和教学辅助用房部分竣工，施工期仅用半年。学生中，除外贸外语系本科高年级生在上海外国语学院上课外，本科生一年级和预科生都在新建的教学大楼上课。

2. 系科机构设置与人事安排

学校建立初期，谭守贵任上海对外贸易学院党委书记、院长；张仲棠任上海对外贸易学院党委副书记、副院长；张子钦任党委办公室主任兼行政办公室主任;陈波浪任党委组织部部长兼人事处处长;金兴祖任党委宣传部部长兼马列主义教研室主任;慕惜光任教务处处长;张方季任行政处副处长。学校行政组织系统设置院务委员会,下设院长室。院长室统领各部门,包括行政处、教务处、人事处、院长办公室、经济系、外语系、马列主义教研室、图书馆、院刊编辑委员会和外贸预科。

在系科设置方面,有外贸外语和外贸经济两个系。外贸外语系下设英语、日语、德语、法语、西班牙语和阿拉伯语六个专业;外贸经济系下设对外贸易经济专业。在教学上主要由下列人员负责:张利民任外语系总支书记兼院人民武装部部长;周丕炎任外语系主任;陆贞明任外语系副主任;邢绍先任经济系总支书记兼系主任;郭忠言任经济系副主任。

此外,上海海关学校是直属于外贸部领导的学校,学校的教学计划、年度预决算、人员编制方案、附设干部办公室的建立等由外贸部审定,党的建设和思想政治工作等由上海对外贸易学院代管并负责领导。

1960 年 2 月,外贸部召开人事工作会议,要求天津、上海、广州在建立学校的同时,筹建外贸中学作为学校的预科。3 月 3 日,上海外贸局党委以《关于筹建上海外贸中学招生问题》向上海市委财贸部请示。请示的主题是拟在上海外贸子弟中学的基础上筹建上海外贸中学,专设高中,学制三年。每年招生 200 人,规模 600 人,以此作为上海对外贸易学院预科。学生免收学费,面向全市招生。经市委教卫部同意后,在常熟路外贸子弟中学校址增挂上海对外贸易学院预科的学校名牌。7 月,外贸子弟中学初三应届毕业生符合条件的升入预科,其余在全市统一分配。由此,外贸子弟中学成为上海对外贸易学院预科,不再以外贸子弟中学名义在全市招生和继续办学。外贸子弟中学的教职工、教学设备和财物等全部转入上海对外贸易学院。

3. 建校之初面临诸多困难

建校之初,学校面临师资力量弱、学生生源少、教学设备和图书资料短缺等方面的困难。全校师生在如此艰难的情况下依旧坚守初心,利用一切教学资源刻苦学习。

按照原定规划,上海对外贸易学院 1960 年需要教职员工 206 名。与当年 3 月 19 日的实有数相比,实缺 148 名。具体情况如下:

表 1-1-1　1960 年 3 月教职工人数与应需教职工人数对比表

教职工类别	需要数	现有数	缺　数
本科教师	94 名	44 名	50 名
预科教师	25 名	7 名	18 名
干　部	58 名	7 名	51 名
勤杂工	29 名	无	29 名

学校建立之初，教师、职工人数存在较大的缺额，这一情况如若持续下去，必定严重影响学校的正常运行。为保证当年招生开学，在上海外贸局和上海市有关部门的支持下，学校教师和干部缺少的问题逐步得到解决。到 1960 年 9 月 21 日，学校拥有本科教师 94 名、教辅人员 9 名、预科教师 16 名、干部和行政人员 75 名，基本上满足了当年教学和管理的需要。

由于外贸教学人才本就相对短缺，学校虽然基本满足了开学所需的师资需求，但在质量上仍存在一些短板。以 1961 年为例，学校教师队伍中，除了英语和法语教师队伍中有部分具备较高水平的教师，其他专业教师只是基本具备教学能力。总体来看，学校的师资力量依旧十分困乏，教师数量和质量都存在较大的缺口。

与此同时，学校在招生上也存在着学生生源较少的困境。学校原计划 1960 年招收高中毕业生 250 名、初中毕业生 200 名。经与高教局和教育局联系，都表示愿意支持外贸办校，但学生问题须由市委教卫部决定。学校请示市委教卫部的结果是：对外贸学院办校表示欢迎，但全市高中毕业生分配尚不足，只能内招；初中毕业生，如果是外贸办普通高中可以分给 200—300 名毕业生，但高中毕业后要统一分配。如果办预科，就没有学生。

由于国家处在困难时期，教学设备和图书基本上是在外贸系统中自行解决。筹建组同志进行了多次讨论反复研究，认为必须坚决贯彻中央“因陋就简，勤俭办学”的指示精神。在设备购置方面，可不买缓买的尽量不买。对必需的设备，一要省而又省，二要贯彻全局办学的精神，在上海外贸系统单位内清仓，尽量利用库存用具和一些不合出口规格的次、旧材料和样品。上海外贸局党委于 1960 年 4 月专门召开了各外贸公司秘书、总务科长会议，作了具体安排。提出全局办学，充分挖潜，把外贸系统内现有有用和可以调剂的设备调拨上海对外贸易学院。时隔不久,上海各外贸公司调配给学校一批用具。大到办公桌、沙发、打字机,小到皮尺、算盘等。当时学生用的床铺还是用仓库的垫仓板制成的。上海外贸局还向上海各外贸公司发函,要求将可供教学、研究用的图书数据支持上海对外贸易学院;并发函上海市房地产管理局和上海社会科学院等单位,将在接管洋商产业后收存的一批外商业务经营数据和工具书以及各国经济、外贸情况报告、各种外语班的教材等支持上海对外贸易学院。数月后,上海各有关部门调给上海对外贸易学院各种图书数据 35 000 余册。

此外,建校时期正值我国国民经济发生严重困难时期。定粮限制、副食品供应短缺,严重影响着学生的日常生活。如此艰难困苦的年月里,学生们的精神状态依旧饱满,思想上不断进取,学习充满斗志,想方设法克服生活上的困难,这是学校发展史上艰苦奋斗的见证,也是学校积极进取的精神财富。

三、课程教学与人才培养

1. 优化课程设置

学校为本科生和预科生制定相应的课程,重点在于突出外贸和外语教学。本科生的课程更为注重外语导向,在专业外语课外还开设第二外语课,帮助学生掌握更多的外语知识,能够在外贸交流中应运自如。预科生的课程主要是为更为专业地学习外贸知识奠定基础。学校的课程设置充分考虑到学生的自身情况和实际需要。

表 1-1-2 学校 1960 年本科生、预科生课程设置

	公共基础课	外贸经济系专业课	外贸外语系专业课
本科生	马列主义政治课	国际贸易原理	外语基础课
	外语课	世界市场行情	外语专业课
	汉语课	对外贸易组织技术	翻译实践课
	体育课	商品学概论	外语函电课
	外文打字课	对外贸易会计核算与统计	
	第二外语课	国际结算与对外贸易信用	
	生产劳动课	对外贸易法律问题	
预科生	政治理论课、生产劳动课、语文课、外语课、经济地理课、数理化历史课、体育课		

学校逐步建立和健全了诸如学习管理、上课自修、请假销假、考核评分等制度,并严格执行。学校制定制度,保证学生每周六分之五的时间必须用于业务学习;学生自修时间不得移作他用;学生能自觉地独立完成课外作业;单元测验、期中考核、期末考试使用民主评分,对违反考试纪律的学生根据情节轻重给予批评教育直至必要的纪律处分。由于严格执行各项教学规章制度,加强教学管理,有力保证了教学有序开展和教学质量的稳步提高。

2. 重视教学方法

学校建立之初,部分教师尚未具备足够的教学经验。为此,在教师个人备课的基础上,学校辅以集体备课,组织教师积极开展教学研讨活动。在集体备课时,教师分析教材内容,确定重点、难点,注意深度、广度,对关键性的材料,一一加以推敲,制定正确有效的教学方法。通过有效备课,提高课堂讲授质量。

在讲课中,教师贯彻精讲多练的原则,把基础内容讲深、讲透,并善于启发和引导学生思考。与此同时,通过教学相长的方式,主动听取学生对教学的意见。教师认真贯彻因材施教的原则,对学习接受能力不同的学生,根据教学内容和学生实际水平,及时调整教学方法,总结教学技巧,做到大部分学生不带问号下课堂。同时,认真解决学生中普遍存在的"前学后忘"的问题。对学过的外语课文,组织学生有计划地系统地复习几遍;讲解新课时有意识地以新带旧;布置练习作业时,有计划地联系过去学过的知识;课外阅读材料与课文密切结合;大力开展口语活动,提倡课内课外经常用外语对话。

引导学生正确处理自学与辅导的关系。首先保证学生有充分的自习时间,同时以个别辅导为主、集体辅导为辅,采用灵活多样的方式予以适当辅导。对成绩优秀的学生,给予重点培养,使他们更快地提高;对学习困难的学生,订出规划,具体帮助,使他们能更快赶上。

最后,加强对教学质量的检查,促进教学质量的不断提高,并经常总结交流"教"与"学"的方法。

所有这些,都体现出学校师生在艰苦环境之下齐心协力有效开展教学的决心,发扬了学校艰苦奋斗的精神。

3. 理论与实践结合的外语学习

建校之初,学校招收的学生大多在外语方面存在短板,很多学生并未系统接受过外语教学训练,因此,强化外语教学成为当时学校教学的主要任务。学校通过开展理论与实践相结合的教学方法,帮助学生更好、更快、更有效地掌握外语,让学生在实践中大胆地同他人进行外语对话。短时间内,学校形成了外语学习热,学生的外语成绩获得了长足的进步。

学校重视对学生外语口语的教学与实践。配备水平高、能力强的教师上口语课,要求学生口语课达到"一懂、二会、三顺、四熟练、五变通",四年制还要达到同声翻译的水平;讲读课要求对教师指定的词汇和句型达到"一理解、二掌握"。

学校还以系为单位,开展大练口语活动,包括组织朗读比赛、口语比赛,操场练武,班与班之间开展友谊竞赛,比谁讲得多,比谁讲得全面,比谁讲得持久。每天发给学生若干硬卡片作为练习外语对讲的交换工具,卡片没交换过,说明没有与别人讲外语,要扣分。全院还制定了口语"红旗榜"的具体标准,凡学生在一个半月内达到规定标准,经批准登上"红旗榜",大张旗鼓地表扬学习上的先进,推动了开口关。

在有利于外语过关并能保持各门课程之间有机联系的原则下,学校还对教学计划进行了弹性调整,一些课程的课时适当减少,一些课程开课时间适当调整。对个别学习外语困难的学生,除作重点个别辅导外,经领导批准还可免修其他部分课程。

4. 成绩显著提高

由于在工作中注意了以教学为主,提高教学质量为中心,大抓教学工作,不断改进教学方法,师生教与学的积极性得到了充分发挥,学生学习成绩良好。1961 年,经济系 10 个班 183 名学生期终考试,75%以上的学生成绩优良。1962 年,外语系一到四年级期终考试,平均优良成绩的学生占 79.73%,其中四年级考试成绩优良占 83.56%,及格占 15.56%,不及格占 0.88%;三年级考试成绩优良占 74.08%,及格占 23.15%,不及格占 2.77%;二年级考试成绩优良占 71.8%,及格占 17.95%,不及格占 10.25%;一年级考试成绩优良占 89.47%,及格占 10.53%,不及格没有。

为推动和配合教学开展,学校积极开展科研活动,活跃学术气氛。全校围绕教学完成 48 个科研项目,包括编写了 19 本教材,汇编了英语基本词汇等。同时,外贸外语系成立了师生结合的教学设备革新小组,研发制作电化教具,包括活动黑板、自动幻灯机、口语通话小册子、对讲电话、照相幻灯片教材、自动式不遮光“传真机”、简易携带式同声传译器等。

5. 招生就业情况

从建校至停办,学校共招收两届学生 604 人。其中 1960 年,通过本科内招学生 194 人、预科 200 人;1961 年,通过高校统一招生本科生 90 人、预科 120 人。1962 年原计划招生本科 150 名,后因酝酿学校停办,改为 110 名,并由上海外国语学院再设外贸外语系招生。1960 年内招的 194 名调干学生中,有党团员 144 名,占 74.22%。

建院初期的学生,绝大部分是调干生。调干生的特点是大多没有完全掌握高中普通课程知识,接触过外语的更是不多,调来学习外语、外贸,出现了一些畏难情绪。但是,调干生同时具有强烈的政治责任感,在学习上具有顽强刻苦的拼搏精神。他们普遍表现出顽强的学习意志和高度的自觉性。一清早,校园里便是他们的琅琅书声,酷暑严寒持续不断;中午不休息、认真看书学习的景象随处可见;不少学生甚至半夜偷着起床跑到楼梯口读书。外语系二年级二班、三班有一批学生,原来文化水平是初中,从未学过英语,但经过刻苦学习,成绩显著提升。大多数学生勤奋踏实,对课文每字每句的词性和用法,逐个推敲,弄懂为止。对待每次测验、考试的自我要求是:“争取一个字不错,争取一个标点不漏,争取满分”,并在多次语法测验中能够真正做到以高标准严格要求自己。

建院时接收的上海外国语学院转来外贸外语系学生,到 1962 年 8 月 17 日止,先后毕业三届本科生共 356 人。其中 1960 年二年制结业生 79 人;1961 年三年制毕业生 96 人,三年制寒假毕业生 22 人;1962 年三年制毕业生 105 人,四年制毕业生 54 人。这些学生均属于调干生。预科尚无毕业生。尽管这批调干学生原来基础薄弱,但他们学习勤奋刻苦,学习成绩优良,踏上工作岗位后,能很快胜任。据不完全统计,这批毕业生,有些从事教育科研工作,有些在国外使领馆商务处工作,大部分从事对外贸易业务,其中不少人成为国家和地方对外贸易相关部门的骨干,在外经贸岗位上发挥重要作用。

四、首次撤校与安置工作

1. 学校首次被撤

由于三年经济困难,党和国家采取了“调整、巩固、充实、提高”的八字方针。对教育来说,主要是对发展规模和速度进行必要的调整,其中心是大力提高教学质量。1962 年 4 月,中央教育部在对部属学校的调整中向外贸部提出“上海对外贸易学院有没有单独设立的必要,能否同上海外国语学院合并?”的问题。对上海对外贸易学院的前途,上海市委及时进行了讨论,并得出结论性意见:“外贸学校发展有困难,将来有用处,可以维持原状。”上海外贸局党委为此专门召开会议,慎重研究,认为从长远的需要和当前实际情况考虑,给出了“学校保留,适当压缩”的初步意见。5 月,中央文教会议后,上海对外贸易学院停办已基本确定,并入上海外国语学院势在必行。校党委书记谭守贵在 1962 年 7 月 28 日毕业典礼大会上宣布学校停办的消息,向师生宣讲了“八字”方针,对全体教职员工几年来为学校筹建办学付出的辛勤劳动表示慰问和谢意,并向大家提出希望和要求。1962 年 12 月 12 日,上海市高等教育局正式下达批复:“根据国务院指示,同意上海对外贸易学院正式撤销,自批准之日起,停止对外办公。”

2. 停办后人员和财产安置

大学生的安置。撤校时,学校共有本科学生 525 名,其中应届毕业生 159 名及退学 20 名(调干生)由上海外贸局安排工作,1 名回乡生产,其余 20 个班 345 名学生全部并入上海外国语学院。由此上海外国语学院重新成立外贸外语系。

预科生的安置。预科学生 304 名,除应征入伍 12 名、回乡生产 2 名、回家自找出路 4 名、因病休学 1 名、转普通中学 2 名外,其余二年级 153 名、一年级 130 名,全部转入上海财政金融学校就读。

干部、教职员工的安置。当时上海对外贸易学院有干部、教职员工 315

人，在贯彻落实精兵简政、压缩城镇人口、支持农业生产的指示下，先后退休 4 人、退职 5 人、回乡支持农业生产 5 人，随同学生转入上海外国语学院 122 人、上海财政金融学校 29 人，上海对外贸易局安排 135 人，上海高等教育局安排 15 人。

财产的安置。遵照上海高教局和外贸局“财产全部无偿拨交指定单位”的指示，总价值为 1 005 908.60 元的学校校舍、设备、图书和饲养场等财产先后拨给上海财政金融学校(房屋 13 幢、图书、设备)、上海工学院(教学用具)、上海对外贸易局(办公用具)、普陀区教育局(教学仪器)、上海外国语学院(教学设备、图书数据等)、上海高等教育局农场(饲养场)。

学校从 1960 年 3 月 10 日成立筹建班子起至 1962 年 12 月 12 日正式批准撤销止，历时两年九个月零二天。

学校建校时间短暂，却为我国外贸和教育事业做出了贡献。首先，适应社会主义对外贸易事业的发展，为国家培养和输送了 356 名外贸干部，缓解了当时上海口岸外贸干部的不足；其次，采取在职进修与脱产进修相结合、校内外语培训与派去外校学习相结合和观摩教学、经验交流等方法，加强教师的培养，提高教师的政治、业务水平，建立起一支 136 人的、具有一定政治业务水平和教学实际经验的师资队伍；最后，根据新建学校的特点和培养外贸干部的要求，制订了各个专业的教学计划，拟订了政治理论、汉语、外贸业务课的教学大纲，编写了一批英、法语教材，在相对稳定、逐步提高的原则下，不断修改充实了英、法语基础课、函电课、翻译课等教材，适应了教学的需要。

第二节　获准复校　承前启后

伴随我国经济形势的好转以及外贸事业的发展，上海对外贸易学院于 1964 年 6 月复校。在 1964—1966 年期间，学校的教学设备、办公场地、师资生源在市政府和外贸部的支持下得以归还，并进行了领导、师资力量重组，为学校发展奠定了基础。学校在教学上孜孜不倦地进行改革，注重学生的教学体验，开启了学校历史上一段承前启后的时期。

一、重组复校与国家需要相呼应

1. 复校背景

由于党的政策正确、措施得力和全国人民的艰苦努力,1963 年之后,国民经济开始出现全面好转的局面。1964 年,国民经济的调整工作取得了一定成效:农业生产达到了过去较高年份的水平,工业生产有了新的增长,财政收支平衡,市场物价稳定,商品供应显著改善,对外贸易工作也有较大发展。全国形势朝着良好方向发展。

全国形势的向前发展,对外贸工作提出了更高更严的要求。外贸工作不仅是一项经济工作,也是外事工作的一部分。当时世界上越来越多的国家同我国建立了外交关系、贸易往来与文化联系,特别是在周恩来总理访问十四国以后,更多的国家、地区要求同我国进行贸易,外贸任务也随之增加。由于任务的增加,对外贸干部的需要也随之增长。但从当时外贸干部队伍的状况来看,显然不相适应,不仅质量需要提高,而且数量也不能满足。解决外贸干部队伍与外贸工作任务不相适应的矛盾有两种办法:一是通过业余教育的途径,在职进修,培养提高现有干部;二是通过全日制学校的教育,培养新生力量。国家对外贸人才的需要进一步催生了学校的恢复。

1964 年春,外贸部提出了恢复上海对外贸易学院的意见。据此意见,上海外贸局党委指派专人赴京研究请示复校的有关事宜。同年 5 月,外贸部通知上海外贸局:关于恢复上海对外贸易学院的问题,教育部已原则同意,现正报请国务院审批中。学校规模暂定为 1 000 人,设外贸经济和外贸外语两个系。外贸经济系 600 人,学制四年;外贸外语系 400 人,开设英、法、日、西班牙语四个语种,学制四年。1964 年暑期招生 200—250 人,按机密专业条件录取。

学校在社会经济持续发展和国家对外贸人才大量需求的背景下复校。可以说,学校的发展一直得益于国家和社会的支持,同时学校也积极响应国家与社会的需求。无论是时局困厄被迫撤销,还是国家需要输送大量人才而恢复,学校始终为国家和社会的发展做出自己的贡献。

2. 校舍、设备、师生陆续到位

1962 年学校被撤时,教学设备、办公场地、师资生源等均被分散。1964

年学校复校需要各类设备的归还,以快速步入正轨。5 月 22 日,上海市人委文教办专门召集市财贸政治部、外事办公室、高等教育局、上海外国语学院、外贸局等单位的有关负责同志开会。外贸部副部长江明专程来沪部署、指导复校工作。会上,就恢复上海对外贸易学院的有关问题初步交换了意见,并决定由市财贸政治部、高等教育局、上海外国语学院、外贸局等单位的有关同志组成筹备小组,进行具体筹备工作。在外贸部和上海市政府的关怀之下,恢复办学的师资、干部、设备、校舍等问题很快得到解决。

对于师资短缺的问题,原学校分散出去的大部分教师重新回到学校工作。原上海对外贸易学院于 1962 年 12 月撤销后,并入上海外国语学院教师共有 92 人,其中英语 52 人、法语 5 人、德语 2 人、日语 4 人、西班牙语 4 人、阿拉伯语 7 人、外贸业务 10 人、政治 4 人、汉语 2 人、体育 2 人。经各方协商同意:除日、法、西班牙语教师各留一人给上海外国语学院外,其余全部回到学校。但德语和阿拉伯语教师,因学校不再开设这两个语种专业,需由双方作进一步协商处理。

分散出去的教职工重新回归和抽调其他部门职工,解决了学校教职工短缺的问题。原上海对外贸易学院并入上海外国语学院的干部职工共有 30 人,其中干部 21 人、后勤人员 9 人。经双方协商同意,原则上全部回外贸学校。但考虑到上海外国语学院的实际困难,个别干部也可留在上海外国语学院。此外,上海外贸局也同意在当年的上海外国语学院外贸外语系毕业生中留下 6—8 人给上海外国语学院,作为培养专业教师和政治骨干之用。至于恢复上海对外贸易学院所需的其他干部,除一般干部由上海外贸局抽调解决外,主要干部拟请外贸部商同上海市委、市人委研究解决。

关于设备缺少的问题,经双方协商同意,原则上将原上海对外贸易学院移交给上海外国语学院的课桌椅、图书、床铺等教学设备和生活用具全部拨还。不足之数,由学校按实际需要自行添置。

学校的校舍也得到回归使用。原上海对外贸易学院撤销后,校舍已归上海财政金融学校使用。但考虑到原校舍适合进行外语教学,故将其交还上海对外贸易学院使用。上海财政金融学校的校舍,则拟请市人委有关部门另行调拨解决。

3. 正式复校

恢复上海对外贸易学院的工作,经过三个月的努力,至1964年8月下旬,已基本筹备就绪,表现在:(1)领导班子初步建立;(2)干部配备基本落实;(3)师资队伍正在组织;(4)设备问题大体解决;(5)基本建设抓紧进行;(6)招生工作业已结束。正是在此基础上,学校定于1964年9月7日正式开学。9月10日,上海对外贸易学院隆重举行复校暨开学典礼大会。党委书记谭守贵代表党政领导作复校暨开学典礼的报告。在阐述复校形势、任务的基础上,宣布了学校的性质和归属,指明了办学的方向和目标,并提出了对教学的希望和要求。

学校的性质和归属是:一所专门培养外贸干部的高等院校;属于外贸部、上海市委领导,学生毕业后由外贸部统一分配。办学的方向和目标是:必须把学校办成一所革命化的院校,能培养出无产阶级革命事业接班人的院校。为此,要求全院以毛泽东思想武装青年学生的头脑,提高学生分析、解决问题的能力,帮助学生练就一身搞外贸的过硬本领;要求全院发扬历史上的好校风,教育学生具有认真的态度、严格的要求、朴素的作风、活泼的精神和团结互助的好风尚;要求全院用严明的纪律和科学的管理来组织教学,把集中与民主、纪律与自由结合起来,把严格管理与说服教育统一起来。这样,才能把学生培养成为又红又专的外贸事业接班人。

对教学的希望和要求是:对教师提出,要有一颗全心全意为教学服务的真心,对培养革命事业接班人有一种高度负责的精神。要认真钻研业务,不断提高业务水平,在各方面为人师表,在教学中起主导作用;对职工提出,要树立为教学服务的观点,搞好生活管理,办好食堂。在工作中要虚心听取群众的意见,不断改进工作方法,并坚决贯彻勤俭办校的方针;对学生提出,要以革命化为目标,以雷锋为榜样,牢固树立专业思想,努力攀登文化科学高峰,立志做又红又专的社会主义外贸事业接班人。

4. 领导班子与师资队伍重组

学校复校需要强有力的领导班子组织复校工作事宜。对于学校的党政管理、机构设置和处以上干部的配备,上海市委于1964年8月21日批复同意上海对外贸易学院党的工作由市委教育卫生部管理,行政工作由市高等教育局管理，并同意：齐维礼兼任上海对外贸易学院院长；韩宗琦任上海对外贸易学院副院长，免去上海市对外贸易局副局长职务；成立党委会，由齐维礼、谭守贵、韩宗琦、张子钦、慕惜光等组成。同年11月，根据高等教育部关于直属高等院校暂行工作条例的规定，为了充分调动各方面的积极性，更好地开展学校工作，经院长提名，院党委研究，报中央对外贸易部批准，成立了院务委员会。

至1965年，学校的组织机构和干部配备情况是：书记、院长以下设有党委办公室、党委组织部、党委宣传部、马列主义教研室、团委、院长办公室、人事处、教务处、总务处、对外贸易经济系、外贸外语系等机构；配备局级干部3名、处级干部8名、科级干部12名以及一般干部56名。在此基础上，根据学校的发展规模，还制定了《1965至1970年干部发展规划》。

由于组建了较为健全的领导班子，并不断加强班子的核心领导和保证监督作用，1964—1965年，学校较好地贯彻了党的教育方针。一方面，根据党的中心任务，结合学校刚复校的情况，加强了形势、任务和革命化教育；另一方面，对政治、外语、外贸等主要课程进行了初步的教学改革；同时，贯彻"勤俭办校"的精神，加强了教学行政管理和有关的基本建设工作。通过这些工作，不仅稳定了教学秩序，而且调动了教职员工的积极性，促进了教改工作的开展，保证了教学任务的完成，从而把整个学校的工作推向前进。

学校师资队伍的再造是当时面临的急切任务。早在复校筹备工作阶段，学校领导就组织力量，抓紧进行师资配备。至1964年8月底，已配备教师102名，其中由上海外国语学院调回81名，其他院校支持5名，向上海外贸系统抽调16名。从当时的教学任务来看，这些师资尚能基本适应，但从长远考虑，已有师资的数量和质量均显不足，其中尤以小语种的师资最为缺乏。面对这一困难，学校采取多种途径加强师资队伍建设：(1)请求上级调配；(2)毕业分配留校；(3)选送骨干培养；(4)组织在职进修；(5)聘请外籍专家。1966年3月，学校聘请法籍教师路易·皮纳特勒和美籍教师坦定蚌两名外籍教师。

二、课堂教学与课外实践

1. 教学计划的制定

在复校筹备期间,学校领导着手抓外贸外语、外贸经济两个专业教学计划的制定。1964 年 9 月,两个专业的教学计划(草案)已拟定,主要是根据党的教育方针和培养全面发展的外语翻译员、外贸业务人员的要求而制定相应的课程。教学计划由培养目标、课程设置、社会主义教育与生产劳动、实习、鉴定和考试六个部分组成。两个专业的教学计划(草案)于 1964 年 11 月 2 日报请中央对外贸易部审批。11 月 28 日,中央对外贸易部批复,原则上同意两个专业的教学计划(草案),并要求:法语、西班牙语、日语三个专业基本上亦可参照外贸英语专业的教学计划(草案)执行;在执行过程中,注意政治理论课、专业课同实际密切结合;注意调查研究,总结经验,将来在适当时候再作修正。

经批准后的两个专业教学计划的基本内容如下:

(1) 两个专业的教学计划均包括培养目标、课程设置、社会主义教育与生产劳动、实习、鉴定和考试六个部分;

(2) 两个专业的学制相同,均定为本科四年,但培养目标不同。外贸英语专业(法、西、日语专业)的基本任务是根据党的德、智、体全面发展的教育方针,培养外贸翻译员;而外贸经济专业则是培养外贸业务员。由于培养目标的不同,两个专业的教学计划各自从政治立场、政策水平、专业能力、语言表达和身体素质五个方面对学生提出了相应的要求;

(3) 两个专业的课程设置不同,但对社会主义教育与生产劳动、实习、鉴定、考试的安排大体相同。

1965 年春,学校根据国家发展的需要和学校实际情况,对原教学计划重新作了修订。经济系取消商品学、会计、统计等课程;外语系取消报刊选读,并把外贸政策、国际贸易、业务管理、市场行情四门课合并为对外贸易基础理论与业务知识课,以增加外语课的比重。但为照顾学生的知识面,对取消的课程内容压缩后适当再开一些专题讲座。

实践证明,教学计划的制定和修订必须根据党的教育方针和专业的培养目标,从学生的实际出发,务求切实可行,行之有效。

2. 课堂教学与课外活动

学校教育是以课堂教学为主要形式的,课堂教学在教学计划时间的安排中占了极大的比重。既要充分发挥教师在教学中的主导作用,也要充分调动学生的学习积极性与主动性,这就要求不断进行教学改革。复校以后,学校领导着重抓了政治、外语、外贸三门课程的教学改革。在教学内容上,克服脱离政治、脱离实际;在教学方法上,废止注入式,克服形而上学与烦琐教学。具体做法是:发动教师,积极稳妥地进行教学改革的试点,总结与交流经验,从而使各门课程在教学内容上体现了"少而精",加强了思想性和针对性;在教学方法上体现了"启发式",调动了学生的学习积极性和主动性。经过改革,教学上出现了生动活泼的新气象。

政治理论课着重抓了政治经济学、哲学课的改革。在课堂上改变了过去片面强调"三基"(基本理论、基本知识、基本概念)、"四性"(系统性、完整性、科学性、逻辑性)的情况和"填鸭式"、"满堂灌植"的教法,初步摸索出贯彻"少而精、启发式"的一套"四段法"(启发、读书、讨论、总结)。与此同时,还辅以生动形象的教育,如放映有关电影,请老工人、老店员作报告,请政治指导员谈家史,让学生回忆对比,组织学生参观,举办图片展览等,加强了教学的思想性,从而更好地教育学生用马列主义立场、观点和方法去解决实际问题。

外语课改变了过去不讲政治、只讲语言技巧的现象,在教学内容上除了保留一部分原汁原味、思想健康的原著外,还充实一部分反映国内外政治经济生活的文章和毛泽东主席的有关著作。这样,就使教材具有鲜明的革命性和多样性。不仅如此,还采取"四减两加"(减少课时、内容、课堂讲解和书面作业,增加口头作业和学生操练)的措施,把外语的几门课"拧成一股绳",并组织"听说领先"的单元教学;与此同时,还运用图片、幻灯、电影、实物展览会和"业务谈判"等方式,加强学生的实际操练等。经过一段时间的实践,不但使学生减轻了课业负担,由被动转为主动,还使学生能较牢固地掌握和初步运用所学知识,提高了听说能力。

1965 年,学校将过去教学上的"五多"(条条分得多、教的内容多、死记硬背多、集体辅导多、考试测验多),改为以基本语言项目为主,结合题材内容进行教学,使学生上课主攻方向明确,下课有抓手;从学生实际出发以学生能否把知识学到手来确定内容和进度;在教学中注意了基本功和学以致用的训练;能针对学生特点,采取多种辅导方法,让学生自愿参加,“各取所需”;取消了“突然袭击”的考试方法,以加强复习取代“一周一考”,消除学生的紧张心理和分数观点。经过这样的教学改革,学生的听、说、读、写都有了很大的进步。

外贸业务课改变了过去教学内容既多又杂、理论条条脱离实际的情况。在《国际贸易》课中,采取由教师集体备课、公开试讲,领导、教师、学生提意见,讲了改,改了讲,反复几次,以树立课堂教育样板的做法,收到了实际的效果。

此外,对汉语课、体育课也进行了一些改革。汉语课初步改变了过去内容偏文偏古、以讲为主的情况,充实了应用文,加强了学生的实践,贯彻了从实际需要出发,以提高学生写作能力为主的思想。体育课也破除了一些以理论为主和强调全面基础技术的教学方法,开始根据学生的实际情况,加强专题训练和结合民兵军事项目的训练,使学生的体质不断有所提高。

在加强课堂教学的同时,学校还重视对学生的课外活动的安排。学校的教学计划明确规定:“外语教师除课堂教学外,应负责组织指导学生课外的外语活动;体育教师应加强对课外体育锻炼的指导。”1965 年学校专门制定了《关于开展学校课外活动的初步规划》,主要内容是:

(1)合理地安排学生的各种活动时间。规定每天二十四小时中,按八、九、七的比例安排,即学生每天有八小时的活动时间,九小时的睡眠时间和七小时的自由支配时间。对学生干部,主要解决他们兼职过多的问题,基本做到一人一职。

(2)科学地安排学生课外活动的内容。“科学安排”,即课外活动的安排上既要贯彻少而精的原则,也要丰富多彩、生动活泼。关于课外活动的内容包括:开展有益的文体活动,丰富学生的课余生活,增强学生的体质;举办各种讲座,活跃学术空气,扩大学生知识面;创造外语和国际知识的课余学习环境,为学生提供广泛听、说、读、写和外贸业务操练的机会等等。

(3) 加强对学生课外活动的领导。成立院课外活动委员会,负责提出计划,了解情况,开展活动。减轻了学生的负担,活跃了学生的课外生活,课堂内外出现了一些可喜的变化。表现在:积极开展外语交流的学生多起来了;好学向上、阅读各种课外书籍的学生增加了;学生回答问题、单元测验的成绩上升了;学生的体质不同程度增强了。

3. 专业实习与生产劳动

专业实习的目的是使学生在学习期间得到外贸翻译或外销业务工作的实际锻炼,同时也是对学校的教学质量进行一次实际检验,便于在学生毕业前更"有的放矢"地安排教学,更好地完成教学计划。

由于专业的不同,实习的内容和安排也不同。外语系的各个专业主要是组织学生参加交流会、展览会等接待外宾的口语翻译工作,实习安排在第六、八学期内分散进行,实习次数、时间根据当时的具体情况而定;经济系的外贸经济专业则主要是组织学生学做外贸单位的外销业务工作,了解组织货源至出运等各个业务环节的工作,但以掌握外销业务为主,实习安排在第七学期的后半学期进行,时间固定为八周。通过专业实习,两届学生都达到了预期的效果。

在教学计划中,规定了学生必须进行专业实习,也规定了学生必须参加生产劳动。要学生参加生产劳动的目的,主要是养成劳动习惯培养劳动观点,向工农群众学习,与工农群众结合,同时也在劳动中学习一些生产知识,更好地贯彻理论联系实际的原则。四学年内,外语系计划规定学生参加生产劳动 12 周,经济系计划 14 周。在具体安排上,均以教学为主,适当集中时间每学期劳动 1 次,尽量做到既不影响教学,又能适应农业劳动和有关公益劳动的要求。

复校后的第一年,学校除了安排几个班的教师、学生分批参加校内基建劳动两周外,还组织一年级师生 269 人下乡支持"三秋"劳动三周。在劳动中,院、系领导既强调劳动锻炼之必要,也注意关心师生的生活,还有计划地利用当地的有利条件,请农村干部作农村形势、忆苦思甜等报告,组织部分师生进行调查研究,访问贫下中农并排练歌剧,为贫下中农做慰问演出。通过劳动,全体师生获得了劳动、思想上的双丰收。

三、二次撤校与安置工作

1972 年初，根据全国教育工作会议关于院系要调整精神，上海"市革会"文教组向学校党的核心小组，工宣队、军宣队、革委会领导层传达了市委关于本市大专院校合并、撤销、续办的会议决定，学校属撤销单位。4 月，学校并入上海外国语学院。在校教职员工 308 人，其中动员"四个面向"6 人，战高温 22 人，调往外地 3 人，退休 3 人，支援其他文教系统 10 人，其余 264 人全部并入到上海外国语学院。财产物资如校舍、交通工具、教学设备、家具图书、电化体育设施等等，包括汾阳路海关学校房屋、各种固定资产，由市教育局统一调配无偿移交或无价调拨给有关单位。

1964 年复校后，上海对外贸易学院积极贯彻学校培养外贸人才的方针，不断深化教学成果，开展切实而有效的教学培训，为党和国家培养了一批杰出的、优秀的外贸人才。1965 年，学校有毕业生 57 名，分配去向涉及中央、省、市十七个单位。其中，总政 2 人、公安部 2 人、对外贸易部 9 人、文化部 2 人、影协 1 人、对外经济委员会 6 人、煤炭部 1 人、化工部 1 人、建工部 2 人、第一轻工部 1 人、冶金工业部 1 人、上海市 13 人、河北省 5 人、山西省 3 人、广东省 5 人、山东省 2 人、新疆维吾尔自治区 1 人。1966 年毕业的学生，根据 1966 年 6 月 30 日上海市高等教育局(66)沪高人字第 847 号文通知:接高等教育部文，"因开展文化大革命，经中央同意，本届高等学校毕业生一律在本校文化大革命基本结束时再分配工作"。为此，学校遵照执行，推迟到 1970 年秋对这届毕业生进行分配。

1972 年 9 月 16 日，根据上级要求，上海市革命委员会财贸组在古北路 620 号上海对外贸易学院原址开始筹建上海财贸学校。学校的教学和行政人员分别从上海外贸局、财政局、银行系统、海关和海关学校等单位抽调。11 月，财贸学校向各区发出通知，在当年应分配本市工厂企业的中学生中录取学生。12 月 19 日，上海财贸学校开学暨第一届新生入学，共有学生 937 人。

1974 年 9 月，上海财贸学校划分为上海财贸外语学校和上海财政金融学校两所学校，分别由上海外贸局和上海财政局领导。古北路 620 号为上海财贸外语学校校址，上海财政金融学校校址另行安排。原上海财贸学校财务会计专业 20 个班划到上海财政金融学校。

1977 年 8 月 3 日，上海市对外贸易局发文："关于上海财贸外语学校与上海市对外贸易七・二一大学合并为上海市对外贸易局七・二一大学"，请示上海市革命委员会财贸组。10 月 18 日，上海财贸外语学校启用"上海市对外贸易局七・二一大学革命委员会"印章。校址仍旧在古北路 620 号。

第二章　重新起航　探索前进(1978—1993)

上海对外贸易学院的发展一直与国家的发展紧密相关。十一届三中全会后,国家对外贸易事业快速发展,对外贸人才的需求进一步增长。上海对外贸易学院在1978年恢复招生,1980年国务院正式批准复校,学校发展步入正轨。复校后,学校紧跟时代发展步伐,整合师资力量,不断提升办学层次,主动开展对外交流,积极进行科研探索,不仅为国家输出了大批优质外贸人才,还开拓性地开展了"复关"研究。

第一节　时代召唤　筹备复校

1978年12月,党的十一届三中全会召开,提出了新时期的总任务——实现社会主义四个现代化,反映了历史的要求和人民的愿望。党中央为实现新时期的总任务,提出了我国对外贸易要有一个较大的发展,要努力培养更多又红又专的外贸专业人才和科研人才,以适应四个现代化建设的需要。上海对外贸易学院在此背景之下开始筹备复校与招生。

一、复校与组织人事安排

学校在1972年4月被迫撤销,并入上海外国语学院。原教职员工、图书物资、教学设备等均已分散至各学校。学校面临着人员缺失、底子薄弱、条件艰苦、基础物资不足等情况。同时,学校校舍年久失修,存在诸多隐患。当时的学校,可谓"名为恢复,实则重建"。学校再度踏上一条艰辛而光荣的复校之路。

1978年6月14日,外贸部根据我国对外贸易发展的形势,指定上海外贸局党委书记、局长贾振之负责筹备上海对外贸易学院的恢复工作。6月26日,上海外贸局向上海市革委会和外贸部申请恢复上海对外贸易学院,建议成立筹备处,积极筹备,计划在1979年暑假开始招收新生120—150名。经批准后,在上海外贸局七·二一大学的基础上积极进行筹备工作。

学校的快速复校与发展离不开领导班子的决策。1978 年 10 月，在边筹建边招生的过程中，上海市财贸办公室同意建立上海对外贸易学院筹备小组，由贾振之、尚秀义、张洪雨、曹蔚、杨立平、杜云鹤、李璞成七位同志组成，由外贸局党委书记、局长贾振之亲自挂帅，兼任主要负责人。经上级批准，1978 年 11 月 17 日正式启用"上海对外贸易学院筹备处"印章。为加强党的领导，加快筹建步伐，保证教学工作顺利进行，经上级研究决定，先成立中共上海对外贸易学院总支委员会。学校在复校之前成立的上海对外贸易学院筹备小组成为领导班子的雏形。

上海市教育卫生办公室 1978 年 12 月 21 日沪革教卫(78)第 609 号文报经上海市委批准，并征得外贸部同意，学校由外贸部和上海市双重领导，以外贸部为主，行政领导关系属外贸部，在筹建期间党的领导关系属上海外贸局。行政领导单位在上海市统一领导下负责学校的发展规划、专业设置、招生计划、毕业生分配、人员编制、劳动工资、科研生产、物资供应、基本建设、经费预算等；党的工作领导单位在市委统一领导下负责学校的党的建设、政治思想教育、人事工作等。就此，初步明确了学校的组织领导关系。

1978 年 12 月 25 日，上海外贸局党委书记、局长贾振之来校，宣布学校临时党总支委员会由尚秀义、杨立平、杜伯玉、周信礼、王金城、许武林 6 位同志组成；同时，宣布暂设办公室、教务处、组织人事处、总务处、外语系、干部轮训一部和二部(培训外贸系统在职干部)7 个行政部门。1979 年 1 月，先后成立政工、教务、总务、外语系、干训一部、干训二部 6 个党支部，学生与教师分别成立党小组。1979 年 2 月，建立临时团委，下设 17 个团支部，其中学生 14 个支部、教工 3 个支部。4 月，又建立了工会、学生会筹备组。至此，学校的党政工团班子初步建立。1979 年 9 月，丁明新被任命为学校党委副书记、副院长。10 月，金昔明从上海外国语学院(曾任党委副书记、教务处负责人)调来学校参加工作。

由于学校既招收大学生，又承担培训外贸干部的任务。因此，一套班子，挂两块牌子，即上海对外贸易学院和上海对外贸易局干部学校成立。

二、扩充师资与制定招生计划

1972 年撤校时，学校师资队伍流散。因此，在复校之初，学校存在师资队伍严重短缺的情况。加强师资队伍建设、扩大学校师资力量成了当时学校工作的重要内容之一。

1972 年学校被迫撤销，教职员工绝大部分并入上海外国语学院，极少数转入复旦、华东纺织工学院等院校。1978 年复校时，学校原有教职员工尚未回归，师资力量十分薄弱，只有教师 76 名，其中教授英语 43 名、日语 6 名、法语2 名、汉语 5 名、政治 10 名、外贸业务 5 名、体育 5 名。后在上海外贸局党委和有关部门的支持下，经过奔走联系协商、各方面推荐和考试招聘，到 1980 年 4 月份，学校新进教师 72 人(其中讲师 8 人)和职工 97 人(其中处级以上干部 10 多名)，各项工作得以顺利进行。同时，学校也为教师创造了在职进修、脱产进修、去兄弟院校听课等条件，并组织上公开课，相互交流观摩，以提高教学水平；邀请北京外贸学院有经验的教师来学校举办近代史、世界史、经济地理等四期讲座，既扩大了学生的知识面，又示范了教学方法。学校的师资队伍在短时间内得到数量和质量上的提升。

为适应加速实现四个现代化的需要和满足广大考生的要求，1978 年天津市首倡利用地方的人力、物力、财力筹建大学分校，扩大招生，兴办高等教育事业。此后，上海市教育卫生办公室也报经上海市委批准，在完成国家原定招生计划外，挖掘潜力，采取多种形式办学，全上海高校扩大招生一万名左右，由高校、有关局和区三结合办分校 13 所以及准备恢复的财经、外贸、农学院和医疗器械专科院校提前招生。

学校因刚刚复校，各类教学设施尚未完善，在招生工作上存在着许多现实困难。依据上海市教委的部署和招生的需求，学校在 11 月底按照“德、智、体全面衡量，择优录取”的规定，并根据上海市的要求，从原计划第一年招生 150—200 名，增加到 321 名。尽管扩大招生符合当时形势的需要，有利于调动广大青年学习科学文化知识的积极性，有利于社会主义现代化的建设，但是由于学校处在筹备复校阶段，确实“负荷过重”，给各项工作带来很大困难。尽管如此，在外贸部和上海市的领导和关怀下，在上海外贸局的大力支持下，经过全体教职工的共同努力，学校克服了重重困难，完成了复校后第一届学生开学上课的准备工作。

在 1979 年招生时，学校汲取了 1978 年招生过多的教训。考虑到当时国务院尚未正式批准学校复校，经费不足，师资力量薄弱，教学设备、图书数据缺乏等困难，同时考虑到如果不招生，既会影响招生的连续性，又可能引起教职员工的思想波动，因此，根据全国招生工作会议关于“对恢复院校，首先建立领导班子，健全师资队伍，把办学条件创造起来，基本上维持原招生计划，对个别无条件的可减少招生”、“瞻前顾后，统筹安排，留有余地”的原则，决定继续招生。但从实际出发，将原招生计划 200 名减为 60 名，其中外贸经济系 40 名、外语系(英语专业)20 名。

1979 年 1 月 6 日，学校召开全体教职员工大会，学校筹备处负责人尚秀义介绍了学校筹备经过情况，动员大家做好开学的准备工作。1 月 8 日，新生报到。1 月 15 日上午，举行庆祝上海对外贸易学院复校暨开学典礼。这是学校复校以来首次开学典礼，标志着学校由此开始新的征程。上海市教卫办、财贸办、外事办、高教局、外贸局等单位的领导同志，上海外国语学院、上海财经学院、上海海关学校等兄弟院校的负责同志，上海海关、上海外贸各公司及其他有关单位的代表 30 多人出席了大会。

三、筹备系科与更新教学计划

1. 系科专业初步拟定

学校在 1978 年招生时，由于时间仓促，对科系设置研究不够，因此仅设置英语、日语、对外贸易三个专业。在学校主要领导和教师的共同商讨下，认为学校主要为上海市和华东六省培养又红又专的外贸专门人才，不同于单一学科的专科学校。从历史上来看，原上海对外贸易学院就设置有外贸外语系和外贸经济系，因此，不论从培养外贸专门人才的需要还是从学校的发展和教学课程的安排来说，系和专业的设置是必要的。1979 年 5 月，学校提出设立外贸经济系(对外贸易专业)和外贸外语系(英语专业、日语专业、法语专业)，报经外贸部批准后，于同年按两个系的专业分别招收新生，并在招生简章上具体列明。8 月 3 日，校务会议上传达上海外贸局党委对系和教学计划的意见：(1)外贸外语系和外贸经济系的名称比较确切；(2)外语课与业务课的比例要达到“外语过关”、“掌握外贸业务”要求；(3)两个系学生的比例，外贸外语系占 40%，外贸经济系占 60%为宜。8 月 21 日，上海外贸局批复，同意上海对外贸易学院设置外贸外语系和外贸经济系。1978 级第一届 14 个班的学生分为外贸外语系 6 个班、外贸经济系 8 个班。

学校第一届学生招入时并未明确划分所属专业与科系，在相应专业和科系建立后，理应对学生进行分流。学校为此召开部分教师座谈会，听取意见和建议，经院务会议研究后确定了六条原则：(1)做深入细致的思想工作，尽可能避免或减少师生的思想波动；(2)任课教师原则上不变动，以保持教学的连贯性；(3)按整个班级分，必要时作个别调整；将外语基础好，语音语调准确，适合向外语深造方面发展的，分入外语系；(4)由组织上统一分配，避免个别申请造成混乱；(5)从外语为主的外贸人员一般少于外贸实务人员的实际情况出发，外贸外语系学生要少于外贸经济系学生；(6)早分比晚分好，在第二学期开学后分，并报经上海外贸局党委批复同意。

接着，针对学生的思想活动情况，为了把工作做细，道理讲透，学校具体做法分三步走：(1)在骨干、辅导员和有关教师中统一对分系问题的认识，统一对学生解释和教育的口径，齐心协力，共同工作；(2)系召开支委会、学生党团员和班长会议，说明分系的目的要求，着重讲明两个系虽各有侧重，但都是培养外贸专门人才，为四个现代化建设服务，勉励学生树立远大理想，服从国家需要，正确对待分系；(3)院领导在师生大会上进行动员，说明分系原则，保证教学活动连贯地进行。最后，宣布原第三至十等八个班的 184 名学生分入外贸经济系，其余六个班 135 名学生分入外贸外语系。

2. 因材施教的教学计划

在学生分入不同的科系之后，学校根据学生的培养需求，制定符合学生和教师的教学计划，做到因材施教，发掘学生学习潜力。学校制定教学方案和教学计划内容有：(1)专业设置和学制；(2)培养目标；(3)课程设置和要求；(4)学时安排。两个系各专业的公共课(党史、政治经济学哲学、时事、政治、汉语、体育等)相同，外语课和业务课的课程和要求则各有侧重，四学年共 208 周，其中教学时间 148 周，占 71.15%；劳动、军训、实习 20 周，占 9.62%。每周学习暂定 46 学时(含自修)。

在业务课方面，外贸经济系开设中国外贸经济概论、进出口业务、国际贸易、国际金融、行情调研、销售学、世界经济地理、经营管理、国际商法、保险与运输等十门业务课;外贸外语系开设中国外贸经济概论、进出口业务、国际贸易、行情调研、世界经济地理等五门必修业务课,另开设经营管理、国际金融、国际商法、商品学、保险与运输等五门选修课程。

在外语课方面,开设精读、听说、外贸函电、外刊选读等各类课程,要求外语系学生接触单词(含词组)5 000 个,熟练掌握 3 500 个,语音语调正确,掌握基本语法,学习起草函电文件,学习第二外语;要求经济系学生接触单词(含词组)4 000 个,熟练掌握 3 000 个,语法概念清楚,能看懂外贸单证,学习起草外贸业务函电等。

四、修缮与拓展基础设施

1960 年学校创建时,外贸部和上海市批准建筑校舍 30 000 m^2,征用土地 135 亩,分期分批施工建造。1960 年以来仅建造校舍 16 890 m^2,征用土地 40 亩。1966 年准备建造电教馆,市城建局核定征地 21 亩,但因“文革”而停止。1978 年复校后,外贸部根据学校发展规模,批准下达扩建工程设计任务书,扩建校舍 15 000 m^2,投资 350 万元,需征用土地 90 余亩。另一方面,由于“文革”期间,学校被迫撤校后,校址一度用作外贸仓库。复校时,校舍由于年久失修,墙壁裂缝剥落,上面水管破裂漏水,下面管道堵塞不通,迫切需要大修。外贸部批拨了大量经费,学校抓紧分批组织落实。从教学大楼开始,包括男女生宿舍、食堂、图书馆、办公楼等,至 1979 年底基本修缮完毕,保证了教学、工作、生活用房。1980 年 1 月,上海市城市规划建筑管理局同意学校征用学校北面土地 3.526 亩建造教职工宿舍,同年 9 月 8 日同意征地 38.934 亩扩建学生宿舍,新建电教馆、400 米环形跑道运动场。学校的基础设施得到快速的修缮与扩展,为师生创造出一个较为良好的教学环境。

与此同时,学校在撤校后大量图书流落他处,复校之后必须采购大批图书供师生阅读。学校向国内外采购和索阅各种中外文书刊数据,并经多次联系上海外国语学院,归还了部分图书。经过一年的努力,到 1980 年,增加书刊 6 万册,使库存图书达 10 多万册,初步适应低年级教学需要,改变了学校图书数据贫乏的面貌。

第二节　复校获批　步入正轨

学校虽在1978年在外贸部和上海市相关部门的支持下复校,但学校尚未得到国务院的正式批示。学校在名义上尚未得到正式承认,学校经费难以得到足够支持,教师和干部的思想不够稳定。为早日获得国务院的批示与承认,学校领导多次向上海市委和外贸部反映学校情况,最终在1980年4月得到国务院批示。学校在国务院批示正式复校后,呈现出勃勃生机。

一、获国务院正式批准复校

1. 艰辛的复校之路

学校在筹备复校时期,虽然按照上海市委的指示提前一年招生,但由于国务院没有下达批准复校文件,财政部无法下拨经费,学校经费无着落。这不仅影响教学工作的开展,也一定程度上引起师生员工情绪的不安定。

为争取国务院早日批准复校,学校领导多次向教育部计划司汇报学校筹备复校、提前扩大招生和学生正常上课等情况,要求正式批准复校。外贸部还向国务院提交恢复上海对外贸易学院的补充报告:"上海对外贸易学院在原校址复校,过去培养了外贸干部,发挥了作用,现在只有北京外贸学院,远不能满足外贸需要。当前外贸人员青黄不接情况严重,上海对外贸易学院复校条件比较成熟,有很多有利条件,扩大招收的321名学生正式上课,教学走上正轨,基本上具备办学条件。国务院不批,学校遇到很大困难,师生思想情绪波动。"1979年新学年开始之前,外贸部又于8月18日书面报告国务院,说明学校工作进展迅速,教学秩序已经走上轨道,但因国务院还未批复准予复校,目前遇到很多困难,师生员工思想不安定,如不及早解决,将会影响教学工作的进行。1979年7月,副总理谷牧在上海检查外贸工作时,了解到学校尚未批准恢复,即表示同意恢复。1979年9月,国务院批准进出口管理委员会的《关于京津沪三市出口工作座谈会纪要》中也提到,恢复上海对外贸易学院,积极培养一批政治思想强、精通外贸业务和外文、能独立工作的外贸人才,这是发展对外贸易事业的一项战略性重要措施。

2. 学校获批复校

1980 年 4 月 30 日，外贸部副部长郑拓彬、上海市副市长裴先白在进出口办公室主任孙更能和上海外贸局局长兼学校主要负责人贾振之的陪同下，来校视察和指导工作。郑拓彬向学校透露，教育部已告知外贸部，国务院批准上海对外贸易学院复校的消息。1980 年 5 月 13 日，上海市人民政府办公厅转发教育部《关于同意建立上海外贸学院等四所高等学校的通知》。自此，学校复校得到正式承认。

1981 年，国务院召开了沿海九省一市座谈会，提出大力扩展对外贸易，急需又多又快地培养一批又一批的外贸专门人才。1982 年，全国外贸计划会议也提出，开创对外贸易新局面，要切实加强队伍建设，重视经贸院校建设，抓好职工培训，使之制度化、正规化。我国社会不断发展，经济形势不断好转并趋向良好发展，外贸事业也在不断开拓、进取，国家和社会对外贸人才的需求不断上升。上海对外贸易学院在国家和社会的需要中不断发展，迈向新的征程，承担为国家和社会输送外贸人才的光荣任务。

二、成立校党委和学术委员会、学位委员会

1. 学校党委成立

国务院正式批准复校以后，学校面临的又一个重大问题是院、处两级党政领导班子未及时任命。这不仅导致学校未能建立相适应的机构，还会带来教职工中的等待思想，影响学校工作的正常运转。

1981 年 5 月 26 日，中共上海对外贸易学院委员会成立，相应的学校党政领导也得到任命。贾振之兼任上海对外贸易学院党委书记、院长；胡远声任上海对外贸易学院党委副书记、副院长；金昔明任上海对外贸易学院党委委员、副院长；邹博文任上海对外贸易学院党委委员、副院长；裘劭恒任上海对外贸易学院副院长；何文逵任上海对外贸易学院党委委员、副院长；周信礼任上海对外贸易学院党委委员；唐启纯任上海对外贸易学院党委委员；杨立平任上海对外贸易学院党委委员。

1981 年 10 月，党委开展了进一步的工作分工，并报经市财贸办公室党组同意：党委书记、院长贾振之为兼职，主要抓学校的重大问题；由党委副书记、副院长胡远声负责全面工作，由党委副书记、副院长丁明新协助，并

负责党委日常工作,重点抓政治思想工作;副院长金昔明、邹博文抓教学工作,前者侧重学报、图书馆,后者侧重教务、外事;副院长何文逵分管人事、纪检、统战、总务;党委委员周信礼、杨立平、唐启纯等分别负责总务、学报和处级干部学习班、组织工作等。原任上海外国语学院英语系主任的裘邵恒于12月到职任副院长。至此,学校党政领导干部全部到任。

2. 学术委员会、学位评定委员会成立

为进一步完善、加强学校学术创新能力,学校先后成立学术委员会和学位评定委员会。为审议学术论文、科研成果和评审教师职称,1981年9月学校按照规定成立首届学术委员会:学术委员会主任由学校党委书记、院长贾振之担任,三位学术委员会副主任分别是:胡远声、邹博文、袭劭恒,三位学术委员会委员分别是:汪尧田、严德馨、相重光。学术委员会的成立标志着学校重视教学、科研,并持续努力发展学校教学、科研能力。

1982年1月15日,国务院学位委员会、教育部(82)学位字001号通知,国务院批准学校为首批有权授予学士学位的高等学校之一。根据《中华人民共和国学位条例暂行实施办法》的规定,报经外贸部(82)贸人学教字第86号文批准,1982年3月学校成立首届学位评定委员会,主席由副院长胡远声担任,副主席由副院长裘劭恒、邹博文两位担任,委员有王钟武、刘澄、吴君立、汪尧田、严德馨、相重光、罗国梁、范镇华、唐德荣、俞敦仁等。

两个委员会成立以后,分别进行正常的教师职称评审、科研成果审议工作和学生学位评定工作。做好这些工作,有利于调动教师和学生的积极性,促进教学质量的提高,有利于培养四化建设所需要的外经贸人才。

三、建立工团学组织并任命中层干部

在学校党政机构构建的同时,学校工会、团委、学生会等组织相继成立。在党委的领导下,积极开展工作,发挥工、团、学生会的作用。

1981年10月14日,校工会筹备组成立,组长周信礼,副组长甘鸿、刘永秀,成员陈忠培、经淞云、艾振乾、周琬华、张文辉、施云泉。此后,各部门相继成立部门工会筹备小组。

1981年10月17日,学校首届共青团代表大会胜利召开,主要议程有:(1)临时团委做工作汇报;(2)选举第一届委员会。大会应到代表108名,实到 106 名,请假 2 名。通过无记名投票,选出第一届委员会。

1981 年 12 月 7 日,学校首届学生代表大会开幕,出席代表 124 名。会上,通过无记名投票方式,选出院学生会委员会。学生会下设学术部、宣传部、文体部、生活部。外贸经济系和外贸外语系设立学生会分会。

与此同时,自 1982 年初以来,上海市财贸办公室党组和学校党委任命了一批学校的处系级干部。尽管从复校到建立院党委、正式任命院处两级干部经历了三年多时间,给工作带去不便和困难。但在对外经济贸易部(1982 年 3 月,对外贸易部更名对外经济贸易部,以下简称“经贸部”)、上海市以及上海外贸局等有关部门的领导和支持下,经过全体师生员工的共同努力,学校基本建立了正常的教学、工作、生活秩序,在教学、科研、后勤、基建等方面取得了可喜的进展。各系教研室正副主任和行政各科正副科长也相继任命。经过一系列的配备、调整、充实,初步建立了一套党政组织机构。

第三节　紧跟潮流　务实发展

学校紧跟时代发展步伐,凸显学校外贸特色,增强科研、教学实力,注重务实发展。学校在分析社会对外贸人才的巨大需求后,果断调整学校发展结构,接纳社会需要,开展成人教育,为祖国各地建设培养了一批优秀的外贸管理人才。同时,学校注重师资力量发展,在原有基础上不断加强学校师资队伍建设,改善教师结构;开展校际合作,加强学术交流,拓宽对外交流途径;开展科研交流,著书立说,大量成果涌现。学校的调整与发展获得了学生的广泛好评,并在学生就业工作中得到良好体现。

一、办学规模更上一层

改革开放以来,我国外贸经济快速发展。1979 年首先设立四个经济特区,吸引外资快速发展沿海地区,效果显著;1984 年先后开放 14 个沿海城市,东部沿海地区对外贸易得到迅速发展。我国总体进出口交易额也在逐渐增加,并在 1985 年突破 2 000 亿。上海对外贸易学院所在的上海地区,自近代开埠以来,就将对外贸易作为城市发展的经济支撑。改革开放以后,上海进出口总额逐步增加,在全国进出口总额中一直占有较大比重。1981年,上海进出口总额约占全国56%,此后更在总体上呈现增长趋势。外贸的快速增长同时带动对外贸人才的需求。当时,全国能够培养外贸人才的学校并不多,而像上海对外贸易学院这样专门培养外贸人才的学校更是寥若晨星。

党的十一届三中全会后,我国稳步对外开放,对外交往日益扩大。为适应经济发展的需要,培养足够数量的外贸人才,经贸部(原"外贸部")于1981年11月、1983年8月召开全国外贸高等院校教育工作座谈会和全国对外经济贸易教育工作会议。根据部领导在两次会上的讲话,学校进一步认识到培养外经贸人才的重要性、迫切性,从而提高了办好学校的责任感。学校在会议后提出坚持"自力更生、艰苦创业、勤俭办学、培养德智体全面发展的外贸专门人才"的办学指导思想,努力扩大办学规模,实行多层次、多形式办学,并联系实际,列出五个专题:(1)增设新专业,适应外经贸新形势;(2)开设大专班,使干部教育逐步正规化、制度化;(3)提高外语教学质量;(4)改革管理体制;(5)加强政治思想教育,调整政治经济学课程。

1. 在巩固老专业的基础上建立新专业

1978年复校时,学校基本上沿袭撤校前的教学体系,建立外贸经济和外贸外语两个系,下设对外贸易、外贸英语、日语、法语等四个专业。随着国际经济贸易向多元化经营方式发展和我国改革开放政策的深入贯彻,对培养经贸人才的模式和知识结构提出了新的要求。

为改变过去单一的商品贸易教学和专业过于狭窄的局面,在组织专题研究、科学论证的基础上,学校一方面充实老专业,逐步增加相适应的课程,如国际经济合作、企业管理、国际贸易法、国际投资、国际信贷、国际市场研究、特区经济、西方现代经济学说、逻辑学、计算机原理与应用等课程,作为必修课或选修课,并减少和合并一些旧课程;另一方面,积极筹建新专业。通过调查研究,根据需要与可能,学校制定了把原来两个系、四个专业改为五个系、八个专业的方案,即增设企业管理系(企业管理专业、财会专业)、国际经济法系(国际经济法专业)、国际经济合作系(国际经济合作专业),并于1983年9月报请经贸部核准转教育部审批。与此同时,学校成立企业管理、国际经济法、国际经济合作三个专业筹备组，指定专人负责筹备，对课程结构、教学内容、教材编写、师资人选等方面积极研究，具体落实。经国家教委和经贸部先后批准，1984 年学校设立了企业管理和国际经济法两个专业，1986 年设立了国际经济合作专业，1987 年设立了财务会计专业。前三个专业为本科四年制，后一个专业为大专二年制，并于批准当年招收新生。这样，学校的专业已从四个增加到八个，在层次结构和课程体系上基本适应当前对外经济贸易发展的需要，逐步趋向齐全和合理，使学校开始形成具有自己特色的对外经济贸易学校。

1987 年，学校开设对外贸易专业第二学士学位班，招收理工本科毕业并获得学士学位的人员，并于批准的当年招生。1990 年 8 月，经国家教委批准，上海对外贸易学院招收首届对外贸易专业大专生 26 名，学制二年。

2. 获得研究生招生、培养资格

值得一提的是，学校于 1984 年起获得研究生招生资格。其中，起到举足轻重作用的是时任学术委员会副主任、学位评定委员会副主席的裘劭恒教授。

裘劭恒(1913—2009)教授是我国著名法学家，曾参与“东京审判”、担任“涩谷案”法官、担任最高人民法院审判林彪江青反革命集团特别法庭顾问、参与香港特别行政区基本法起草。他曾为上海市外贸局制订了一个外贸统一合同条款，即“销售确认书”，后来逐步推广到全国，沿用多年，对发展对外贸易起到良好作用。英国大百科全书“国际贸易”部分曾将此条款引入有关条目，认为这是中国的独创。此后，他还在为政府处理出口爆竹案件、民航劫机事件等问题上提出了有价值的意见。他积极组织和参与1979—1986 年期间全国人大通过的所有法律的翻译、定稿工作。英文版的《中国法律》在国际法律界产生了巨大的影响。裘劭恒教授认为，中国的涉外司法人员不仅要懂法律，还要拓展知识领域，掌握经济和外贸的一些基本知识，而外贸经济人才也要懂得法律。在他的倡导和支持下，司法部举办了涉外司法人员培训班。他亲自在司法部“涉外经济法和专业律师训练班”以及“全国法律专业师资进修班”担任教学工作。上海对外贸易学院举办了为期半年的对外经济贸易法律专业培训班，为司法部等单位培养了一批涉外法律骨干人才。

在亲自参与筹备建立国际经济法系之后,鉴于国际经济法专门人才奇缺,在裘劭恒教授的大力推动下,1984 年 10 月 9 日教育部(84)教研字 044 号文批准上海对外贸易学院 1985 年招收首届国际经济法专业硕士研究生 2 名,这是上海对外贸易学院研究生教育的开端。裘邵恒教授亲自参与研究生招生资格申请和研究生培养的全过程。

1987 年 4 月 3 日,由于学校具有国际贸易和特种用途英语(外贸英语)专业硕士学位授予权,为学校 1988 年招收这两个专业的硕士研究生奠定了基础。学校自 1984 年获得研究生招生资格后,招收的研究生数量总体上呈增长趋势,一方面是学校的科研力量增强,另一方面是学校的发展得到莘莘学子的认可,至 1994 年学校共招收研究生 88 人。

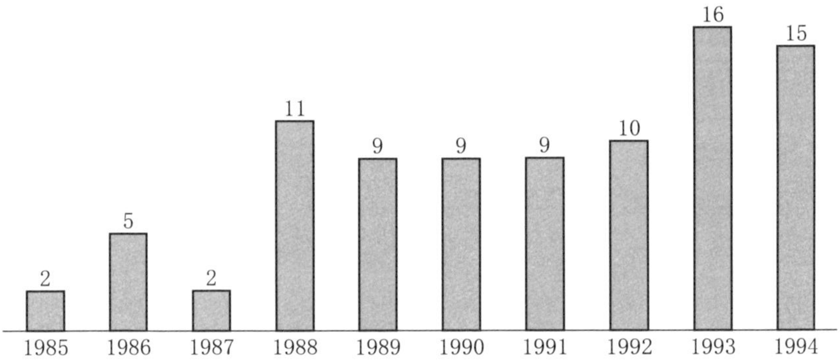

图 2-3-1:1985—1994 年上海对外贸易学院研究生招生数量

3. 大力发展成人教育

十一届三中全会之后,面对各省市和有关工贸企业陆续开展直接对外贸易的新形势,根据 1981 年外贸部职工教育座谈会关于“积极开展,量力而行,形式多样,讲究实效”的精神,学校贯彻“干什么学什么、缺什么补什么”的原则,举办各种培训班、讲授班、进修班以应开放的急需。在面临年年数量上有发展,质量上要提高,为外贸事业培养合格后备干部任务也十分繁重的情况下,由于沿海开放地区的扩大,特区、经济技术开发区雨后春笋般的出现,加之工贸结合、技贸结合,“三资”企业的蓬勃兴起,社会上对外贸院校期望甚殷。要求应援毕业生，要求教师兼课，要求供给教材，甚至希望联合办校、办系、办班的信息纷至沓来。是只看到本身的困难，按部就班关门教改，还是急开放之所急、应社会之要求开门办学，多渠道、多形式、多层次地从培训实践中接受锻炼求得提高？上海对外贸易学院选择了后者。在外贸部领导下，学校不仅增办中专师资班、厂长经理班，又先后开办了夜大学、自学考试、函授等成人高等教育，还为培养复合型人才办双学位班，为友好城市办高级经理班，与组织人事等部门配合举办多期岗位、专业培训。学校的成人教育部(原干部培训部、专修部)被评为1986年上海市干部培训工作先进集体。

学校成人教育的主要培训形式有三种：第一种是取得国家承认大专学历证书的夜大学、干部专修和自学考试；第二种是取得岗位合格证书的外经贸企业经理国家统考培训、岗位职务培训；第三种是适应各方面需要的多科或单科的短期培训。

(1) 夜大学、干部专修和自学考试

1981年，学校开办夜校单科班，设英语、日语、法语三门学科，学制二年，学习期满，考试合格者，发给单科结业证书。第一期开设英语12个班、日语3个班、法语2个班，学生共850名。这对满足当时群众(大都是在职职工)的迫切需要和锻炼教师(特别是青年教师)起了积极作用。不少学生结业后在工作岗位上学以致用，发挥了良好的作用。

1983年4月28日，院长办公会议研究决定开设夜大学，为本市工商企业、机关、团体培养外经贸人才。经教育部(83)教计字第118号文批准，学校成立夜大学，同年9月招收第一届学生。当年，有260多人报考，经过考试，录取50名，生源来自本市外经贸系统和从事外经贸工作的单位。夜大学学制三年，开设政治理论、汉语、外贸业务、外贸外语等四类13门课，共1 512课时。其中，每周安排晚上或下午授课四次，共12课时。三年修业期满，各科考试及格，达到规定学分者，颁发大专毕业证书。

在开设夜大学的基础上，经全国高等教育自学考试指导委员会1984年12月27日批准，学校举办“对外贸易专业(专科)”自学考试。考试课程有：政治经济学、哲学、大学语文、高等数学、英语(含外贸函电)、会计学原理、中国对外贸易概论、国际贸易、国际金融、销售学、进出口业务、国际贸易地理、国际经济合作等十三门考试。自学考试的时间是全国统一的,每年4月和10月各举行一次,每次安排六门课程。每门课程考试及格,由学校发给单科合格证书。十三门课程全部考试及格,发给具有大专学历的证书。

(2) 外经贸企业经理国家统考培训、岗位职务培训

根据经贸部的指示,1984年起学校为华东地区六省一市经贸系统参加国家统考的经理级干部举办辅导学习班。这个辅导学习班每年办两期。教学分为两部分,一是专业基本知识课,二是十一届三中全会以来我国社会主义经济建设的基本方针和政策讲座课。教学内容随着形势发展和考试要求有所调整,学习重点也有所变动,如专业基本知识方面,增加会计法、专利法、企业管理、外贸法律等;方针政策方面,增加我国对外开放、对内搞活、经济体制改革及“七五计划”等内容;教学方法方面,教师讲授与课堂讨论结合,学完一门课测验一次,重点提高学员分析问题和解决问题的能力。

受经贸部的委托,1987年试办对外经贸大中型企业经理岗位职务培训班,第一期于9月23日开学。学习时间4个月,学员24人来自华东、中南(广东除外)地区。学习课程有:对外贸易理论与实务、经济法、领导科学、对外贸易法律、社会主义经济理论与政策、企业管理、市场学、财务会计、国际企业、管理科学、会计、审计、计算机运用等十三门。

(3) 适应各方面需要的多科或单科短期培训

学校不仅仅聚焦学生教育,最大程度地培养外贸人才,还开设各类外贸培训班,为国家和社会训练出一批优秀的外贸人才,极大地满足长三角乃至全国的外贸人才需求。

① 经贸部指令开办的培训班

1980年至1982年7月,开办六期“上海外贸系统科级干部业务学习班”,每期两个月左右,217名科级干部参加学习。

1980年至1982年,开办三期“外贸公司新进人员培训班”,256名应届毕业大学生参加学习。

1981 年 4 月至 1983 年 12 月,开办七期"华东处级干部业务学习班",每期学习时间从 50 天到两个月不等,学习内容以进出口业务课为主,根据不同的学习对象和当时的不同要求,随时调整。华东六省一市外贸系统的经理、处长等 325 名参加学习,471 名参加旁听。

1981 年初,外贸部举办建国以来第一次全国外销员统一考试,学校承担华东六省和北京各进出口总公司的 1 799 份业务考卷和 1 146 份外语考卷的评定任务。此后,根据外贸部人事教育局的指示,学校组织评卷教师 13 人分四个小组,从 1981 年 5 月 26 日至 6 月 21 日前往杭州、青岛、南京、合肥、南昌、福州和上海等地采用讲课方式进行考后辅导,取得良好的效果。

1983 年 4 月 5 日,外贸中专英语师资培训班开学,学员 32 人,来自各省市外贸学校(天津市、辽宁省除外)。学制二年。主要课程有政治经济学、英语(含外贸函电、翻译、外刊选读)、外贸业务(国际贸易、对外经济贸易概论、进出口业务),其中英语占总课时的 65%。

② 上海市领导机关交办的培训班

1981 年,开办对外经济贸易干部进修班。第一期于 1981 年 11 月 9 日开学,学制半年,学员 36 人。1982 年 9 月举办第二期,将"进修班"改为"专修班",学制一年,学员 48 人,旁听 1 人。1982 年 9 月 28 日经市财贸办公室批准,学校正式成立对外经济贸易干部专修部,负责培训工贸和其他有关部门从事外经贸工作的干部。

根据上海市人民政府的指示,为适应对外开放,扩大对外经济贸易,学校举办对外经济贸易业务讲授班,使工贸部门从事外经贸工作的人员通过学习,了解对外经济贸易基本知识和基础理论,加强有关部门的协作,共同做好外经贸工作。第一期讲授班于 1983 年 3 月 22 日在国际贸易会堂举行开学典礼,学员 443 名,讲课 32 次,主要内容是对外经济贸易的方针政策,国际贸易理论和进出口业务知识,每周两个半天。学习结束考试合格者,发给证书。

1992 年 12 月 12 日经市外经贸委批准,"上海驻外人员培训中心"在学校成立,并举行"培训中心"揭牌仪式暨第一期学习班开学典礼。该中心由学校和上海海外公司共同管理。第一期学习班学员 25 人,是上海外贸、工农业、旅游系统准备外派的干部。

③ 学校自办培训班

1983年,经经贸部批准,学校开办国际经济贸易法律专业培训班,3月25日举行入学考试,择优录取58名,其中本市外经贸系统干部20名,北京、天津、上海、辽宁、山东、河北、河南、福建等省市的律师、法律工作者20名,其他有进出口业务的单位6名,本校和有关院校、研究机关的教师和研究人员12名。在司法部的关怀和市司法部门、外贸局、华东政法学院的支持下,4月20日举行开学典礼。主要课程有对外经济贸易理论、政策和实务、国内法、国际法、法学概论、国际商法、涉外法律文件与语言等。经过六个月的紧张学习,学员学完了规定的课程,于1983年10月19日举行毕业典礼,由裘劭恒副院长主持。学员于10月24日分赴各地参加实习、工作。这个班不仅培养了一批见习涉外律师,还为学校开设国际经济法专业打下一定的基础。

④ 接受外单位委托以及与外单位合作开办培训班

学校开办各种成人培训班,如对外经济贸易业务、利用外资、引进技术、引进项目、涉外律师、国际贸易法律、英语、日语等专题培训班,学制长短不等,从一、二个月到一、二年。办学方式多种多样,有在校内办的,也有在校外办的;有在本市办的,也有在外省市办的。学校分别同福建省经贸委培训中心、浙江省委党校、上海市科技协会、宝山钢铁厂、南通工业管理学院等单位合办培训班,还有接受司法部、纺织工业部、水利电力部、上海市委组织部、南黄海石油公司、机电一局等单位委托办的。如,1981年2月,学校接受上海宝山钢铁厂的委托,在校内举办出国进修人员英语培训班,学员80人,学习时间一年半,至1982年6月结束,使进修人员基本上具备出国进修的英语水平。1988年,学校与上海教育学院合作举办的第一期外贸业务培训班开学,学员70人,学习4个月。1992年4月,受西安市外经贸委的委托,举办西安市外经贸干部业务培训班,为期两个半月,学员30多人。由于教学内容具有针对性、实用性,贯彻学以致用的原则,因此,很受有关单位和学员的欢迎。

二、师资建设优化结构

为了改变师资队伍年龄“两头大、中间小”、结构不合理的状况,学校加快培养中青年骨干,加速第二梯队建设,努力改进教师结构,使各门学科后继有人。同时,积极引进外籍教师,突出学校外贸培训特色。

1. 加强对教师的培养提高

这一时期,各系分析教师队伍的现状,制定教师进修提高计划,特别是加强对占教师总数 46%以上的青年教师的培养。1984 年,制订《青年教师培养和管理办法》,加强管理,认真考核;各系和教研室定任务、定方向、定指导教师,并提供条件,加速青年教师成长。安排青年教师 22 名参加 1987 年 ESEC 在学校举办的国际贸易强化班;中青年教师一百多人(次)参加兄弟院校和单位举办的由中外籍专家、教授执教的讲习班、进修班学习,如参加北京国际经济管理学校经济英语培训中心,中国国际法学会、最高法院与荷兰海牙国际法学校联合举办的“海牙国际法学校 1987 年北京讲习班”,南京大学——约翰霍普金斯大学中美文化研究中心在南京举办的进修班等。

同时,学校还加强同海外学校的合作,培养青年教师。1993 年,学校与英国文委合作“综合英语”项目试点。为此,学校不仅选送两名青年教师赴英国相关大学攻读硕士学位,并在英国文委派遣专家的帮助下,建立起“综合英语”这一新学科,并在试点的同时,逐步完善与之配套的新教材,丰富学校的英语教学内容,增加英语教学的手段和方法,提高了教学水平。

在经贸部的关怀和上海市领导机关的支持下,经过多年努力,学校教师队伍起了可喜变化,教师的素质不断提高,老、中、青教师结构渐趋合理,中青年教师中获硕士学位的人数有所增加。

在此期间,名誉院长裘劭恒教授除担任全国人大常委会法制工作委员会副主任(副部级)外,增补为六届全国人大代表,同时当选上海市第八届人大代表、常委;纪委书记陈天章副教授当选上海市第八届人大代表和上海市长宁区第八届人大代表;副院长封福海副教授当选上海市长宁区第九届人大代表,1988 年当选第七届全国人大代表。教师霍绮筠和潘龙飞,任长宁区政协委员。教师王新奎于 1984 年当选全国青年联合会理事。

2. 外籍教师引进与管理

学校引进多位外籍教师,助力学校师生提升外语交流能力。1984 年至 1987 年学校聘请了 2 位国外客座教授,增强了教师力量,还聘请美、日、法、澳、加拿大等国的专家、教员27人执教,主要为学生开设语言课,有的还培训青年教师。1993年,学校先后聘请了两批外籍专家、教师共19人次,他们分别来自美国、法国、英国、比利时、日本和新西兰。他们的教学工作对培养青年教师,提高外语、专业课程教学质量,提升新学科和新教材建设等方面起了积极作用。

仅在1993年,学校先后组织青年教师近20人次,参加由外籍专家讲授的英语进修班,学习新的教学内容,观摩新的教学方法,对提升青年教师的外语教学水平起了很大的作用。另外,学校还安排青年教师做专业类外籍专家的合作教师,协助外籍教师整理资料、编写讲稿等,边合作,边学习,边交流,从中掌握更多的知识,丰富青年教师知识,充实讲课内容。外籍教师的教学保证了学生的外语水平得以提高。学校每学期都安排外籍专家、教师直接为学生讲授外语课,定期安排学生参加由美中教育服务机构举办的英语强化训练班。通过这一系列的授课及师生的共同努力,学校学生外语水平测试(全国性、经贸系统以及上海市)一直保持较好的成绩。

学校加强对外籍教师的管理。学校一方面变被动管理为主动积极管理;另一方面提高管理的透明度。1993年,学校将原先的有关对外籍专家的管理、法规及多年来积累的实际情况与管理经验编写成《外籍专家须知》,并配以一些重要的生活指南,发给每位新到任的外籍专家,使他们一开始就了解有关的法律与规定,并能较快地适应新的生活,避免了外办人员围着新任专家团团转的被动局面。另外,学校在外籍专家管理、服务工作上做到既周到有序,又不失原则。总之,由于学校外籍教师工作开展得较早,有较稳定的聘请渠道,较为完善的聘请、管理办法、制度以及一支素质较高的干部队伍,多年来外籍教师工作取得了良好效果。

三、教学改革提升质量

为加强教学效果,学校在教学过程中不断探索,及时调整教学方向,依据最新社会需要和学生需求,增设新专业,引进新教法,革新教育思想,努力提高学校的教学质量。

1. 编写教材,服务教学

教材建设是办好高等学校的基本建设之一,也是提高教学质量、培养学习能力的一个十分重要的环节。自1980年起,在学校领导下,各系逐步抓起教材工作并先后不同程度地编写和翻译了一些教科书、教学参考书,以适应教学工作及举办各种业务培训班的需要。截至1987年,学校参加外经贸部组织编写和自行编写的教材、教学参考书以及数据性汇编共计51种,其中参加部编教材8种、由学校自行编写的教材20种、编写的教学参考11种、资料性汇编11种。

学校十分重视教材编写,制定出相关方案加强教材的编写与完善。一方面,全校机构层层落实,制定了切实可行的近远期教材编写工作的规划,全校的教材工作统一由学校教务处会同科研部门来抓,各系(部、所)均指定一位副主任负责教材工作并具体落实到各教研室,全校每学期要召开一次教材工作会议,研究和落实教材编写工作并督促与检查进展情况以保证这一工作有步骤地进行。另一方面,学校从实际出发,保证重点,逐步形成特色,并向系列化方向努力。如,经济系《进出口业务》这本教材在统一安排下,编写工作已有一定基础。该教研室的教师在进一步修改和充实这本教材的基础上,逐步编写和出版参考书、案例选编和数据汇编,使《进出口业务》教材系列化。与此同时,电视教学片也是教材的新形式。1991年4月,学校编写和拍摄的《外经贸英语函电与谈判》电视教学片,作为中央广播电视大学外贸英语单科课程,由中国教育电视台通过卫星向全国播出,全部课程72学时,至1992年2月3日播完。1993年10月6日学校和经贸部人教司、中央广播电视大学合作拍摄的《进出口贸易实务》电视教学片(中央广播电视大学外贸单科课程),由中国教育电视台通过卫星开始向全国播出,全部课程共50课时,至1994年1月28日播完。

2. 改革教学方法和教学管理

学校在教学改革实施中,确定以修订教学计划为中心环节。1984年开始,从修订84级教学计划为试点,逐步推广到全面修订各年级的教学计划。1985年以来,教学计划进行了几次修订和调整。总的指导思想是"加强基础,办出特色",要求通过四年学习,培养出政治思想好、中外文基本功硬、专业适应面宽、工作能力强、身体素质棒的外经贸人才。1986年12月,学校参加了经贸部召开的经贸普通高等学校专业与课程问题研讨会,为修正教学计划取得了理论依据。

在改进教学方法方面,进行多种探索和尝试,逐步从单纯传授知识转变为既传授知识又注重培养学生智能,从以课堂为中心转变为同时注重多种形式教学。1984年,外贸外语系在84级英语专业新生中试行教师责任试点班,全面加强英语基础训练,在年级统测中名列前茅,取得可喜成绩;1986年,外贸外语系改革传统的英语课型,并对86级新生实行英语分六级教学,促进学生听说读写全面发展;改变原有教学安排,与"美中教育服务机构"合作,举办强化英语教学班,由该机构派三名教师来院进行强化英语教学,使用他们的专门教材和教学方法,迅速提高学生的听说读写能力,取得较好效果;实行第一至第八学期外语口语不断线,强化"说"与"听"的训练,提高学生听说能力;实行外语水平统测,使学生达到预定目标,防止分数贬值、高分低能;各班也通过各种方式(如举行演讲、朗诵、语法、时事用语、快速阅读等比赛和口语统测等),促进学生外语水平全面提高,从而取得了可喜的成绩。在1987年全国经贸院校的英语比赛中,我校学生成绩名列前茅。外贸外语系被评为1987年全国外经贸系统先进集体,获得奖状、奖杯。1993年5月14日,1991级英语专业学生58人参加全国高校英语专业四级统测(全国共有163所高校参加),取得平均成绩72.62分,由全国高校外语专业教学工作指导委员会划为A级,在全国25所A级学校中列为12位。由此,学生外语应用能力比较强在社会上形成了良好的口碑。

同时,学校其他系科专业也根据各自专业课程的特点,进行了一系列的改革。有的加强案例教学,组织课堂讨论,举行模拟谈判,举办模拟法庭,理论联系实际,不仅课堂气氛活跃,加深学生对所学理论知识的理解,而且提高学生分析问题和解决问题的能力;有的精心组织学生利用寒暑假开展社会调查、专业调查,接触社会实际,加深对我国国情和社会主义建设成就的了解。各人撰写调查报告,进行交流,并参加全院评比。1987年,学校学生的两份调查报告获得全市首届高校优秀社会实践奖;有的加强预习、练习、作业和平时测试,留出课堂授课部分时间由学生提问,改进考查和考试方法,"教师只讲不练,学生只听不问"的情况有所转变;有的加强业务课教学和外语教学的相互渗透,教师成功地用英语讲授"销售学""国际贸易""管理经济学""策略管理"等课程。为建立实践基地和信息窗口，学校还先后与上海轻工业品、服装、纺织品等进出口公司和深圳中国银行签订了合作协议。

在改进教学管理方面，1985 年秋开始，试行对 1985 级学生进行"选优拔尖"的试点。经过两年的考察选拔，选出拔尖学生 10 名，由学校授予"1987 学年度 85 级优等生"的称号，并给予优遇，如发给教师阅览室阅览证、享受与教师同样的借书量、配备副教授负责指导、发给书报费等。这项措施有利于推动一些拔尖人才脱颖而出。

学校在 1986 级新生中开始试行学分制改革，目的是摸索外经贸教学实行学分制的经验，提高教学质量。通过一学年的试行，证明它有优点，也有不足之处。为了扬长避短，学校在重点研究学分制"绩点"标准的基础上，拟订了学分制的管理办法，既要高标准、严要求，又要合情合理，有利于调动广大学生的学习积极性，鼓励学生奋发向上，打破部分学生中"60 分万岁"的错误思想倾向。

1992 年 12 月，根据国家教委高教司和经贸部人教司学校教育处有关文件的精神，将专业主干课程编成目录，并规定列入教学计划，贯彻执行。除各专业各自的主干课程外，共同主干课程有中国对外贸易、国际贸易实务、基础英语、中国革命史、体育、国际贸易、国际金融、国际金融学、国际经济合作、国际商法、国际市场行情、西方经济学、技术贸易、外语函电、经贸应用文、汉语、电子计算机基础与应用、政治经济学、哲学等 19 门。

四、硬件设施不断改善

1. 教学环境的改善

随着学校的发展，招生人数不断增多，原有的教学楼和宿舍楼已经不能够满足学校的发展需要，学校在不同的时期不断改善教学环境，新增教学楼和宿舍楼，为学生创造一个良好的教学环境。

1983 年，学校竣工两幢学生宿舍楼，共 2 560 m^2。1984 年，男生宿舍加高一层，增加建筑面积 618 m^2。1985 年，搭建临时办公用房 408 m^2，腾出房间用作学生宿舍。1985 年，新建的第二期教工宿舍楼落成，计 1 203 m^2。

1987 年，竣工 4 600 m^2 教工宿舍楼 1 幢和 3 445 m^2 专家楼(留学生

楼)1 幢。专家楼定名为“上海对外贸易学院宾馆”,作为经济实体,于同年 9 月试行对外营业。1987 年,4 号、7 号两幢办公楼各加高一层,增加建筑面积 946 m^2,房间 35 个,翻造锅炉房、浴室共 823 m^2。同时,原有 50 门电话总机换装成 400 门半自动化电话交换机。1987 年,新的变电所 112 m^2 竣工,以适应较大幅度增加用电量(照明电、马达电)的需要,更好地为学校师生创造良好的教学环境。

在进入 1990 年后,学校先后修建多栋教学楼和宿舍楼,对原有的教学设备进行更新。同时,学校积极拓展办学空间。1992 年 4 月 16 日,学校与上海市七宝镇人民政府正式签订购买七宝镇政府大院房屋和土地使用权的协议,由院长封福海和镇长张贵龙签字。

2. 图书馆的建设

学校图书馆每年采购大量图书供学校师生使用,购买图书经费也在逐年增加。1987 下半年,图书馆图书、期刊经费 171 357 元;1988 年上半年图书、期刊经费 176 604 元,学年经费 347 961 元。1988 年上半年,中外文期刊 670 种,其中外文原版期刊 615 种;中外文图书 9 585 本,其中外文图书 2 373 本。情报资料室分四个专题汇编了经贸文献 22 期,这些资料不仅为本院师生教学和科研服务,也为市、院课题研究小组所利用,受到市外经委及有关方面的好评与重视。当时,我国正在进行“关贸总协定”谈判,为加强对“关贸总协定”的认识和了解,学校情报资料室收集、整理相关内容和最新实时动态,出版《关贸总协定档案选编手册》供知识界和社会大众参考。其中仅仅 1994 年上半年图书馆就采购图书 495 种 1 167 册,内含国内版图书 228 种 874 册,外文及港台原版图书 267 种 293 册,支出 124 737 元;订阅报刊 152 种 172 份,支出 212 664 元。

学校还加强图书馆人员的建设。随着新老人员不断更替,不少年纪轻、学习过图书馆专业的大、中专毕业生补充到图书馆工作,使图书馆内工作人员文化水平、专业知识程度有了较大提高。对原来的部门、科室人员做了充实调整,使机构设置更加规范、合理,工作职责更加明确。

学校图书馆经过多年的建设,不断取得进步,但随着学校的不断发展,存在着馆舍太小的问题。学校教学规模在不断发展,图书馆仍是八十年代复校初期的原状,书库早已爆满,每年新采购的图书数量在不断增加,购进的新图书仍捆扎在一起,不能及时上架。到1992年时,馆藏量达20万册,馆舍面积捉襟见肘。同时,阅览室太小、座位少,经常有学生为抢座而争吵。建造新馆刻不容缓。在此情况下,学校于1992年冬在原址上扩建图书馆,改善图书馆状况。其间,书刊分散搬至仓库、教学楼、学生宿舍等处,在临时地点开展图书借阅工作。1994年8月,扩建的新馆落成,面积5 200 m^2,由东楼、中楼和北楼三个部分组成。共有阅览座位420个,书库可藏书35万册。

五、招生就业获得认可

1. 生源稳定,质量走高

经国家计委、国家教委和经贸部批准,学校不仅招生数继续逐年增长,1993年的本专科招生数达到了373名,比1979年翻了五倍,而且招生的专业从4个扩大到9个,学生从本科生扩展到研究生、专科生和第二学士学位生。

除了传统的英语、日语、法语和国际贸易专业外,1984年开始,学校招收企业管理和国际经济法两个专业的本科生,第一届各20名,第二届开始每年各招40名;1985年起招收国际经济法硕士研究生,第一届2名于1987年9月毕业,1986年和1987年分别招收6名和2名;1986年开始招收第一届国际经济合作专业本科生20名,第二届招收41名;1987年开始招收财务会计专业(二年制)大专生40名和对外贸易专业(二年制)第二学士学位生21名。从1985年开始,接受上海市和用人单位委托培养本科生(参加国家统一考试),作为国家招生计划的补充,由委托单位按双方签订的合同向学校交付培养费,毕业生按合同规定到委托单位工作。期间,本科专业之外增设过若干专科班。1987年增设财务会计班(专科),1988年增设英语师范班(专科),1992年增设国际贸易班(专科)。

1987年,我国外贸体制改革的初期阶段结束,其后渐次进入外贸体制从国家高度垄断转向与“复关”与进出口体制改革相适应的新时期。经济发展的形势带动了外贸行业,带动了考生报考外贸专业的热情。上海对外贸易学院的录取分数一路走高,主要生源多为省市重点中学的学生。至

1988 年,学校在华东六省(江苏省、浙江省、安徽省、江西省、山东省、福建省)相继被列为第一批录取的院校,文(外语类)科、理科兼收,并一律加试英语口试。第一批录取使学校能够在第一流的生源中挑选学生,期间招收过江西省、江苏省等省市文科总分前 3 名的学生。

到 1987 年 9 月,在校各类学生达 1 225 人。1987 至 1994 年期间,学校每年招生数稳定在 300 人左右,最高时达到 373 人,全校学生规模也控制在 1 200 人左右。招生地区主要为华东六省一市。外省市与上海市生源的比例约各占 50%。男女生比例约为 4∶6。

2. 保障学生实习与就业

为了稳定实习基地,学校与公司互惠互利——公司每年接受学生实习,学校接受公司人员进修,提供咨询,允诺公司在实习学生中挑选毕业生。

为在实习中取得较好效果,实习重点以了解外贸业务流程为主,跟随公司指导老师深入一线,参加外贸公司的业务见习,并在公司指导教师的说明下担任部分具体工作,以此增强学生对外贸业务的感性认识。指导教师要对学生在实习中的表现给予考核和评价,作为学生实习成绩评定的一个组成部分。作为实习考核的依据,和促进学生联系工作实际进行思考的手段,还要求学生在实习期间写实习日记,结束后提交实习报告。

1992 年后,我国社会经济从计划经济向社会主义市场经济转型的步伐加快。这一大背景使专业进出口公司不必要再按照计划经济旧体制的要求,仅仅接受本系统外贸学校的实习生。上海对外贸易学院适时改革实习办法,由"包吃包住包实习单位"改变为学生自己联系实习单位,只是必须经过学校批准,确认实习业务与专业有关。对于不能解决实习单位的学生,学校仍可提供实习单位。新办法实行后,自行联系的学生逐年呈上升趋势,很快超过 50%。对于自己联系实习单位的学生,学校给予适当补助。

学生自己联系实习单位后,单位的性质也不再是清一色的外贸公司。据统计,贸易公司约占 55%;三资企业约占 19%;金融机构约占 10%;律师事务所约占 9%;会计师事务所约占 3%;其他机关事业单位约占 4%。另外,国际经济法系学生向社会开展法律咨询,外语系学生为国际交往担任翻译等,使学生有机会参与多种形式社会实践。

这段时期的学生就业仍然被称作毕业分配，体现了计划经济的特征。在分配去向上，在前期，学生大部分进入国有专业外贸公司充实外销员队伍，后期随着专业外贸公司高度垄断的配额制逐渐被打破，学生就业开始拓展到企业、商业等外贸延伸领域。在分配形式上，最初是指令性计划分配，学校按照名额推荐人选提供给公司阅档与面试，供其挑选。以后，学校开始主动联系单位，整体推介专业特色，给学生提供信息，推荐学生去参加应聘考试，如宝山钢铁总厂、外高桥保税区、一百集团等大型企业集团和拥有知名品牌的大型中外合资企业等。新的分配形式使毕业生和用人单位在一定程度上实现了双向选择。在分配地区上，外省市学生基本上回生源地省市安排工作，大多被安排在省级专业外贸公司，也有少数分配到地市级专业外贸公司。

第四节　接轨国际　服务社会

上海对外贸易学院的国际学术交流始于 1980 年代中期。通过与海内外高校和学术机构的科研和教学交流，教师开阔了眼界。1985 年后，学校的科研较之从前大有起色。1987 年 4 月 14 日，国务院经济技术发展研究中心委托上海对外贸易学院和上海海关专科学校等单位共同组成关贸总协定上海课题组，召开中国与关贸总协定研讨会。以此为契机，学校开启了对关贸总协定相关问题的研究。

一、开展国内外学术交流

1. 同国内高校交流合作

1981 年后，学校每年应邀选派外贸业务教师前往交通大学、复旦大学、海运学院举办的外贸班讲授进出口业务、国际贸易、销售学等课程。1981 年 9 月，上海财经学院与联合国世界银行联合举办了上海国际关系学院，学校也派教师前去讲授进出口业务课。1982 年 6 月，与上海财经学院联合举办主题为“扩大中国产品在美国的市场”的讲座，由美国加州洛杉矶大学管理研究院教授罗瑞德·斯文森主讲。同年 8 月 16 日至 29 日，学校和安徽大学在本校联合举办“市场学与管理学”讲授班，由香港中文大学工商管理学院院长闵建蜀教授、市场与国际企业学讲师游汉明先生、企业管理与人事管理学讲师饶美蛟先生和会计财务系高级讲师孙南女士分别讲授市场营销学、市场研究、管理原理、管理会计四门课程。通过校际协作、联合办学,提高了教师质量和教学质量。1990 年学校与中国纺织大学联合开办纺织外贸班,共同培养技术与外经贸专业相结合的复合型人才。1991 年 3 月,全国外经贸院校第二届体育学术论文研讨会在学校召开,会期四天。出席会议的有来自各省市的 15 所外贸院校的校院长或代表,全国外贸大中专院校体育联合会的理事,市高教局体卫处、高校体育总会的领导和教授。会上宣读了 33 篇论文中的 14 篇,并由论文评审组的专家、教授评出一等奖 2 名、二等奖 4 名、三等奖 8 名,并颁发获奖证书。

2. 主动造访国外高校

随着我国对外开放政策的深入贯彻,1984 年之后,学校对外交流日益扩大,许多国家高校的院长、教授以及各类机构的专家、知名人士纷纷前来学校参观访问。同时,学校领导、教师也去国外参加国际会议,研讨业务,调查访问,授课讲学等。各类国际、校际交流协作关系也在这一时期逐渐确立。

1985 年 3 月,院长傅嘉范同教师、干部一行七人赴香港调查访问。同月,学校顾问邹博文赴日本东洋大学访问。1985 年 10 月,副院长王钟武受经贸部委托,赴瑞士日内瓦与联合国国际贸易中心商谈培训和教学问题。同月,名誉院长裘劭恒赴英参加国际律师协会组织的有关经济法规研讨会,并赴加拿大考察;同年 11 月赴澳大利亚访问,在悉尼大学讲学;1986 年 4 月,作为我国人大代表团成员赴墨西哥参加各国议会联盟第七十五届会议,在会上作题为"超级大国应率先裁军"的发言;同年 10 月又赴阿根廷参加该联盟第七十六届会议。1986 年 5 月,院长助理封福海赴美参加经贸部与联合国国际贸易中心在休斯敦召开的教材会议,1988 年在瑞士日内瓦参加第二次教材会议,并访问了比利时、荷兰、法国、卢森堡。1991 年 10 月,相重光教授、杨毓礽副教授等赴日本东洋大学参加第三届中日学术研讨会,主题是中日经济合作。会上,他们发表《从世界贸易的发展看中国的对外开放政策——兼议中日经济合作》和《开发浦东、开放浦东,进一步加强中日经济合作》论文。1992 年 3 月,周汉民副教授应美国艾森豪威尔基金会的邀请,赴美国对费城、华盛顿、纽约、芝加哥等 20 多个城市进行考察访问,与法学界、公司、银行、保险公司、美国思想智库等方面人士交谈，内容广泛。

3. 中外校际交流合作

学校开展国际学术交流、建立校际合作关系于80年代初起步，进展较快。至1987年底，已先后同荷兰商学院、日本东洋大学、美国西南大学、林肯大学、旧金山大学法学院、东华盛顿大学、法国巴黎高等管理学院、马赛高等商学院、澳门东亚大学签订了校际交流合作协议。主要内容是：互派教师讲学、访问、进修，交换图书数据，交流教学经验。

1984年初，根据上海市领导的指示，学校积极筹办上海国际商业经理班，这是上海与旧金山两个友好城市的合作交流最大项目之一。在市外经贸委的领导下，学校派副教授严德馨和讲师叶京生于同年6月去旧金山作为期三个月的考察，访问了有关大学、企业，并就教学计划、课程设置、时间安排、实习要求、选派美方教授专家讲课等问题与有关方面多次商谈。同年10月，美方派旧金山州立大学校长吴家球来校与主管教学的副院长王钟武等讨论课程设置，学校还逐一介绍了各学科的教学大纲和要求，并取得一致意见。学生由市经委、外经贸委和交通办三个系统，从工程师、业务干部、技术人员中选派，经过考试，录取28名，另有旁听生4名。经理班于10月22日开学，时任上海市长汪道涵、副市长李肇基、叶公琦和市外经贸委、外事办公室、高教局的相关同志出席了开学典礼。11月14日，旧金山法因斯坦市长率友好代表团来学校看望学员。尽管第一次与国外合作办班存在不少困难，但是学校在搞好本科教学的同时，全力以赴，努力办好。第一、二学期先后开设英语外刊选读、英语口语、进出口业务、销售学、国际经济法、国际金融、企业管理、税法、会计学、技术转让投资、租赁、计量分析等课程。1985年上半年，美方派专家、教授前来讲学，他们对学校的安排和学员的学习表示满意。由于安排计划得当，教师讲授认真，学生学习努力，取得了较好的效果。通过一个多学期的实践，学校摸索出一些与国外合作办学的经验，并于1985年2月提出在经理班的基础上挂牌筹建上海国际商业学院的建议和实行多层次办学的通盘设想，报上海市政府领导和外经贸委。后经上海市政府决定：由于上海与旧金山两市联合办学属地方合作项目，而上海对外贸易学院为部属院校，该项目由上海大学外语学院承办更合适。经理班从上海对外贸易学院移交上海大学外语学院。

学校在1985年11月为荷兰商学院4名研究生举办为期十周的“中国经济知识讲座”,反应良好。1986年9月又为法国巴黎高等管理学院34名大学生举办为期两周的“中国对外贸易讲习班”,深得该院师生的好评。1987年10月,巴黎高等管理学院第二批学生16人来校学习上海经济区和中国对外贸易理论课,为时一周。

学校还诚邀海外专家来校讲学,同时与海外大学开展各种类型的交流活动。1985年7月,学校首次同美国哥伦比亚大学法学院在上海联合举办中国经济法研讨会,美国和其他国家律师事务所的20名律师参加了会议。1988年11月,美国林肯大学教授萨福德来学校为经法系学生上西方经济理论、货币与银行、交易所等课程,为期20天。这是两校自1987年建立校际关系以来的第一次交流。1989年6月,法国巴黎高等管理学院院长马大维来院访问,达成自1990年互派学生和教师进修的协议。1990年,法国马赛高等商学院6名学生来到学校学习中国投资环境、中法贸易现状、中国传统文化等课程,还参观了工厂和公司。1993年10月,日本东洋大学副校长平野耿教授一行2人来校访问,双方回顾两校几年来的学术交流情况,并探讨进一步扩大交流的途径。同年11月,澳大利亚昆士兰大学商业系主任康姆佩斯教授一行3人来校访问,探讨在上海合作举办培训班的可能性,双方认为可试办现代办公技能、涉外会计强化班。

学校的教学活动还得到外国驻华使领馆和外国机构的支持。1984年,日本国际交流援助中心赠送学校一套24座的语言实验室设备,还每年赠送一批日语教科书。1985年3月,法国驻华使馆科技参赞苏尔尼亚教授和文化参赞蓄什前来访问,介绍巴黎高等商学院的情况,并就同学校建立校际关系交换意见。1986年12月,荷兰驻华大使范德伯格在市外事办公室倪文祥同志陪同下来院拜访,参观了图书馆和校园,与院长王钟武探讨了学校同荷兰有关大学进行学术交流事宜。1988年5月,经贸部和联合国国际贸易中心在学校联合召开教育行政管理(课程体系管理)研讨会,会期5天。讨论实施新设计的国际企业管理课程体系的步骤及其管理措施。经贸部教育局副局长韩丰泰、国际贸易中心官员巴克莱、美国休斯敦大学工商管理学院院长麦克弗兰、副院长弗里特曼、美国肯特州立大学工商管理学院院长屈伦波、荷兰商学院波默教授、加拿大不列颠哥伦比亚工商管理学院副院长汉密尔顿以及经贸部四所高校的领导和国际企业管理系负责人、教务处长等中外代表 21 人参加。1993 年 10 月,立陶宛政府文化教育委员会阿·安塔纳伊吉斯局长率青年代表团来校访问。

二、服务经济社会发展

这一时期,学校同样重视科研工作的发展。针对对外经济与贸易的特点,学校科研工作主要是:研究我国和外国对外经济贸易理论和业务实践;重视应用研究,为我国的对外开放献计献策;探讨国内外教育科学和教学法;革新教材内容,编写教材和教学参考数据;翻译国外经贸书籍资料。学校从实际情况出发,根据教学、科研和教师本人的条件统筹安排,有的以教学为主兼搞科研工作,有的以科研为主兼搞教学,少数专职搞科研,形成专职与兼职相结合的科研队伍。仅 1978 年到 1990 年,学校就在科研成果方面取得了巨大的进展。

1980 年,学校创办的《外贸教学与研究》学报,为不定期刊物,内部发行。它主要反映和交流外贸教学、科研成果,提高外贸理论,普及外贸知识,探讨学科建设和外贸业务中的重大理论问题,重点介绍各国贸易体制、概况、经营管理、行情调研、案例分析等等,是一本综合性刊物。1981 年 4 月,经上海市委宣传部批准,公开发行。从 1982 年起,学报由不定期刊物改为季刊,每期 3 000 份,从 1984 年开始改为双月刊。

为组织开展科研工作,1982 年 3 月成立科研科,负责日常组织管理工作。主要任务是:组织编制科研长远规划和年度计划,负责科研计划的汇总和平衡;组织和督促各部门具体实施各项科研计划;组织全校性和校际性的学术活动,总结交流科研工作的经验;协助校学术委员会组织和开展各项学术活动等。

学校会同上海外贸局、国际贸易研究室和外贸职工大学多次研究,于 1982 年 7 月成立《对外经济贸易丛书》编辑委员会,编写出版一批外经贸教材和参考书。其中周秉成、吴百福、严德馨三位教师合编的《出口销售合同的磋商和签订》一书,于 1983 年 3 月由上海人民出版社出版后成为很多高校的教材;汪尧田的《我国外贸亏损原因及其解决途径》一文获得高教局1982年优秀成果论文奖。

为了加强开展科研工作,学校于1982年9月29日成立对外贸易研究所。主要任务是研究我国和外国对外贸易理论和业务实践,探讨综合性科研项目,研究国外的教育科学及教育方法,革新教材内容,编写教学参考数据,撰写经济贸易的书籍和辞典,翻译国外资料等。研究所下设国际经济贸易研究室、情报资料室、学报编辑部。1984年10月24日,经贸部(84)外经贸人(4)字997号文批准上海对外贸易学院成立对外经济贸易研究所。这为学校科研工作的开展搭建了一个重要平台,汪尧田教授担任首任所长。

为适应对外开放的新形势,发挥高校人才、知识密集的优势,学校走教学、科研和生产三结合的发展道路,为社会服务。1985年3月14日,成立对外经济贸易咨询所(由校研究所领导),经营对外经济贸易有关的经济、法律和会计咨询业务。咨询所成立后,积极开展咨询业务,包括担任中外合营企业华贸公司的经济、法律常年顾问,承担上海港务局筹建水上饭店和浙江象山县从日本引进渔船等项目的咨询工作,参与中国港口协会有关上海港的战略发展的研讨等等,为发展外经贸作出一定贡献。

这一时期,学校还组织教师参加外贸部组织的全国外贸系统统编教材的编写工作。其中《进出口业务》《国际贸易惯例与规则汇编》《进出口业务案例选编》《国际贸易地理》等先后陆续出版。同时,还组织教师对现用教材进行精选、修订、补充,分别写出了《销售学》《行情调研》《合同法》《仲裁法》和《外贸英语函电》等教材讲义。

表2-4-1 上海对外贸易学院1978—1990年科研成果统计表

成果形式 所在单位	著作	教材	工具书	译著	译文	论文	课题	其他	小计	获奖数	
										市级以上	院级
对外经济贸易研究所	13	2	5	4	150	118	14	20	362	6	7
外贸经济系	15	10	4		15	169	2	12	227	11	6
外贸外语系	2	15	3	14	41	22		11	108		6

续表

成果形式 / 所在单位	著作	教材	工具书	译著	译文	论文	课题	其他	小计	获奖数	
										市级以上	院级
国际经济法系	2	3	1		14	144	1	6	171	1	4
国际企业管理系	3	9	1	6	36	69		2	126	8	2
国际经济合作系		3	1	2	5	9			20	1	3
社会科学教学部	7	3		3	2	148	7	13	183	10	4
教务处	3	6	3			54	1	17	84	4	2
图书馆					15	4		4	23		
其他行政部门	6	2			4	29		3	46	1	
合　计	**511**	**53**	**20**	**29**	**282**	**766**	**25**	**88**	**1 314**	**42**	**34**

1991 年 3 月 6 日，经贸部部长李岚清来校视察，向全体教师和科级以上干部作报告，阐述外贸体制改革和当前外贸形势任务，指出学校要加强人才的培养，积极开展课题研究。3 月 15 日，校学术委员会开会，决定成立课题、教材、专著三个组。课题组由钱宗起、相重光负责，教材组由董均发、王新奎、程润明负责，专著组由俞杏堂、汪尧田负责。6 月 30 日，由经贸部部长李岚清题名的上海对外贸易学院《外经贸教育研究》出版，该刊物由高等教育研究室主办，内容包括思想政治教育、教学研究、教学改革、教学管理、后勤管理等。

三、引领关贸总协定研究

学校以研究外贸、培养外贸人才为特色，且位于我国外贸经济发展水平突出的上海，学校率先开展关贸总协定研究，为中国的“复关”“入世”事业贡献着重要力量。

1. 中国“复关入世第一学人”汪尧田

中国作为“关税与贸易总协定”(简称 GATT，中文简称“关贸总协定”)的创始国之一，早在 1947 年 10 月 30 日，中国政府就签署了联合国贸易与就业大会的最后文件，这次大会创建了关贸总协定。1948 年 4 月，中国政府签署了《关贸总协定临时适用议定书》，并从 1948 年 5 月 21 日正式成为关贸总协定缔约方。1949 年中华人民共和国建立后，台湾当局占据中国席位，后于 1950 年 3 月退出总协定，但以观察员身份列席总协定会议。1971 年 11 月总协定取消台湾的观察员资格。

回顾历史，由于以前苏联为首的国家对关贸总协定持批评和否定的态度，对中国产生了很大的影响。加之，新中国实行的是社会主义计划经济体制，与资本主义的市场经济体制大相径庭。20 世纪 50 年代以来，以美国为首的反华势力对我国的对外贸易进行禁运和封锁，使新中国与国际经贸组织的联系中断，也使新中国对关贸总协定缺乏应有的分析和了解。因此，我国政府在较长时间里对恢复关贸总协定缔约方席位问题未作出明确的表态。

被誉为中国“复关入世第一学人”的汪尧田教授，早在 1947 年美国留学深造期间，汪尧田教授就已经开始关注和研究刚生效的《关税与贸易总协定》。在 1955 年印尼召开的万隆会议上，印尼总统苏加诺向周恩来总理提出，要与新中国政府订立有最惠国条款的贸易协定，中国代表团不能确定条款内容是否可以签订。这个问题迅速由外贸部转给当时尚未来校，在外贸部行情研究所工作的汪尧田教授，汪教授和他的研究团队针对“最惠国待遇”赶出了一份近十万字的报告，从多方面论证了：可以签订！汪尧田的这十万字报告开辟了新中国与世界各国建立平等贸易伙伴关系的新纪元。

十一届三中全会后，随着中国经济体制改革的初见成效，中国在世界贸易中的大国地位逐渐形成。此时，世界格局也在发生着巨大变化，中国需要关贸总协定，关贸总协定也需要中国。很显然，没有占世界人口四分之一的中国参加，这一组织是不完整的。为此，1986 年 7 月 10 日，中国驻日内瓦代表团大使钱嘉东代表中国政府正式提出申请，要求恢复中国在关贸总协定中的缔约方地位，这是我国漫长“复关”谈判过程的开始。面对国内外各界人士的不同意见，中央先后召开了三次正式会议，邀请中外权威和专家进行论证，汪尧田教授三次均被邀请出席会议。在会上，汪尧田教授从理论和实践两方面明确提出了“复关”将给我国改革开放带来裨益。只有走“复关”之路，中国经济才会有振兴的契机。

年届七旬的汪尧田以上海对外贸易学院为平台建立了“关税与贸易总协定上海研究中心”(1996 年正式更名为“世界贸易组织上海研究中心”)。从此，汪尧田的名字和中国“复关”“入世”事业更加紧密地联系在一起。

2. 为中国"复关"研究奠定坚实基础

1986年11月,在国务院经济技术发展研究中心副总干事季崇威和国家对外贸易经济合作部副部长沈觉人的倡议下,特别是在原上海市市长汪道涵的支持下,汪尧田召集上海对外贸易学院、上海海关专科学校、复旦大学、上海财经大学、上海社会科学院等五个单位的专家学者三十余人,成立了研究关贸总协定的课题组——"关贸总协定"上海课题组。

1987年4月14日至17日,受国务院经济技术发展研究中心的委托,上海对外贸易学院对外经济贸易研究所牵头与上海海关专科学校等单位共同组织的"关贸总协定"上海课题组召开"中国与关贸总协定"研讨会。国务院经济技术发展研究中心总干事季崇威、市府顾问汪道涵出席开幕式并讲话;副市长李肇基、经贸部部长助理沈觉人出席闭幕式并讲话。这次研讨会共收到论文翻译资料四十篇,计三十余万字。其中有1986年9月国际法学会在美国华盛顿召开"中国与关贸总协定"讨论会中外专家发言材料的中文翻译稿十三万字。

1987年11月,根据经贸部的安排,"关贸总协定"上海课题组举办了"关贸总协定乌拉圭回合"讲习班。澳大利亚麦克唐纳等7位专家出席并进行主讲,参加的学员来自北京、上海、安庆、江西、浙江、武汉等省市有关单位共80余人。1987年12月9日,"关贸总协定新一轮多边谈判"研讨会在上海对外贸易学院举行,这是根据中澳双方关于关贸总协定援助项目安排的。

1989年4月13日,由我校牵头,海关专科等有关院校参加创建"关税与贸易总协定上海研究中心"。"中心"的宗旨和任务是:加强对关税与贸易总协定的研究;交流获取的信息和研究成果;为中国"复关"谈判提供决策咨询;普及关贸总协定知识,为企业尤其是外经贸企业培训在关贸总协定条件下从事进出口贸易的人才。汪尧田教授担任主任。研究中心同时编发不定期刊物《关贸总协定动态与研究》。4月27日,"关税与贸易总协定上海研究中心"举行了为期两天的第一次研讨会。上海市副市长顾传训、顾问汪道涵出席并讲话。我国出席关贸总协定谈判的代表团团长沈觉人作了重要发言。

1990年4月24日,关贸总协定上海研究中心召开"开放外资银行"研讨会。相关专家、学者近百人参加。市政府顾问汪道涵、外经贸委主任沈被章、副主任叶龙蜚出席。此后,各种专题的研讨会陆续不断。

1991年4月4日,市外经贸委和“关贸总协定”上海研究中心联合举办的“乌拉圭回合多边贸易谈判与我国外经贸工作关系”研讨会在学校召开,会期3天。全国十多个省市外经贸委的代表,大专院校、科研单位的教授、研究人员等代表共200多人参加。经贸部副部长沈觉人发来电传祝贺。这些研讨会的召开,影响深远。在宏观上为政府提供了决策依据和参考建议,在微观上对企业应采取的经营策略提供了咨询。在当时的国际国内大背景下,对帮助我国各界了解世贸组织的规则,坚定“复关”信心,做好“复关”准备,起到了良好的作用。

当时,研究中心的首要任务是让中国了解关贸总协定,也让关贸总协定了解中国。这就要求进行大量的翻译工作。在此之前,关贸总协定开过七轮会议,会议的所有文件只有英、法、西班牙等几种文字,没有中文。受经贸部国际司的委托,研究中心组织专家学者集中翻译。1987年起,设在日内瓦的关贸总协定总部无偿向研究中心提供关贸总协定相关信息资料。1987年至1994年,研究中心翻译相关文件几百万字,其中许多资料直接提交给我国政府和他国政府有关部门,成为解决我国复关问题的重要依据。

从1989年6月到1992年2月,以美国为首的西方国家对我国实行经济制裁。在“复关”陷于低谷的这段时期,汪尧田仍坚持不懈地为“复关”做着宣传和普及工作。他不顾年事已高,撰写了大量的论文和专著,为国家机关授课,为企业“面授机宜”,足迹遍布京、苏、浙、皖、沪等省市。1992年,汪尧田与周汉民合著出版了《关税与贸易总协定总论》(中国对外经济贸易出版社1992年5月第1版),是国内第一本全面论述GATT和WTO的权威读物,获得1993年“十佳经济专著”称号。与此同时,汪尧田、高永富、周汉民等参加了《关税与贸易总协议乌拉圭回合》主要法律文本的编译工作。受经贸部的委托,1995年汪尧田主持翻译了《关税贸易总协定乌拉圭回合最终协议文本》,为国家和整个华语社会填补了空白。此书为政府官员和学者、专家尽快掌握并深入研究有关问题起到了重大作用。经过多年的工作,关税与贸易总协定上海研究中心已经成为中国“复关”工作中政府决策的智囊团、资料库和信息源。

第三章　风发泉涌　改革攻坚(1994—2002)

1994年,学校由经贸部正式划归上海市人民政府领导。1994年至2002年间,是国家经济连续稳定高速增长和逐渐融入经济全球化的阶段。在此期间,2001年中国"入世",对外贸易规模迅速扩大;上海加快完善社会主义市场经济体制,建设中国经济、金融、贸易、航运中心;全国高等教育加快发展影响下,上海高校布局结构调整。面临上述变局,学校不失时机地把握机会,推进了一系列的改革,实现了办学规模的跨越式扩大、教学科研水平和社会影响力的显著提升,对国家培养外经贸领域的专业人才做出了巨大贡献。

第一节　组织调整　重新定位

1993年2月,《中国教育改革和发展纲要》发表。《纲要》指出,高等教育担负着培养高级专门人才、发展科学技术文化和促进现代化建设的重大任务。九十年代,高等教育要适应加快改革开放和现代化建设的需要,积极探索发展的新路子,使规模有较大发展,结构更加合理,质量和效益明显提高。1994年9月,学校响应全国教改,由经贸部划归上海市人民政府领导,学校办学的外部环境和服务方向发生重大变化,外贸人才的培养目标急需调整。在新形势下,学校抓住机遇,深化改革,推动发展。

一、学校隶属关系调整

随着改革开放的深入,中央部属高等院校的办学管理体制与地方用人体制的矛盾日益突出。一方面,中央有关部委的教育经费十分有限,但办学规模过大,无法集中管理、加大投入,明显影响办学质量。另一方面,随着经济的发展,地方财政实力不断加强,既有加大投入高等教育的经费,又有对高等专业人才的强烈需求。以当时的上海对外贸易学院为例,一年的办学经费为六、七百万,非常紧张。为了解决经费不足问题,1993年,经学院申请,外经贸部批准成立上海对外贸易学院发展教育基金会。学校领导四处奔走,上海各外贸公司热心捐款,江苏、浙江、安徽外经贸委也积极捐款,共募集资金500余万元。1994年,上海交通大学和上海圣约翰大学校友会先后与学校接洽合作办学的事宜,学校始终坚持独立办学的原则。

面对这样的形势,分管教育工作的副总理李岚清同志多次指出,教育改革要在管理体制上有突破,并选定上海对外贸易学院作为全国第一所试点高校。当学校党组织的关系转到上海市教卫党委以后,李岚清同志又设想将学校的行政隶属关系从经贸部转到地方。他趁到上海视察时,向上海市委书记黄菊提及此事。经过经贸部和上海市政府的反复协商,加快了改革隶属关系的步伐。上海对外贸易学院作为全国第一所由部属划归地方领导的高校试点工作正式启动。

1994年5月23日,在院领导碰头会上,党委代理书记、院长封福海传达了外经贸部副部长李国华的指示:"上海、广州外贸学院划归地方领导已定,要抓紧时间成立移交小组。要做好教职工的思想稳定工作,做好日常面上工作,移交前,要保证一切管理工作照常进行。"6月3日,上海市教育卫生办公室、高教局等单位的有关领导来校,就学校划归地方管理同学校领导和相关处室商谈起草协议书草案的有关内容,着重商谈了行政经费拨款的衔接、干部人事制度的变更等问题。7月3日,经贸部副部长李国华专程来沪,参加在上海教育会堂举行的上海对外贸易学院交接工作备忘录签字仪式。经贸部副部长李国华和上海市副市长谢丽娟分别代表经贸部和上海市在备忘录上签字。备忘录明确指出:"上海对外贸易学院从1994年9月1日起,由外经贸部划归上海市人民政府领导,归教卫口,在业务上继续接受外经贸部和上海市外经贸委的指导。"

1994年10月12日,市教卫党委书记兼高教局局长郑令德来校宣布:"中共上海市委任命皮耐安为院党委书记,王新奎副院长主持行政工作,免去封福海代理党委书记和院长职务。"在电教馆外宾接待室召开的中层干部会上,郑令德指出:"贸院应在上海的发展中找到自己的定位,办成第一流的学校;要抓住机遇,增强实力上等级,既要保持已有的优势,又要开拓办学新路子;领导班子要加强自身建设。"1995年12月,王新奎任院长,新一届党政领导班子调整完成。

二、办学特色凸显“经贸”和“国际”

学校自1994年划归上海市领导以来，以教育为区域经济服务为宗旨，按照上海“一个龙头，三个中心”的战略地位及我国大经贸格局的要求，设置新专业，充实新课程，使学校在经贸专业方面的教学和科研水平更适合于当前社会主义市场经济的需要，培养的复合型人才受到用人单位的普遍欢迎。但是随着外经贸体制改革的日益激烈，在我国出现专业外贸公司、三资企业和工贸企业共同参与国际市场竞争的大经贸格局的同时，对外经贸人才的质量规格和对国际经贸问题的研究又出现了新的挑战。面对上海经济发展对经贸人才日益增长的需求和高校布局结构调整的形势，校党政领导意识到必须理清办学思路，才能保持学校的优势。

1. 以“经贸”为特色调整定位

正确的办学定位是学校发展的必要条件，也是影响办学实力和水平的重要因素。1994年以前，学校在计划经济体制下为国有外贸公司培养外语强、专业精、懂实务的复合型人才。随着高等教育改革的深入，高校之间专业竞争日趋激烈，外贸专业更是成为众多高校争办的热门专业。因此，划归上海市地方管理以来，对上海对外贸易学院这样一所办学规模较小、学科专业较窄、受计划经济体制影响较大的原部属大学来说，如何正确定位，是全校教职员工和校党政班子需要进一步思考和探索的问题。

1994年，学校正式由经贸部划归上海市管理，学校的发展直接面临三方面的严峻挑战：

一是服务对象改变了。在划归上海市地方管理以前，服务对象主要是经贸部，为部门培养外贸人才。划归上海市地方管理以后，上海市委和市政府明确要求学校为上海实现“一龙头、三中心”(以上海浦东开发为龙头，把上海建成国际经济、金融、贸易中心)建设现代化国际大都市的目标服务。当时学校的学科、专业和课程设置远远不能适应上海市委和市政府对学校发展的要求。

二是办学环境改变了。为了适应我国改革开放发展新形势的需要，全国各类高校纷纷设立国际贸易，特别是以国际贸易实务为主的专业，上海对外贸易学院多年以来所积累的专业特色和优势迅速削弱,在国家外贸专营体制下建立起来的单科性高等院校发展空间受到限制。

三是市场对经贸人才的需求结构变化了。1994 年以后,随着国家外贸管理体制改革的深化,原来垄断性的国有外贸专业公司的经营状况逐渐下滑,民营和外资性质的外贸公司开始出现。像上海对外贸易学院这样专门针对国有专业外贸公司培养外销员人才的高等院校的毕业生就业方向亟待调整。

面对严峻挑战,1996 年 8 月,学校召开了处级以上教学及行政管理干部会议。此次会议在反复分析学校办学宏观环境变化和办学优劣势的基础上,形成了“面向市场、校企结合、内引外联、以学养学”的十六字办学基本方针。根据这一办学基本方针,会议要求从 1996 年起的五年内,根据市场需求的变化调整学校的学科、专业和课程设置的结构;通过与国内外的企业和大学建立人才双向流动机制推进学科和师资队伍建设、优化学科和师资队伍结构;依靠扩大办学规模、提高办学效率,形成“以学养学”的良性循环发展机制,最终把学校办成一所以培养涉外经贸专业人才为特色的商科类大学。

校领导班子经过反复研究,果断作出了调整学校定位的决定。在原有的经济、管理、外语和法律系的基础上,通过调整专业组合、重新配置教师资源,提拔一批有专业特长的青年教师走上领导岗位,组建了以国际贸易专业为核心的国际经贸学院、以商务英语专业为核心的国际商务外语学院、以公司财务管理专业为核心的金融管理学院和以国际法专业为核心的法学院。在市教委的大力支持下,用三年的时间充实了各二级学院的专业设置,学校专业设置数从 1994 年的 7 个增加到 1997 年的 13 个,形成了国际经贸、商务外语、金融管理、国际经济法四个按功能设置的专业群。与此同时,全面改革了学校的教学管理制度和教学计划,通过学分制管理,鼓励学生在四个专业群之间交叉选课,逐步使毕业生具有“贸易精、外语强,兼通金融和法律”宽口径、综合型外经贸人才的特色。

2. 学校定位调整强调“国际”

学校认为,定位问题应是动态的、变化的,必须不断适应学校和社会发展的需要。在1994年以来学校定位调整取得初步成效的基础上,在分析我国改革开放,特别是上海迅速崛起成为全国改革开放前沿并向现代化国际大都市迅速迈进的新形势的基础上,学校从1997年起不停顿地启动第二轮学校定位的调整。前一次定位调整的重点是放在"贸易"上,新一轮学校定位调整的重点是放在"国际"上。党政班子认识到,根据国家教育部的专业目录,上海对外贸易学院无论怎样调整专业设置,总还是一所单科性的院校。因此,要在激烈的竞争中立足,关键在于要办出特色。要充分发挥学校长期以来专业设置的"涉外"性强、国际商务类专业与国际接轨的渠道较为畅通的优势,在"国际"两字上做文章。

1998年年初,学校先后召开中层干部会、科级干部会和全体党员大会,再次开展教育思想大讨论。党委书记皮耐安认为,上海作为一流城市要有一流教育,特别是在市领导正在大力推进教学改革的情况下,学校已然走到了关键节点,并提出了"人无我有,人有我精"的精品大学概念。院长王新奎强调,要尊重上海对外贸易学院在高校群体中处于第二梯队这一客观事实,学校的办学目标不是大而全的综合类大学,而是有一定规模、小而精的特色学校,并争取在第二梯队中占据前列。

1998年10月10日至11日,校党政班子在江苏昆山巴山镇召开学科和师资队伍建设工作会议。会议就当时全国高校改革加速推进的新形势下,学校在制定学科和师资队伍建设规划的过程中亟须解决的办学特色、办学层次、办学规模及办学模式等对学校今后发展带有基础性意义的问题进行了深入的讨论和研究。会议认为,学校发展方向的定位必须遵循实事求是的原则、"错位竞争"的原则和强化"品牌"专业的原则。所谓实事求是的原则是指,发展方向定位不能理想化地以综合性名牌大学作为参照系,必须考虑学校已有的办学特色和办学优势,以及由国家整体高教发展战略和政策所决定的外部空间。所谓"错位竞争"的原则是指,发展方向定位必须考虑国内外人才市场需求的动态变化,在学科、专业和课程设置和建设方面必须做到"人无我有,人有我强",避免重复设置、重复建设,被卷入到低水平的恶性竞争中去。所谓"品牌"专业的原则是指,发展方向定位必须考虑学校本身人力和财力资源的约束,集中有限的人力、财力,建设在激烈的市场竞争中能站得住的、在全国有影响力的若干专业和课程，避免教育资源的分散、低效率使用。会议认为，学校发展方向的定位应该是建设成一所培养从事涉外经贸、经营与管理人才的商科类大学。

1999年3月，在学校召开的中层干部会议上，副院长王兴孙代表学校提出一个目标和八个定位的观点。一个目标是：建成与国际接轨、有特色的，能适应上海和华东地区经济社会发展需要的商科大学。八个定位对上述目标进行了详细的解读：一是学校性质为以国际经贸为核心的商科类大学。二是层次以本科为主，今后相当长时间内以硕士（包括MBA）为最高学位。三是以加强实务、外语和与国外大学合作办学为特色。四是学校规模将达到6 000人左右。五是培养具有良好的素质、扎实的理论基础、良好的外语、很强的实践能力和分析解决问题能力及宽广的适应性的毕业生。六是建成能够接受先进的科学知识和教学观念，具有很强的研究能力和很高的教学水平，能够运用英语教学的教师队伍。七是生源以上海为主，并吸收华东地区甚至全国的优秀高中毕业生。八是毕业生就业以面向企业为主，涉及国际商务各个领域。

经过近两年的集思广益和反复探索，在2000年11月3日召开的首届党代会上，党委书记皮耐安代表党政班子在工作报告中提出“通过4—5年的努力，初步建成国际化的、特色鲜明的社会主义商科大学”的奋斗目标。学校形成了分阶段实现这一目标的“面向市场、校企结合、内引外联、以学养学”的操作性思路。

三、新时期机遇与挑战并存

2001年是学校发展具有里程碑意义的一年。这一年，学校的办学重心开始向松江新校区平稳过渡，10月，松江校区第一批新生顺利入学。在此基础上，2002年1月和2月，党委先后召开党委扩大会议和中层以上干部会议，又一次开展教育思想大讨论，探讨在基本解决办学空间不足对学校发展的制约以后，学校定位的进一步调整。

学校认为，通过松江新校区的建设，在基本解决办学空间不足对学校发展的制约以后，学校面临着一个很好的发展机遇和发展环境，主要表现在：

1. 我国加入 WTO 以后,对国际商贸人才将有一个较长时期的需求高潮,特别是对国际商贸专业特色明显,外语教学能力相对较强的高等院校来说,只要不断创新和进取,在招生生源的数量和质量方面不会有太大的问题。

2. 随着办学规模的不断扩大,在未来 4 年里,全校的教职工人数和机动财力均会有较明显的增长。这样可以用增量来调整存量,从而为改革提供较大的回旋余地。

3. 松江新校区将提供一个相对独立的办学空间。这一相对独立的办学空间的存在,能够使全校在办学重心向松江新校区转移的过程中,采取新校区新机制,"重起炉灶"的办法来推进改革,从而大大减少改革的阻力。

学校也认识到,随着 2002 年松江新校区第二期工程的建成,办学规模将迅速从 2000 年的在校生 2 300 名左右急速增加到 2004 年的 8 000 名左右。招生规模的急速扩大带来了诸多矛盾,这些矛盾主要表现在以下几个方面:

1. 数量增加和质量提高的矛盾。主要表现为两个资源不足:一是教学资源不足,特别是师资力量不足,教师的周课时数增加,教学班课型扩大,必然影响课堂教学的质量;二是管理资源不足,特别是中层干部力量不足,干部的工作量增加,管理环境变化,对管理一所大型学校缺乏经验,必然影响教学管理的质量。上述两个资源不足的状况如长期得不到缓解,将严重影响学校教学质量的保证和提高。

2. 规模扩大和结构提升的矛盾。主要表现为两个宽度不够:一是专业宽度不够,随着招生规模的不断扩大,单个专业的在校生数也随之增加,这不但不利于教学质量的提高,而且还严重影响毕业生的就业机会选择;二是课程宽度不够,随着招生规模的不断扩大,可供学生选修的课程相对减少,长期以来毕业生存在的知识结构单一、能力培养薄弱的矛盾将更加突出,这将严重影响毕业生适应市场竞争的能力。上述两个宽度不够的状况如长期得不到解决,将严重影响学校的竞争力。特别是,如果改革滞后,迫于招生规模迅速扩大的压力,学校很可能会被迫走上单纯数量扩张的道路,其结果使各种教学资源的配置结构凝固,大大增加结构调整的难度,从根本上影响学校的竞争力。

3. 跨越式发展和可持续发展的矛盾。要适应我国高等教育大发展的新形势,在越来越激烈的竞争中求生存和发展,学校走跨越式的发展道路是不可避免的选择,与此同时,保证可持续发展则是求生存和发展的根本之道。实现跨越式发展在很大程度上可以借助发展机遇、政府政策、社会资金等外部力量,但要实现可持续发展则主要依靠学校自身的活力。

学校在实现跨越式发展的过程中解决可持续发展能力的问题,主要表现为两个缺乏。一是学校整体办学效率机制缺乏。1994 年以来,学校管理体制改革的基本方向是按功能设置二级学院,在一级财务,二级管理体制下,向二级学院下放创收权和教学管理权。但是这种管理体制也不可避免地带来弊端:二级学院间课程设置和教师配备重复;相互争夺教学资源用于创收;激励机制单一,利益驱动过度;教学管理集中不足、分散有余。二级学院办学效率的提高往往是建立在学校整体办学资源的损耗上,学校整体办学效率机制缺乏。二是学科创新能力缺乏。按功能设置二级学院,应有利于多学科交叉的学科创新环境的优化。1994 年以来,学校在最核心的学科建设领域,尚未取得具有创新意义的进展。实际上反映了在办学规模迅速扩大以后,学科创新能力严重受制约,这种制约又影响到规模扩大和结构调整的矛盾的解决。

鉴于以上判断,党政班子决定把学校定位调整的重点从过去以数量上的结构调整为主转向以质量上的结构调整为主,即把学校定位的外延型调整转向内涵型调整。为此,校党委在 2002 年 4 月召开的教职工第四次代表大会上正式提出了“与时俱进、开拓创新,以提高教育质量为中心”,党政班子认识到,要实现以上奋斗目标,当务之急是必须与时俱进,大胆转变观念,确立全面科学的教育质量观。

第二节　党的建设　引领发展

学校党委大力加强党的建设,积极发挥基层党组织的战斗堡垒作用和共产党员的先锋模范作用,推进学校的外延扩大和内涵发展。党委充分发挥民主党派、党外人士参与民主管理、民主监督、建言献策等方面的重要作用,并为民主党派活动提供条件。同时,学生思想政治教育工作的提升也指导着学生工作有效开展。

一、坚持党委领导下的校长负责制

1990年,中共中央颁发了《关于加强高等学校党的建设的通知》,明确高等学校实行党委领导下的校长负责制,学校党委坚持议大事、抓大局、管方向的基本工作思路,进一步加强了对全校工作的统一领导,制定并实施了党委常委会议议事规则、党委会议议事规则、行政会议议事规则、院长办公会议议事规则,进一步规范了党委决策的制度和程序。

1995年,正值党的十四届四中全会结束,按照《中共上海市委关于贯彻党的十四届四中全会决定,加强党的建设三年(1995—1997年)规划》和《上海市教卫党委关于加强党的建设三年规划》的要求,在第五次全国高校党建工作会议之际,学校党委紧密围绕《中国教育改革和发展纲要》和国务院关于《中国教育改革和发展纲要》的实施意见,结合学校的实际情况,制订了《中共上海对外贸易学院委员会关于加强党的建设三年规划(1995年9月—1997年8月)》,三年发展规划共有七个部分20条。

学校党的建设目标是:经过三年的努力,广大共产党员,特别是处级以上党员领导必须认真学习和运用邓小平理论,提高素质,增强党的凝聚力和战斗力。努力培养出一批具有奉献精神、较强管理能力、较高业务水平、较好民主作风,年龄结构合理的,以复合型人才和党政交叉为主体的干部队伍。以建立目标责任制和"建设凝聚力工程"为抓手,充分发挥党总支、支部的政治核心、战斗堡垒作用,发挥共产党员的先锋模范作用,为学校实现九五发展规划、开创新局面提供保障作用。党建规划中强调了选拔干部必须按照德才兼备的标准,要进一步加大干部制度改革的力度,要优化处级领导班子的结构,并对党的基层组织在加强思想建设、开展"凝聚力"活动等多方面提出了新的要求。

1998年11月,制订了《上海对外贸易学院1998—2000年党建工作实施意见》。这一轮三年党建规划出台,正值党的十五大和上海市第七次党代会开过之后,也是学校抓住历史机遇,强化办学特色,创造新的优势,争取新的发展的关键时期。在这一轮的党建规划中,校党委明确了指导思想:高举邓小平理论伟大旗帜,坚持党的基本路线,贯彻落实党的十五大和市第七次党代会提出的任务,坚持加强和改善党的领导,充分发挥党的思想政治优势、组织优势和密切联系群众的优势,进一步把党建设好,在探索改革中求加强,在巩固完善中上台阶,努力把学校党建工作提高到一个新水平,把学校办成特色鲜明的商科类高校,提供强有力的组织保证。并提出了五项总体目标:1.学习和运用马列主义、毛泽东思想,特别是邓小平理论有新的成效;2.领导班子和干部队伍政治业务素质有新的提高;3.培养选拔优秀青年干部和干部人事制度改革有新的突破;4.基层党组织建设有新的加强;5.党员队伍建设有新的推进,每项总体目标都有一定要求和主要措施。这轮党建工作实施意见是一个较为全面覆盖的文件,切实从组织上保证和促进了学校改革、发展和稳定各项任务的顺利实现。

2002年初,党委制订了《上海对外贸易学院2002—2005年干部教育培训实施意见》。这个干部教育培训的实施意见,是在学校推进跨越式发展、加强学校改革与发展的新形势下出台的。校党委认识到,要适应新形势,完成新任务,干部队伍是一个至关重要的因素。因此,这一轮的三年党建规划,着重体现在干部教育培训工作上。实施意见强调了在教育培训干部过程中的几个原则、培训要求、培训方式、培训对象和检查考核要求等,并制定了学校干部学习、培训情况考核表。从此,学校的中层干部的学习培训工作越来越规范化。

二、召开首届党员大会和党员代表大会

1. 召开首届党员大会

1996年5月24日,学校召开首届党员大会,党委书记皮耐安代表党委和党政领导作了《行动起来,创建一流的经贸大学,为迎接新世纪的到来而奋斗》的报告。

皮耐安回顾了三十五年来学校"二落三起"的发展历程,分析了学校发展面临的机遇与挑战,提出了学校发展的奋斗目标。报告指出:"今后五年,将是我校历史上十分关键的五年。在这五年中,我们既要不失时机地扩大办学空间,提高规模效益,更要扎扎实实地推进学科建设和师资队伍

建设,提高办学层次和办学质量,使我校跨入一流院校的行列。”会议要求,遵照上海市教委高校布局和结构调整的设想,以提高层次、扩大规模为基础,以提高教育质量为中心,实现跳跃式发展。会议提出的奋斗目标是:经过五年的努力,使在校学生总数达到 3 500—4 000 人,有较好的规模效益;在学生结构上,逐步扩大研究生、第二学士学位生的比重,提高办学层次,使这部分学生占总数的 20%。专业数将从现有的 12 个增加到 20 个,硕士点从现有的 3 个增加到 6—8 个,博士点实现零的突破。抓好十二门专业主干课程和若干门基础课程的建设,扎扎实实,一步一个脚印,为今后的发展打好基础。第二步,再经过 5—10 年的努力,使我校师资队伍、学科水平、学术水平、管理水平、毕业生质量、基本建设和教学科研条件、党的建设等主要指标跨入国内同类高校一流行列,初步形成一流外经贸大学的格局。第三步,再经过 10—20 年的努力,使学校成为有重要国际地位的一流大学。

为了实现上述目标,学校党委提出了四大措施:一、集中全力搞好学科建设和师资队伍建设。二、加快校内新机制的建立。三、积极稳妥地扩大办学空间。四、建立和扩大财源,支持办学,支持改革。在实行上述举措时,必须处理好三个关系:第一,正确处理内涵发展与外延扩大的关系,以内涵建设为主;第二,在内涵的发展中,坚持以学科建设和师资队伍建设为中心;第三,正确处理发展、改革、稳定三者关系。报告在最后部分强调加强学校党的建设,以保证党的方针政策在学校的顺利贯彻执行。

这次党员大会在学校发展史上有着重要作用。大会确定的方针、策略加快了学校发展的步伐,为第三次创业打下了良好的基础。

2. 召开第一次党员代表大会

2000 年 11 月 3 日上午,学校第一次党员代表大会在学校综合楼 808 会议室隆重召开。上海市教育党委书记王荣华出席大会开幕式并致词,皮耐安同志、陈元龙同志分别代表上一届党委、纪委向大会作了工作报告。110 名党员代表来自学校各部门、各二级学院及离退休等支部,均由党员民主推荐,并经党代会代表资格审查小组审查确认后产生,具有广泛的民主性和代表性。

党委书记皮耐安代表上一届党委和党政领导作了题为《抓住机遇,深化改革,为创建国际化的、特色鲜明的社会主义商科大学而奋斗》的工作报告。报告分三个部分:第一部分,回顾了四年来学校的工作,学校在改革中发展,在改革中前进,取得了七个方面的成绩。第二部分,指出了奋斗目标及主要措施,强调"我们的奋斗目标是通过 4—5 年的努力,初步建成国际化的、特色鲜明的社会主义商科大学"。在"初步完成第三次创业的目标后,我校的在校学生将达到计划内 6 000 人至 8 000 人,计划外 3 000 人,最高时共计将达到 11 000 人。其中研究生将达 500 人,留学生的比例也将逐年提高。那时,我们的校园将相当美丽,相当现代化,其社会影响力将显著提高。"为了实现新的奋斗目标,皮耐安在报告中提出了相应的措施。第三部分号召全体党员按照"三个代表"的要求,加强党的建设,为实现学校第三次创业的发展目标而奋斗。

大会民主选举产生了中共上海对外贸易学院第一届委员会、纪律检查委员会。大会一共选举新一届党委委员 7 名,纪委委员 5 名。

这次党员代表大会,在学校发展史上是又一次具有重大意义的会议,为第三次创业描绘了宏伟蓝图。大会对统一党员思想,动员、团结全校师生进行新的创业产生了深远影响。

三、发挥党员先锋模范作用

在学校划归地方领导以来,校党委大力加强党建,积极发挥基层党组织的战斗堡垒作用和共产党员的先锋模范作用,推进学校的外延扩大和内涵发展。党委认为,在学校的发展中,党员教师、党员干部和基层党组织始终是学校的一支中坚力量,必须建设好这支核心队伍,推出"保持党员先进性,优质高效履行岗位职责"活动,积极开展党员干部的"三讲"教育。

发挥共产党员的先锋模范作用对于学校发展意义重大。在学校发展出现重要变革之际,除了校党委能够准确把握形势、正确做出决策之外,广大党员干部、党员教师同样发挥了先锋模范作用,各级党的组织充分发挥了战斗堡垒作用。

1998 年,正是后勤改革启动之时。在计划经济体制下曾经为学校后勤工作流过血汗、作出过很多贡献的老党员同志以大局为重,以事业发展需要为重,站在第一线迎接挑战,以自己的榜样作用推进了学校的后勤社会化改革，迈出全校改革的第一步。2000 年 8 月 26 日，松江新校区举行了开工仪式。在之后的 338 天的日子里，筹建办临时党支部把支部建在施工第一线，充分发挥了党支部战斗堡垒的作用。2001 年后，师资队伍严重短缺。各二级学院的党员教师带头冲上了第一线，主动多承担一些课程，有时甚至每周承担了二十多节课的教学工作量，为广大教师树立了榜样，并为今后师资队伍的有序扩增赢得了时间。在实际工作量成倍增加的情况下，为了工作效率，机关的行政管理工作也进行了改革。机关工作的党员同志默默无闻地勇挑重担，不断创新，革新了工作内容和工作机制。

2000 年 3 月 28 日，校党委成立了以皮耐安任组长、夏斯云任副组长的“三讲”(讲学习、讲政治、讲正气)教育领导小组，下设办公室。3 月 30 日，皮耐安在全体中层干部会议上做了“三讲”教育动员报告。

在市委“三讲”教育巡视组的督察指导下，校党委形成了《关于领导班子深入开展“三讲”教育的实施方案》。“三讲”教育共分四个阶段进行：思想发动，学习提高阶段；自我剖析，听取意见阶段；交流思想，开展批评与自我批评阶段；认真整改，巩固成果阶段。

第一阶段，校领导班子对市委巡视组归纳的班子存在的 12 个方面 53 条意见逐条分析梳理，确定本届领导班子“三讲”教育要解决的突出问题。经过七次修改，形成了班子的剖析材料。在找准了突出问题的基础上，班子成员又自我学习、反思、相互交换想法，征求部分中层干部的意见撰写了个人的剖析材料。第二阶段，学校召开“三讲”教育民主测评会议。参加会议的除全体处级以上干部外，还有离退休支部、民主党派、团委、学生会、教职工的代表。与会成员分成五个小组，认真阅读剖析材料，填写评审表，最后由市委巡视组汇总。本次测评的结果为：对校级领导班子自我剖析总体评价基本满意、比较满意和满意的占 88.8%，对领导同志个人自我剖析总体评价基本满意、比较满意和满意的占 93.6%。5 月 26 日，校级领导干部转入了“认真整改，巩固成果”第三阶段。在动员大会上党委书记皮耐安对校级领导干部在“交流思想，开展批评”阶段的工作作了通报，并对第四阶段如何开展工作提出了方案。皮耐安说，由于校级领导班子在开始批评与自我批评前做了充分的相互交流、谈心、沟通思想的准备工作。班子成员通过批评和自我批评,对找出的党委严格贯彻党委领导下的校长负责制不够和领导班子工作作风不深入、不扎实两个主要问题,进行了更深层次的分析,有了新的认识。班子成员表示,经过"三讲"教育,今后将更齐心协力地为学校发展努力工作。为了使第四阶段的工作落到实处,党委立即制定了学校重大问题和重要事项议事规则等制度。

校级领导班子的"三讲"教育历时两个半月。6月15日,学校召开了领导班子"三讲"教育总结会。校级领导班子全体成员、市委巡视组全体同志和校各部门各单位的负责人参加了总结会。校党委书记兼校"三讲"教育第一责任人皮耐安,作了上海对外贸易学院校领导班子"三讲"教育总结,通报了此次"三讲"教育的整改方案。

此外,学校党委充分发挥民主党派、党外人士参与民主管理、民主监督、建言献策等方面的重要作用,并为民主党派活动提供条件。1997年,党委办公室设立副处级党委统战员岗位。李如如兼任党委统战员,负责处理日常统战工作。截至2002年,学校有民主党派支部包括:民盟上海市委直属支部、民建上海市委直属支部和农工上海市委直属支部。学校还有九·三学社、中国民主促进会、中国致公党、中国台湾民主同盟等个别成员。学校坚持情况通报会,双月座谈会制度,定期向广大党外人士、民主党派成员通报学校重大情况,听取意见和建议;支持民主党派不断加强自身建设,紧紧围绕学校的中心工作开展活动,发挥作用;鼓励民主党派成员发扬敬业精神,在学校教学、科研、管理等岗位上多作贡献。民主党派支部围绕学校的中心工作,积极开展活动。

四、重视学生思政教育

1994年到2000年,为加强学生的思想政治工作,学校在辅导员队伍建设、基本的学生管理规章的完善、强化管理育人、推进合力育人等方面做了积极的探索和实践,为学生思想政治工作适应办学规模扩大和内涵建设的要求打下了基础。

2001年,学校办学重心向松江转移,对学生思想政治工作提出了新的要求,创新思想政治工作的内容、方法成为必须面对的重要课题。为此,学校在多方面做了积极的探索并取得了明显的成绩。

增强创新意识,不断拓展学生党建工作新途径。通过拓宽工作口径,开拓工作思路,加强立体型、网络化教育系统的建设,完善认识过程(知、情、悟、信、行)、年级递进过程(一至四年级)以及方法手段(理论学习、活动、实践、互联网、电视、广播、报纸等)的有机结合,增强教育工作的规模效应。通过在大一新生中,开展以“成才规划、谋划未来”为主题;在大二学生中,开展以“实践锻炼、夯实基础”为主题;在大三学生中,开展以“明确方向、知情明责”为主题;在四年级学生中,开展以“榜样示范、促进就业”为主题的专题活动,将理论教育从内容上与学生成才发展相结合。从形式上与学生职业素养的锻炼相结合。从时序上与学生学习过程的各个阶段相结合。让学生党建工作,在服务于“以学生为本”的工作过程中,体现党员先进性,实践党的宗旨,不断锻炼、培养、提高全体学生党员努力实践“三个代表”重要思想的自觉性和能动性。

培养学生干部,建立一支优秀的骨干队伍,以此带动全体团员青年积极参与学风、校风建设。加强团干部的培养和使用,充分发挥各级团校功能,分层次、有计划、有系统地对团组织、学生会、社团、班级等学生干部进行培训。通过举办专家学者论坛、“学子论坛”、“大学生论坛”,开办“学生领袖培训班”等多种形式,着力培养思想政治素质过硬、专业和实务知识扎实,能体现学校办学特色和培养目标的学生精英。

注重社会实践,推进学生参与重大涉外青年志愿者行动。通过培训机制增进志愿者活动水平,提高活动质量;通过与国际性志愿者组织的交流,培养志愿者广阔的国际视野、报国的责任意识和成才的内在动力;通过广泛的志愿者活动,达到实践育人的积极效果。

2000 年 5 月至 6 月期间,学校共派出近 800 人次学生志愿者,参与第五届全国残疾人运动会志愿服务。在总结表彰会上被第五届全国残疾人运动会组委会授予“优秀志愿者集体”铜牌,3 位同学被组委会授予“优秀志愿者”称号。

2001 年 4 月至 10 月期间,学校派出近千人次参加 APEC 之贸易部长会议(MRT)、APEC 之金融家小组会议(AFG)、APEC 第 9 次领导人非正式会议等志愿服务,受到有关领导高度评价。时任经贸部部长石广生为我校志愿者题词“上海贸院志愿者风采!”,时任中国外交部副部长王光亚题词“弘扬志愿精神!”,时任上海市委常委、常务副市长蒋以任题词是“贸院学子,展志愿者风采! ——感谢上海外贸学院志愿者队伍”。10月,学校团委志愿者工作部部长林风城,被团中央授予“全国十佳百优志愿者”。

2002年5月,学校派出大批志愿者参加第35届亚行年会志愿服务,受到有关领导高度评价。时任中国财政部副部长的金立群题词“致上海外贸学院志愿者:世界是属于你们的,前途是你们的,祝你们年轻一代幸福、有成!”。时任上海市政府新闻办公室主任焦扬题词“贡献亚行年会,体现人生价值”。为此,学校荣获亚行年会筹备办颁发的“特别贡献奖”。

第三节 整合资源 设立学院

1994年,学校定位调整开始进行,而各二级学院也正是在这一时期应运而生。通过调整专业组合、重新配置教师资源、提拔一批有专业特长的青年教师走上领导岗位,在原有的经济、管理、外语和法律系的基础上,组建了以国际贸易专业为核心的国际经贸学院、以商务英语专业为核心的国际商务外语学院、以公司理财培训中心为基础的金融管理学院和以国际法专业为核心的法学院。

一、成立国际经贸学院

1995年3月,学校决定在国际贸易一系、国际贸易二系和国际企业管理系的基础上,组建国际经贸学院,简称经贸学院。学院组建之初,有国际贸易、国际经济、国际经济合作、国际企业管理、市场营销、会计学六个专业。2002年,新增电子商务专业。除本、专科和第二学士学位外,1986年起还拓展了研究生教育。在创立国际贸易硕士点后,自2000年起,又增加了企业管理硕士点、中外合作物流管理(硕士项目)以及以同等学历申请硕士学位的国际贸易和物流管理专业。

国际贸易是上海市教委的重点学科。主要研究方向为国际贸易理论与政策、国际经济贸易关系、世界贸易组织、中国对外贸易制度、国际贸易实务等。其中世界贸易组织和国际贸易实务研究在国内处于领先地位,是学校的优势学科。

中外合作办学是国际经贸学院的特色之一。学院与澳大利亚墨尔本皇家理工大学开展国际贸易教育与培训合作,1995 年起试运行,1997 年正式招生,引进 16 门课程,举办学制三年的国际贸易专业(专科)。1998 年 5 月,成立中澳合作上海对外贸易学院澳曼特国际商学院(SIFT-RMIT University International Business School),设立国际贸易专业(专科),开展学历与非学历教育。1999 年,学校与 RMIT 大学达成“运输与物流管理”本科人才培养协议,使中外合作办学层次提升至本科教育。国务院学位办正式批准两校合作培养经济学(运输与物流管理)学士,准予授予境外学位。运输与物流管理专业是第一批获得“上海市合作办学许可证”的单位。2000 年,“运输与物流管理”本科合作项目通过国务院学位办组织的评审。2001 年 11 月,全国学位和研究生发展教育中心对“运输与物流管理”专业进行了评估,各项指标均在 83 分以上,特色办学得了 90 分。中澳合作“运输与物流管理”专业的本科项目评审通过。2002 年国务院学位办批准两校合作培养“国际商务”本科生和“物流管理”硕士研究生,准予授予境外文凭。中澳合作项目实现了学校国际化办学的开端。

二、成立国际商务外语学院

国际商务外语学院,简称外语学院,前身是 1960 年建校之初的外贸外语系。1994 年,外贸外语系改名为国际商务外语系。1995 年 10 月,撤系建院,成立国际商务外语学院。学院建立初期,设有商务英语、商务日语、商务法语三个本科专业和商务英语、商务日语两个专科专业。1997 年 9 月,设立旅游管理(国际导游方向)专业。2002 年,商务英语大专被批准为与英国中兰开夏大学合作的专业,学生毕业时可分别获得中英双方大专文凭。除本、专科专业外,外语学院还设有专门用途外语(商务英语)硕士点;2001 年,又增设商务日语硕士专业。国际商务英语是该学院的重点学科。

外语学院重视学科、专业和课程建设。1995 年,商务英语学科被评为上海市教委重点学科,并列入教委第三、第四期的重点建设学科。1998 年,市委组织部、人事局、市外经贸委和上海对外贸易学院共同成立了上海市商务英语等级考试中心。该中心每年 6 月和 12 月举行商务英语初级、中级考试。该考试是上海市紧缺人才考试项目之一,是从事涉外商务活动人员的上岗证书考试。该考试的命题及考务等工作由学院具体负责。在教材编写方面,2000 年,《新编进出口英语函电》和《英语口译技巧》获上海市普通高等学校优秀教材三等奖。

自外语学院成立以来,不断加强与国外高校的交流与合作。1995 年 10 月,学院与美国加州西谷—米慎大学、新加坡京华投资公司,合作建立上海对外贸易学院加州英语和商务学院。2000 年 9 月,与英国中兰开夏大学合作举办商务英语大专专业,并招收第一批计划外学生。2001 年,学院与英国维克多多媒体教育软件公司(VEKTOR MULTIMEDIA CO.LTD)合作,成立上海对外贸易学院语言中心。2002 年,与英国中兰开夏大学合作专业扩展至计划内大专。同时,商务英语重点学科与英国中兰开夏大学合作建立商务英语研究开发中心,共同加强和促进商务英语理论和教学的研究。

三、成立金融管理学院

20 世纪 90 年代,我国处在深化改革、扩大开放时期。上海向建设世界金融、贸易和经济中心的目标迈进,银行、证券、期货、房地产等行业,急需既懂金融和财务管理又懂外语外贸专业方面的人才。为适应这一形势发展的需要,1995 年 2 月,党政领导决定筹建金融管理学院。

金融管理学院成立于 1995 年 10 月。成立之初仅有 1 个本科专业,即理财学(本科),1994 年 10 月批准,1995 年 9 月开始招生。10 多名教职工和 41 名学生。1995 年 9 月,国际金融(本科)和投资经济(本科)两专业获批,并于 1996 年 9 月开始招生。1999 年教育部调整专业目录:理财学改为财务管理专业,国际金融改为金融学,取消投资经济专业。与此同时,1997 年 10 月,金融学硕士点获批,1998 年 9 月开始招收金融学硕士研究生。

学院致力于人才培养模式的改革和创新,在教育国际化方面有长期的办学历史和特色。早在 1998 年 4 月,金融学院将理财学和国际金融本科专业与加拿大道格拉斯学院(Douglas College)合作办学,引进 20 门专业课程,毕业后发两校文凭,由学校发学位证书。2001 年合作项目获上海市教学成果二等奖和加拿大联邦政府杰出国际教育奖。

四、成立法学院

1995 年 3 月,学校筹建法学院,其前身是上海对外贸易学院国际经济法系。

20 世纪 80 年代初,随着国家在各个领域的拨乱反正,建立社会主义法制社会提到议事日程。国家不仅开始逐步完善法律体系,而且十分重视法律人才的培养。1984 年 5 月 5 日,报经国家教委和经贸部批准,学校设立国际经济法系,是全国第一批经教育部批准设立的国际经济法系。著名法学家裘劭恒教授亲自参与筹备建系工作。成立的宗旨是:为外经贸系统的企事业单位和涉外司法部门、涉外律师事务所以及中外合资企业等培养和输送懂外语、懂贸易、懂管理又懂法律的具有广泛知识结构的复合型高级专门人才。1985 年,招收首届国际经济法专业硕士研究生,与复旦大学、华东政法大学(原华东政法学院)一起成为上海市最早招收国际经济法专业硕士研究生的法律院系,也是最早承担全国涉外律师培训的基地之一(华东涉外律师培训中心),具有深厚的法学教育传统。

1995 年改制成立法学院,是上海地区最早设立的法学院之一。著名的国际经济法专家周汉民教授任第一任法学院院长。学院在国际贸易法的研究方面处于全国的前列,多次承办和协办国际法和金融法方面的国际、国内学术会议。1995 年,承办中国国际经济法学会 1995 年年会。

法学院设有国际法和法学基础理论教研室,除了承担法学院专业课程的教学任务之外,同时还承担其他专业相关法学课程和全校公共课《法律基础》的教学。1996 年,经教育主管部门审核同意,学校正式设立国际经济法硕士点。为了提高学院的师资水平和知名度,法学院实行客座教授制度。2000 年 10 月,第一批受聘担任研究生导师的有:上海市社会科学院徐开墅、沈国民、顾商荣,复旦大学陈治东和上海财经大学丁邦开等教授共 10 人。截至 2002 年,法学院有法学(国际经济法方向)、法学(商法方向)2 个专业。

总之,通过充实各二级学院的专业设置,学校形成了国际经贸、金融管理、国际经济法和商务外语四个按功能设置的专业群。与此同时,学校全面改革了教学管理制度和教学计划,通过学分制管理,鼓励学生在四个专业群之间交叉选课,逐步使毕业生具有“贸易精、外语强,兼通金融和法律”宽口径、综合型外经贸人才的特色。

五、成立成人教育学院和上海高校国际商务实习中心

1. 成立成人教育学院

在学校按功能设置二级学院的同时,原成人教育部易名为成人教育学院,以此和学校的整体教学相长与互补。1995 年 3 月 5 日,成人教育学院正式建制。经过两年时间的准备,1997 年 1 月 6 日—7 日,学校召开了成人教育工作会议。这次规模较大的成人教育工作会议,为成人教育发展起到了积极作用。

从 1997 年起,成人教育学院相继制定制度,规范化管理。1997 年 4 月制定《上海对外贸易学院函授辅导站组织管理办法》;5 月,重新修订《上海对外贸易学院夜大学学籍管理办法》。1998 年 9 月,制定了《夜大学本科毕业生学士学位资格办法》和《毕业生毕业论文工作实施细则》。1999 年,制定了《非学历教育办班管理条例》《全日制自考学生行为准则》《全日制自学考试教学方案总则》《全日制自学考试生学籍管理暂行规定》。2000 年 9 月制订了《高等教育自学考试国际贸易专业本科考生指导手册》。学历教育和非学历教育在校人数逐年增加,夜大学和高等教育自学考试由过去的单一的专科学历层次,在 2000 年提升到了专升本层次;截至 2002 年 7 月,夜大共在校专科生 208 人,本科生 109 人。

成人教育学院为使自学考试国际贸易专业本科段更具特色,于 2002 年对自学考试本科段的实践性环节进行了改革:在自学考试本科段考试计划中引入“国际贸易模拟实习(TMT)”替代本科毕业论文。这一改革措施得到了上海市高等教育自学考试办公室的批准。为加强学科建设,2002 年 6 月成立学科建设课题组,主要研究三个改革方案:自学考试国际贸易专业的课程设置、自学考试国际贸易专业“专升本”路径;“国际贸易模拟实习(TMT)”项目替代本科毕业生的毕业论文的可行性论证。课题研究成为当年学校三个改革课题之一,也被上海教育考试院自学考试办公室列为当年工作的要点之一。经过课题组一年多时间的多次研讨,提出了由原来“专升本”需加试多门专业课的课程设置方案,改为由“综合业务”考试代替,学

生毕业论文由“国际贸易模拟实习”考核代替。这一改革抓住了“自考生”“入口”和“出口”两个重要环节，拓宽了“专升本”通道，有利于吸引更多的“专科”层次考生参加“升本”考试；为考生提供仿真的实践环境，使毕业的学生既了解现代国际贸易规则，又具有从事国际贸易实践能力，有利于培养更多的国际贸易高层次人才；发挥了主考学校办学的积极性，促进主考学校办出自己的专业特色。上海市教育考试院专家评估组给予这一课题较高的评价。2002 年，自考报考门次数为专科 14 827 次，本科 5 277 次。

2. 建立上海高校国际商务实习中心

1994 年 10 月，学校建立了上海市第一个国际贸易模拟实验室——上海对外贸易学院进出口培训中心。1997 年 2 月，上海市教育委员会和学校在该实验室的基础上，共同投资建立了“上海高校国际商务实习中心”(Shanghai Collegiate Internship Centre for International Business，SCICIB，以下简称“实习中心”)。

实习中心自 1997 年启动后，经过不断总结和摸索，开设了两个仿真模拟实习项目：“国际贸易模拟(Teach Me Trade，简称 TMT)”和“网络贸易模拟(Internet Trade Simulation，简称 ITS)”，从而形成了国际贸易专业实践能力的梯度化教学训练模式。为了推广国际贸易模拟实习项目，满足兄弟院校开设实践性课程和开展毕业实习的需要，实习中心自建立之日起，即着手开发研制模拟实习教学软件。经过多年的努力，“国际贸易模拟实习教学软件(TMT)”“电子商务模拟实习教学软件(ITS)”“进出口实务操作题库软件(QB)”和“国际贸易操作技能训练系统(PTOT)”相继面世。自 1998 年上半年起，实习中心开始对外向各大院校转让这些教学软件，开创了高校原创性模拟实习教学软件成功走上市场的先河，为高等院校专业课程的改革和发展做出了贡献。与此同时，2001 年 6 月，在与英国、美国、澳大利亚、加拿大和日本等国外高校商学院进行多层次的交流和探索后，实习中心与美国佛罗里达州立大学法学院正式签订了联合开设“网络贸易模拟(ITS)”课程的协议。2002 年 1 月，该课程在美国佛罗里达州立大学法学院正式启动；4 月，国际合作模式下的 ITS 课程顺利完成首期运作。这标志着实习中心仿真模拟实习项目已经走出国门，开创了对外输出模拟实习课程的先河。

自成立之初起,实习中心就开始面向高等学校在校学生和业界人员举办“国际贸易操作能力考试(Proficiency Test on International Trade Operation,简称 PTITO)”。2000 年 12 月,经上海市劳动和社会保障局的批准,上海市第四十八国家职业技能鉴定所在上海对外贸易学院建立,成为上海高校唯一从事国际贸易类职业资格鉴定的机构。经过上海市劳动和社会保障局组织行业和高校有关专家的多次考核审定,实习中心的 PTITO 考试,被正式列为“国际贸易中级、高级操作员”国家职业资格鉴定考试,是国内唯一的以国际贸易操作能力为重点的职业技能认证考试。

创建以来,经过不懈的探索和追求,实习中心从面向校内本科学生,开设单一模拟实习课程的小型实验室,逐步发展成为一个服务全校、面向全市、辐射全国的独具特色的多功能专业实习公共服务基地。上海高校国际商务实习中心在 1997 年、2000 年两度荣获上海市优秀教学成果一等奖。

第四节　教学科研　日新月异

1994 年起,学校在教学方面进行了一系列的改革。在课程教学体系方面,改革课程体系,逐步推行学分制及选课制,并建设与完善了与学分制相适应的学生管理体制。在招生与就业方面,自 1994 年起,招生人数稳定上升。在招生人数逐年增长的情况下,学校适时地将学校定位由外延型的数量增长转变为内涵型的质量提升上来,逐渐提高学校教学质量,使得学校毕业生就业质量的显著提升。在研究生教育方面,硕士点的不断增设、导师队伍的不断发展以及硕士生管理的不断制度化,使得学校研究生教育发展明显,科研能力显著提高。可以说,学校在这一时期取得的成绩,是学校把握机遇、果断改革的必然结果。

一、本科教育是重中之重

学校在《1995—2000 年学科建设规划》中确定的总目标为:到 2000 年,学校将建设成为专业设置齐全,有相当规模,包括经、管、文、法四大门类的经贸类大学,并确立在国内经贸类学院的一流地位。规划目标的原则:围绕上海“一个龙头、三个中心”和“三、二、一”产业的发展战略，立足上海，面向华东地区、辐射到整个长江流域，乃至全国，为经济发展和社会进步服务，发扬已有的传统优势，强化学校固有特色。今后五年，在校全日制学生规模将发展到 3 500 至 4 000 人；成人教育规模发展到 3 000 人；学生层次逐步提高，本科生占 55%，双学位生占 13%，第二学士学位生占 20%，硕士、博士研究生占 10%，专科生占 2%，为实现“高层次、复合型”目标打好基础。专业设置从目前 10 个本科专业、2 个专科专业、一个双学位专业和 2 个硕士点发展到下一个世纪前五年的 20 个本科专业、5 个专科专业、11 个双学位专业、12 个硕士点和 3 个博士点。实施步骤是：第一步构建框架，提高层次；第二步扩大外延，发展规模。第一步向第二部过渡条件是学校的基础条件有明显的改变。

1996 年，学校决定自 96 级本科、专科及第二学位生起推行学分制，主要采用以下措施：1.根据培养目标，改革课程体系，将学生应修的课程分为四个模块：公共课、外语课、经贸主干课以及专业课。课程设计以突出素质教育和人才规格多样化为目标，因而在保持外语和经贸主干课程的重要地位的同时，为学生提高基本素质和选修跨学科、跨专业的新颖课程提供了广阔余地。2.实行选课制，将课程分为必修课(70%)选修课(20%)和任选课(10%)三类，赋予学生在选课方面的较大的自主权，为学生根据社会需要在规定范围内完善自己的知识结构提供了可能。3.采用学分来计量学生的学习总量，本科生修满 175 学分才能毕业，专科生和第二学位生修满 100 学分才能毕业。采用学分绩点来衡量学生的学习质量，为提高学生的学习积极性、实行科学的学籍管理提供科学、客观的依据。学生的平均绩点将作为选拔优秀毕业生、评定奖学金、优秀专科升入本科学习的重要依据。4.完善或建立辅修制度、专升本制度、免修制度、免听制度，为学生在更大范围内调整知识结构提供方便。5.实行一张文凭多张证书的制度。学生毕业或申请学位时必须通过学校规定的毕业考试，获得学校规定的外语等级证书、计算机等级证书。鼓励学生参加相关专业岗位资格考试。6.允许学生根据规定，提前或延迟毕业。本科生可在标准学制基础上提前一年或延迟两年毕业。专科生和第二学士学位生可在标准学制基础上延迟一年毕业。

7.建立选课指导小组,为学生提供选课咨询,保证学生合理选课。8.建立与学分制相适应的学生管理体制。按专业配备专职的政治辅导员;保留以入学年份和专业划分的建制班,作为开展党团活动、政治学习、体育竞赛等活动的基点;根据学生的活动空间和时间特点,采取相应的管理措施,如强化宿舍管理等。以在学生选课基础上产生的授课班为单位对教学活动多形式的严格考勤。

1997 年 4 月 12 日至 15 日,学校举行了为期四天的“1997 年教学改革工作会议”,会议由校分管教学的副院长王兴孙主持,教务处、基础部、各二级学院领导和教学秘书共 21 人参加了会议。会上先后讨论和商议了《97级本专科教学计划指导思想》、《压缩授课时数、扩充教学内容的措施》、《语文、外语、计算机等课程的教学改革方案》、《进一步推动和改进学分制管理办法》、《上海外贸学院教学工作规范》、《本校外聘教师管理办法》等十几个教学管理文件。会议开始和结束时,市教委高教办副主任李进和校党委书记皮耐安分别作了讲话,认为此次会议对推进学校今后教改工作具有现实的指导作用,要求与会同志回校后,积极开展教学改革,使学校教学管理工作上一个新台阶。

1997 年 6 月 2 日下午,校、院两级教学管理人员观看了学分制教学管理软件的演示。党委书记皮耐安、副院长王兴孙到场。校领导肯定了学校自行开发软件的做法,表示要进一步予以支持。这套系统管理软件分为成绩登录、成绩管理和学籍管理三个子系统,较好地解决了学分制运作中的教学管理问题。它的意义不仅在于以计算机操作替代手工操作,而且满足了学分制必须运用计算机手段进行管理的客观需要。学校实行学分制已很普遍,但并不都能自行开发软件。学校自 96 级实行学分制以来,拥有适合学校特点的管理软件已是迫在眉睫。此次,电教中心受命开发,在两个月的时间里,主要人员加班加点、全力以赴,根据学校学分制教学管理要求,抓住成绩和学籍这两个重要环节,形成思路,逐步完善。整个软件呈窗口式,一点即活,界面十分友好,并在该学期投入运行。

1998 年 9 月,学校召开教学工作座谈会。各二级学院分管院长、学院秘书及教务处有关同志座谈讨论教学改革新思路。参加会议的同志首先听取了校党委书记皮耐安的讲话。副院长王兴孙强调这是一次务虚会，在新学年之际召开，有助于统一思想，明确方针。他介绍了学校98学年教学工作思路为：1.在抓好教学日常工作的同时突出以学科建设为中心的改革重点；2.面向二十一世纪、有特色的、多口径课程体系；3.实行英语分级教学和计算机分级教学；4.按本、专科分层次实施教学；5.加强专业及课程带头人队伍建设，建立专业及课程教学梯队；6.建立教学质量监控和反馈系统。

1999年学校以提高教学质量为中心，有计划、有步骤，调整专业、更新教学内容、改进教学手段、革新教学方法、修订教学计划和教学管理文件，完善学分制，加强基础理论，突出外语过硬、实践能力较强的办学特色，并从总体上提出“一个目标，八个定位”的改革方针，作为努力奋进的目标，建成与国际接轨、有特色的、能适应上海和华东地区经济金融发展需要的商科大学。

2000年2月21日，学校召开教学工作会议。会议由主管教学工作的王兴孙副院长主持，教务处、五个二级学院、基础部、教育技术部、图书馆、商务实习中心等教学部门和教辅部门领导出席了会议。会上，各部门汇报了各自本学期的主要工作计划和目标。会议对本学期教学工作作了布置，指出本学期教学工作要着重抓好以下五项：1.建立学校教学质量监控体系；2.校园网要试运行；3.着重建设物流学科；4.建立学校语言中心；5.学校课程，教材建设专项正式启动。同时他要求大家认真贯彻全国和本市教育工作会议精神，加强师资队伍建设，推行全面素质教育，以“夙兴夜寐”的精神把各项工作落到实处，做到方案选定，队伍落实，时间安排可行。

2001年，为保证教学质量，重点改进学分制。进一步压缩必修课的授课课时，增开选修课，并增加选修比重；改“选教师”为“选课程”，使学生能根据需要自主灵活选课学习；引进英语多媒体语言训练系统，作为英语教学模式改革的突破口；改变传统的单一模式的课堂教学形式，提高视听读写的实践应用能力。英语专业60位学生在2001年全国英语专业八级考试中成绩优异，及格率达91.7%，高于全国高校58.2%的平均及格率。2位学生参加上海市“昆士兰杯”英语竞赛，分获一、二等奖。1位学生参加第15届上海高校日语演讲比赛，发挥出色，蝉联冠军。

2002年,学校在保持教学水平稳步提高的基础上,鼓励教师增开选修课、特色课,探索开创独具特色的专业课实践教学新模式,改革传统的课堂教学,还推出为学生量体裁衣式教学方法,提升学生学习的压力和动力。继续保持重点学科在梯队建设、科研水平等方面的优势和特色。该年度,英语专业61名学生参加2002年全国高校英语八级考试,通过率为85.2%,大大高于全国高校59.6%的平均合格率。5名学生荣获美迈斯法学奖学金,28名学生获得国家颁发的国际贸易职业资格证书,1名学生荣获“安子介”奖。

二、研究生教育日益受到重视

1986年是学校将研究生教育列入发展规划的一年,规划里明确提出,要加强研究生的领导和管理,修订培养方案和健全课程建设,有计划地扩大招生名额,争取硕士学位的授予权。为实施这一发展规划,学校在科研科配备专人管理研究生工作,自1990年后,学校将科研科建制为科研处。1999年,学校将研究生工作从科研处划出,成立研究生部。从此,学校的研究生工作有了很大的发展,研究生教育形成一定的规模。研究生教育对于学校发展的重要性不言而喻,学校研究生教育也经历了一个漫长的发展过程。

1. 硕士点的设立

1984年10月9日,教育部(84)教研字044号文批准上海对外贸易学院1985年招收首届国际经济法专业硕士研究生2名,这是上海对外贸易学院研究生教育的开端。1986年7月,学校增加设立两个硕士点,分别是国际贸易、专门用途外语。为进一步适应国家和上海改革开放的形势和满足社会需求,经教育主管部门审核同意,学校在1996年设立国际经济法硕士点,1999年设立金融学硕士点。

2. 研究生导师队伍的发展

硕士点的设立和研究生的招生,受研究生导师数量和质量的制约。1994年,学校研究生导师仅有15人,因此1994年招收的研究生为15人。1994年后,学校为发展研究生教育,提升办学层次,在研究生导师问题上,采用“两条腿走路”的方法。一方面注重教师结构,培养和引进高层次教师;一方面加强与社会上有关高校、团体联系,外聘研究生导师。由于学校对研究生教育工作的重视,实施的政策得当,所以研究生教育工作从2000年以后有了较大的发展。

3. 研究生管理制度化

1985年,学校就研究生管理作出相关规定并出台相应文件,但是在具体的管理上确实没有经验。在一段时间内,研究生的管理是以研究生所在的系(学院)为主。

1996年4月19日下午,学校召开研究生工作会议,党委书记皮耐安、副院长周汉民和各二级学院分管研究生工作的领导以及电教中心、图书馆、总务处负责人、科研处全体同志出席会议。科研处副处长丁国安首先介绍了学校研究生工作的沿革与发展前景,指出了目前存在的问题,并提出严格研究生教育管理工作的初步设想及工作打算。副院长周汉民认为,"九五"期间,研究生工作将是学校的一项重要工作,应尽快制定实施"导师制",导师在研究生学习工作中至关重要。为做好上述工作,将在5月下旬、6月上旬分别召开研究生工作会议和研究生导师工作会议,广泛听取各学院与导师的意见。党委书记皮耐安在会上发言,他表示要办成一所学校要靠几代人的努力,学校的水平是看学术水平,任何大学的学术声誉,必须要有高质量的研究生,当务之急要抓两条:导师和研究生管理。

1999年研究生部成立后,院长王新奎要求改变研究生的管理模式。要求研究生的日常工作由研究生部直接参与,负管理职责。在院长王新奎的领导和关心下,研究生的招生和毕业环节以及日常管理,由研究生部负责。

据统计,2000年研究生发表论文123篇、2001年研究生发表论文156篇、2002年研究生发表论文189篇。

三、招生与就业情况稳中有升

改革开放后,上海已架起一个全方位、大外贸的基本框架,成为外商投资的一个大舞台。与此同时,也为上海外经贸人才市场开辟了一个极为广阔的前景,学校培养的国际商务人才需求前景十分好。并且,学校的办学特色和声誉得到社会的广泛认可。考生热情高涨,录取分数保持较高水平，第二批录取分数始终名列全市第一位，不少年份学校的第二批最低录取线要高于上海市第一批录取控制线，主要生源为省市重点中学中等以上水平的学生。

1. 招生人数逐年攀升

1994 年起，学校每年本专科招生数从 400 多人逐渐增多，2001 年学校建成松江校区后，开始扩大本专科招生规模，每年招生数扩增至 2 000 人左右。学校在华东六省以及其他外省市的招生全部列入第一批录取，而且招生录取分数基本上均在第一批录取分数的前列。在上海地区的招生，1997 年以前除法学、经济合作等少部分专业列入第二批录取外，其余经济贸易、商务英语、工商管理、国际会计、国际金融、理财学等绝大部分专业均列入第一批录取。录取分数也一直在第一批录取分数的前列。1997 年，上海实行高校自主招生改革，本科改为“211”预审通过院校与其他院校分两批自主录取，此后，学校被列为第二批录取。当时，学校向市教委提出申请，要求将国际贸易、国际商务英语两个获得上海市教委重点学科的专业列入第一批录取。经同意，国际贸易专业列入第一批招生，其余本科专业均列入第二批招生。

1994 年，学校招收新生 338 人，其中硕士生 15 人、本专科生及第二学士学位生 323 人。另招收夜大专科生 146 人、函授专科生 569 人。

1995 年，是学校由经贸部转为上海市属院校后的第一次招生，面向上海地区招生计划增加明显，由 1994 年的 140 人增至 1995 年的 269 人，增幅达 92.1%。1995 年学校实际招生 439 人，其中本科生 343 人，占新生总数的 78.1%；大专生 52 人，占新生总数的 11.8%；双学位生 20 人，占新生总数的 4.6%；研究生 24 人，占新生总数的 5.5%。

1996 年，学校招收新生 566 人，其中本科生 414 人，占 73%，专科生 78 人，占 14%，双学位 37 人，占 6.5%，研究生 37 人，占 6.5%；其中上海学生 321 人，占 56.7%，外地学生 245 人，占 43.3%。

1997 年，学校招收新生 587 人，其中本科生 420 人，专科生 79 人，双学位 33 人，研究生 55 人。

1998 年，学校招收新生 628 人，其中本科生 443 人，专科生 76 人，双学位 35 人，研究生 74 人。

1999 年，学校招收新生 716 名，其中本科生 533 人，专科生 84 人，研究生 76 人，第二学士学位 23 人。

2000 年，学校招收新生 886 名，其中本科生 689 人，专科生 82 人，研究生 94 人，第二学士学位 21 人。

2001 年，学校招收新生 2 099 人，其中本科生 1 768 人，专科生 178 人，双学位生 53 人，硕士研究生 100 人。夜大学招收本科生 78 人，专科生 86 人。自学考试报考人数本科为 4 229 人，报考总科次为 9 180 门；专科为 14 465人，报考总科次为 37 281 门。

2002 年，学校招收新生 2 105 人，其中本科学生 1 827 人，专科学生 120 人，双学位学生 34 人，硕士研究生 124 人。夜大学招收本科生 107 人，专科生 120 人，自学考试报考人数为 19 994 人，报考总科次 47 443 门。

2. 毕业生自主就业情况良好

1994 至 1996 年，正是大学生就业制度市场化改革的阶段，毕业生们从“在一定范围(地区范围、行业范围)内毕业生自主择业，用人单位择优录用的双向选择”转变为“自主择业”。为了适应这一变化，学校采用“走出去，请进来”的办法，每年邀请相关企事业单位来校参加供需见面会、校园宣讲会。学校还组织毕业生参加市、区级人才招聘会，扩大就业渠道。同时，及时公布有关企业用人需求信息，拓宽就业平台。在这一背景下，学校多数毕业生流向外贸系统、工贸、金融领域，极少数就职于教育行业和机关部门。在自主择业的背景下，进入外贸系统毕业生人数逐年减少，工贸、金融领域人数逐年增多。1996 年，前往三资企业就业人数较往年显著增加。在上海就业人数占比超总人数的 54%。

1998 年，首批并轨改革后招收的大学生毕业进入社会。当年，学校毕业生总人数 344 名，其中本科生 270 名，专科生 74 名。毕业生主要流向为国营进出口公司，工、商、科贸公司，三资企业以及金融系统。少量毕业生在政府机关工作或大、中学校任教。有 12 名毕业生考取研究生。

1999 年，学校毕业生共 365 人，其中正式签约学生达 342 名，考取研究生 10 名。其中，国营单位 134 名，股份制企业 21 名，合租企业 88 名，独资企业 46 名,民营企业 38 名,教育单位 3 名。与往年相比,去往国营企业的毕业生明显减少,去往三资企业、民营企业的毕业生明显增多。

2001 年,学校毕业生总人数 498 名,本科生 432 名,专科生 66 名。有 28 名毕业生考取研究生。就业流向方面,去往三资企业、民营企业的毕业生人数持续走高。

2002 年是高校实行扩招政策后面临大学生毕业高峰的第一年。学校的就业指导工作遵循“立足规范,着眼发展,面向市场,服务学生”的宗旨,注重学生就业观的正确引导,注重就业市场的主动开拓,注重就业工作程序的严密规范,取得了一定的阶段性成果。就业流向方面,外贸公司、金融机构为毕业生的主要流向。

四、科研与教学成果齐头并进

1994—2002 年,学校获得上海市各级科研、教学奖项 19 项;获得国家级、省部级项目立项 60 项;仅中国加入世界贸易组织(简称“WTO”)前后的 2001—2002 年,就出版具有代表性的专著和教材 29 部。科研教学成果和奖项充分体现了学校以“贸易”和“国际”为特色的发展定位,特别在 WTO 研究方面的成果十分突出。详见下表:

表 3-4-1　1994—2002 年各级教学科研奖项一览表

奖项名称	奖项年份	获奖内容
上海市决策咨询研究成果奖	1994	一等奖　《迈向 21 世纪的浦东》　王新奎 成果奖　《上海企业对内投资政策建议》　李　方
	1996	成果奖　《上海金融深化发展战略研究》　李　方
上海市哲学社会科学优秀成果奖	1996	论文二等奖　《浦东新区应从“土地滚动”开发模式转向“税收滚动”开发模式》　王新奎 著作三等奖　《国际贸易实务与合同大全》　汪尧田等 论文三等奖　《对 1994 年经济形势的十点看法》　王新奎
	1998	著作二等奖　《国际贸易比较优势的定量分析》　吴建伟
	1998—1999	论文三等奖　《上海国有外贸企业与“三资”企业出口贸易比较研究》　李邦君

续表

奖 项 名 称	奖项年份	获 奖 内 容
上海市邓小平理论研究和宣传优秀成果奖	1998—1999	论文三等奖　《邓小平对外经济战略思想和我国外经贸两个根本转变》　李邦君
安子介国际贸易研究奖	1994	优秀论文奖　《我国外贸体制深化改革的思考》　钱宗起
	1996	著作三等奖　《国际贸易法》　周汉民等
	1999	论文三等奖　《论世界政治经济格局的嬗变与国际经济组织法学的发展》　周汉民、牟榕
	2002	优秀组织者奖上海对外贸易学院科研处
全国经贸研究成果奖	1998—1999	著作三等奖　《绿色营销管理》　沈根荣 论文三等奖　《上海国有外贸企业与"三资"企业出口贸易比较研究》　李邦君
	2000—2001	论文二等奖　《论扩大出口与人民币汇率稳定机制的关系》　张梅林、沈根荣
上海市教学成果奖	2001	一等奖　《国际贸易模拟实验室建设》　祝　卫 二等奖　《金融学、财务管理专业办学国际化探索与实践》　陈伟利 三等奖　《"资本运营"课程设计与教学实践》　徐　波

表 3-4-2　1994—2002 年各级科研项目立项一览表

各级项目名称	立项时间	项 目 内 容
国家哲学社会科学规划项目	1994	《关贸总协定法律体系与我国相应法规研究》　汪尧田
	1996	《世界贸易组织与世界贸易的发展》　王新奎
	1998	《反倾销法的理论与实践及其对中国的借鉴研究》　高永富
	2000	《加入 WTO 与我国经济安全问题》　王新奎
教育部人文社会科学研究项目	1998	《汇率政策与金融开放》　李　方

续表

各级项目名称	立项时间	项　目　内　容
上海市哲学社会科学规划项目	1995	《外贸企业集团化经营与国家产业政策实施》　田春华
	1996	《世界贸易组织与中国对外贸易发展战略研究》(中长期项目)　王新奎 《上海国有外贸企业与外资企业出口贸易比较研究》　李邦君
	1999	《上海外贸出口中的新情况及对策研究》　李邦君
	2000	《我国加入 WTO 与经济安全问题》　沈大勇
上海市政府决策咨询研究项目	1996	《涉外经济政策调整对上海外贸、外资的影响》　王新奎
	1998	《关于云南省对外贸易发展战略的若干意见》　王新奎
	1999	《跨国公司总部迁入上海的经济法律问题及其对策研究》　周汉民 《APEC 九个部门提前自由化与我国的对策研究》　周汉民
	2000	《上海市中小企业海外市场拓展研究》　黄　辉 《中国加入 WTO 的影响与对策研究》　王新奎
	2002	《中国能否成为世界工厂问题研究》　沈玉良
上海市教委社会科学项目	1995	《国际商务英语的特点、教材和教学方法》　王兴孙 《我国票据法及各国票据法比较研究》　徐小薇 《我国外贸增长方式根本转变的依据和途径》　李邦君 《政府采购立法研究》　朱兆敏
	1996	《构建中国保险中介人的管理规范完善社会主义保险市场》　陈晶莹
	1997	《绿色营销管理》　沈根荣 《关于我国外贸企业出口信用风险控制的研究》　徐海宁 《国有企业资产重组的融资方式》　潘渭河 《国际融资方式演变、发展趋势及对中国融资改革的思考》　陈　坚

续表

各级项目名称	立项时间	项　目　内　容
上海市教委社会科学项目	1998	《上海对外经济系统商务英语水平调查》　王兴孙、叶兴国 《知识经济与我国外贸结构调整》　李邦君 《知识经济:以美国“新经济”为视角的综合研究》　沈大勇 《国际电子商务中的法律问题》　沈根荣
	1999	《扩大对日出口营销战略研究》　邱松年 《WTO 及其主要成员关于政府采购的规定和制定我国政府采购对策研究》　戴芷华 《世界贸易组织与知识产权》　叶京生
	2000	《中外商业文化的比较研究》　温耀庆 《上海市发展对外加工贸易对策比较》　黄　辉 《WTO 专用术语研究》叶兴国 《世纪之交商业银行竞争力的实证分析及对策研究》　刘天鸣
	2001	《物流创新与上海国际航运及物流中心战略地位的确立》　龙　江 《入世与中国外贸企业的发展空间》　周　斌 《上海出口贸易入世后的战略选择及其对策影响》　李邦君 《资本流动下的汇率安排与资本管理》　李　方
	2002	《我国外资政策调整对外商投资企业影响的案例研究》　徐海宁 《WTO 规则下的中国外经贸制度》　温耀庆 《WTO 新一轮贸易谈判与国际劳工标准问题研究》　沈根荣
上海高校青年科学研究项目	1995	《国际竞争中的产业更替与市场容量的实证分析》　吴建伟
	1996	《西方公司跨国财务管理中的外汇风险研究》　陈伟利 《外汇风险与管理》　聂　清
	1997	《环境与贸易——WTO 相关规范研究》　王火灿
	1998	《环境和贸易——可持续发展研究》　王火灿

续表

各级项目名称	立项时间	项　目　内　容
上海高校青年科学研究项目	1999	《风险投资理论与政策研究》　夏清泉 《新合同法的颁行与我国外贸经营活动的变革》　邓　旭 《中国服务贸易市场开放的若干法律问题》　陈晶莹
	2000	《加入 WTO 和我国融资方式演进研究》　陈　坚 《物流模拟系统》　胡向阳
	2001	《我国物流业的发展及其物流政策研究》　聂　清 《民营金融业发展研究》　凌　捷 《判决的正当化原理》　周永胜
	2002	《上海市第三方物流市场培育研究》　杨晓雁 《上海农业国际化——“外引内联”模式的意义及对策》　黄　辉 《“e”环境下企业供应链战略研究》　吴知峰

表 3-4-3　2001—2002 年出版教材、专著、编著一览表

出版时间	作　者	教材或专著名称
2001 年	刘光溪	《WTO 案例研究丛书》上海人民出版社
	叶京生	《国际经济合作实务》立信会计出版社
	王火灿	《WTO 与知识产权争端》上海人民出版社
	沈玉良、黄辉	《中小企业产业选择》上海财经大学出版社
	陆乃圣、金颖颖	《导游词编写实用教材》华东理工大学出版社
	(刘乃根)、窦卫霖、温建平等	《英语泛读教程(第三册)》(英语专业“九五”国家级重点教材)教育出版社
2002 年	徐建平	《电子政务教程》浙江人民出版社
	刘光溪	《经济融合发展——亲历 13 年复关入世谈判的思考》上海人民出版社
	章学拯	《电子商务基础(第三版)》上海交通大学出版社 《进口贸易与电子化》中国海关出版社
	徐雅琴	《外经贸分类大词库存》对外贸易出版社 《澳大利亚文化与澳大利亚英语》上海外语教育出版社

续表

出版时间	作　者	教材或专著名称
2002 年	李医群	EU—china IT Cooperation under WTO UQ Post grate Research Popr Research Report《Commerce School》2002 年 6 月
	朱务诚	《新概念英语(教师用书)》北外教研社 《新概念英语(学生用书)》北外教研社
	陈晶莹	《国际贸易法安全详解》对外经济贸易大学出版
	舒　红	《国际贸易结算实务(修订本)》对外经贸出版社
	李邦君	《政治经济学原理》中国对外经济贸易出版社
	朱佩芬	《外经贸英语函电与法则》中国对外经济贸易出版社
	朱务谦	《政治经济原理》中国对外经济贸易出版社 《高级阅读精简》上海交大出版社
	夏正荣	《中国市场营销实务》中国海关出版社
	沈璐、赵世君、王玫君、徐薇华	《新编会计学教程》上海财经大学出版社
	叶兴国	《世界贸易体制》上海人民出版社
	江国滨	《法语 TEF 指导与测试》上海交通大学出版社 《法语实用语法》上海交通大学出版社
	朱慧萍	《营销英语教材》上海外语教育出版社
	吴云娣	《国际商务谈判英语》(English for International Business Negotation)上海交通大学出版社
	黄源深	《〈隐身人〉导读注释》上海外语教育出版社

第五节　四项改革　走在前列

从 1995 年起,学校致力于创新改革,分别推出了财务制度改革、货币化分房改革、后勤社会化改革和人事制度改革,这一系列改革激活了学校发展的动力,为学校从外延型发展转向内涵型发展打下了基础。其中,货币化分房和后勤社会化改革在社会上产生了广泛而深远的影响。

一、改革财务管理制度

1995年7月,为了规范二级学院及各部门收支,学校建立了二级财务一级核算的管理体制,对各部门创收收入规定了开支范围及报批制度。学校对各二级学院与有关部门在财务处设立了台账管理制度,从根本上改变了学校财务管理格局,为实行大收大支打下了基础。

1995年9月,制订《上海对外贸易学院校产基金财务管理办法》和《上海对外贸易学院联合发展教育基金财务管理办法》,规范了校产占用费征收及使用,制订了联合发展基金用于促进学校教学、科研等工作发展的规定。

1997年前后,学校停办了所有校办企业和非教育性质的创收项目,之后又逐步出台了一系列财务方面的实施细则与管理办法,严格了财经纪律,提高了管理水平和经费的使用效率,以保证"以学养学"的操作性思路得以全面贯彻。

1998年5月,制订了《上海对外贸易学院专项经费管理办法》,对学校申请教委专项和校内专项经费的执行、取得和使用均作了明确规定,并规定了专项经费使用的审计责任,加强了对专项经费的监督与管理。

自1999年6月开始,实施《上海对外贸易学院学科、师资队伍建设专项经费管理》等11份文件。

2000年5月下发《上海对外贸易学院教材经营财务管理办法》,对学校教材收入、开支项目范围及分配比例作了重新规定。

2000年6月制订的《报销须知》,第一次以书面形式对报销必须提供合法、正确书面凭证及报销手续作了规定,对会计基础工作从源头上进行规范,为加强学校财务管理打下了坚实基础。

2001年10月制订的《上海对外贸易学院经济责任制》,确保了学校各级领导、各有关部门在经济活动中依法履行的职责,规范了校内财经工作秩序,严格财经纪律,提高财经工作管理水平,明确了权利与义务。

随着学校规模的扩大,学校的财力也逐年增强,为学校稳步发展提供了强有力的财力支持。

二、创新住房分配制度

1996年,学校第五次福利性住房分配基本结束。1997年,根据上海市关于出售自有公房的规定和实施细则,学校向教职工出售了自有公房。对以后教职工的住房如何进行提供,院长王新奎依据住房改革的趋势和以往住房分配的矛盾,大胆地提出住房改革的设想,率先实行住房分配货币化、住房分配市场化。为做好这一项工作,他要求学校有关部门展开社会调查,走访上海市教委和长宁区房产交易市场,了解下拨补贴房款的额度,了解房产交易的行情和价格体系,了解房产交易的法规、法律和政策界限;调查全校教职工住房情况,分析学校现有财力对实施货币化分房支出的条件和状况。根据有关部门提供的情况和资料,拟定了学校住房货币化改革的方案和实施细则。经学校党政联席会议讨论,决定实行货币化分房的改革,并将学校关于制定1997年住房分配方案的指导意见下发到校各部门。为统一全校教职工的思想认识,更大程度上推行货币化分房改革,学校党委书记皮耐安和院长王新奎以及其他校领导,分别召开教职工和离退休老同志座谈会20余次,广泛听取住房改革的意见,收到修改意见80余条,补充和完善了住房改革方案。比如,对过去福利性分房的遗留问题增加了包容度,设计了一系列的调节系数,采用核减或核增达标前实测面积的办法。在此基础上,学校出台了《上海对外贸易学院教职工购房补贴实施办法》;1997年,学校召开教代会职代会表决通过了这一住房改革方案。

为保证住房改革工作的落实,学校成立了教职工货币化住房分配工作小组。院长王新奎任组长,校工会、校长办公室、校财务处和后勤等部门参加。该小组的主要工作是对教职工的住房情况进行统计分析,对房产交易市场作进一步调研,受理教职工的购房申请,办理购房补贴手续。所有工作都必须符合事先设计的程序和规则,以体现住房改革的公正、公平性。教职工购房补贴的主要依据是职称职务和进校的时间以及现有的住房面积。即教职工现有的住房面积按上海市的规定标准,未能达标的,学校对其购房实施补贴。补贴分为两种,一种是老人老办法,对1997年9月30日以前进校服务期满5年,1997年12月31日前在编在岗人员的现有住房面积未达到《实施办法》中规定面积的教职工,实行购房补贴和无息贷款;另一种是新人新办法,对1998年1月1日以后进校的教职工,不再实行按住房达标面积差额给予购房补贴,而是以无息贷款的形式给予购房补贴,从根本上转入货币化分房。实施货币化分房以后,学校把由教委下拨款的经费作为购房资金,按每平方米 1 250 元的补贴标准,全部用于教职工的购房补贴;与此配套,学校拿出经费用于教职工购房的无息贷款。对此,有的教职工说:“学校发一根领带,我自己买一套西装。”但事后都认为学校为教职工办了一件实事,是一件大得人心的好事。

学校从 1997 年下半年开始实行货币化分房。从福利性分房到货币化分房的改革,是学校与时俱进的精神体现。这一改革不仅使全校教职工得到了住房条件的改善,稳定了教职工队伍,而且房价的市值翻番,在全市引起了积极的反响,得到上海市领导的好评。

三、实现后勤社会化改革

根据《中共中央关于教育体制改革的决定》的指示精神,学校后勤服务工作的改革方向是社会化。1996 年 6 月,按照市教委后勤工作会议的要求,学校上报了学校成立后勤集团的改革思路和方案。1998 年 11 月 10 日,上海市教育委员会下发“〔1998〕14 号”文件,同意上海对外贸易学院作为后勤社会化改革六所高校之一。

按照学校后勤改革方案,后勤改革的总体思路是:规范剥离,分离转制,择优托管,逐步到位。从 1999 年 1 月开始,将原学校后勤通过“托、转、改”的方式进入市场化,全面启动后勤社会化。1999 年 1 月,把食堂(包括浴室、锅炉房和礼堂)、学生宿舍(包括洗衣房)、电话通信、七宝教师公寓等四项后勤服务工作委托上海高校后勤服务中心管理;相关的后勤干部职工由“中心”聘用。并按“老人老办法”的原则,处理原有校属干部职工的人事关系和给予相应福利待遇,实现了后勤服务从行政管理向企业管理的平稳过渡。

1998 年 11 月,引进第一家社会企业上海圆菱保洁公司负责古北校区保洁工作,实现了高校后勤服务市场向社会开放的历史性突破。1999 年 1 月,校自管公房所有产权和物业移交给新长宁房地产(集团)公司管理。1999 年 5 月,古北校区绿化由长宁区绿化公司负责,古北校区日常维修由上海交通大学后勤集团负责。实现了后勤管理服务市场化专业化,改变了学校大包大揽社会职能的格局。1999 年 5 月,学校决定引进市场竞争机制，打破独家垄断服务局面，激发后勤服务活力。同月 25 日，古北校区专家楼餐厅委托上海不夜城餐饮业发展有限公司经营管理，设立“阿蔡面馆”上海对外贸易学院分店。6 月初，古北校区小卖部委托上海高校教育超市有限公司经营管理。

学校引进“阿蔡面馆”这一举措，在社会上引起了很大反响。上海电视台、东方电视台、上海教育电视台、解放日报、文汇报、青年报、光明日报、人民日报海外版先后报道，给予很高的评价。中央和上海市的领导先后视察，全国 100 多所高校代表先后参观，探讨后勤社会化中的有关问题。

经过一年多的实践，后勤社会化改革初见成效，经校党政领导讨论决定，加大推进后勤社会化改革的力度。从 2000 年 1 月起，采用“紧密型并入”方式，将学校后勤从托管方式改为并入方式。上海高校后勤服务中心成立上海对外贸易学院后勤服务中心。

松江校区建成后，学校领导层决定全面推进后勤社会化改革，实行后勤服务社会化，面向社会公开招投标选择优秀企业、公司为高校后勤服务。后勤服务全面引进市场竞争机制，经公开招投标程序后，上海地铁置业有限公司和上海兰生大酒店有限公司承担保洁服务，上海兰生大酒店有限公司承担教工餐厅二楼经营管理服务，上海园林工程有限公司承担绿化养护服务，上海交通大学后勤集团承担空调和电梯维护保养服务，松江供电局承担高压变电间值班服务。

学校办后勤的传统格局转变为社会办后勤的现代格局，提前两年达到中央领导李岚清副总理和国家教育部在全国高校后勤社会化改革会议上提出的改革目标。在古北校区日常维修、卫生保洁、绿化养护社会化起步的基础上，后勤社会化服务得到全面提升。松江校区的卫生保洁、大楼物业管理、饮食供应、环境绿化、日常维修、信息通信等后勤服务工作全部实现了社会化、市场化，后勤服务的质量和水平逐年提高。

经教委专家组测评，上海对外贸易学院后勤工作在全市名列前茅，学校被评为上海市绿化先进集体、上海市卫生先进集体、上海市先进食堂，松江校区筹建办被评为上海市重大工程先进集体。后勤社会化使学校后勤服务工作充满了活力和生机。

原学校后勤的广大干部职工，从行政编制到企业聘用，从垄断学校后勤服务到市场竞争服务的转变过程中，识大体顾大局，转换思想开动脑筋，积极参与到后勤社会化的改革进程中，为学校的后勤社会化改革平稳、有序地进行做出了巨大贡献。

四、推进人事制度改革

从 1995 年起，学校着力于用人制度的改革。

1999 年 12 月，学校召开中层干部会议。党委书记皮耐安、院长王新奎代表党政班子就学校人事分配制度改革作了动员，提出了“强化岗位、淡化身份”、“变身份管理为目标管理”的方针，形成以竞争上岗为主要特色的聘任制度。

这次人事制度改革的指导思想是：以邓小平理论和党的十五大精神为指导，从学校实际出发，解放思想，大胆探索；遵循思想观念先行，总体设计清晰，分步实施求稳，形成机制务实的方针；力求机制、制度的突破和创新；实现人事制度上由“身份管理”向“效率优先”的转变，形成具有特色的、适合学校实际的管理新模式。

在此指导思想指引之下，确定了“结构合理、运转协调、权责明晰、精干高效”的总体改革目标。本着“强化岗位”和“效率优先”的精神，按照总目标的要求，提出了着力建立以下新机制：以竞争上岗为主要特点的分级聘任制；以任期目标为主要内容的任期制；以权责明确为要求的首长负责制；以柔性变化为主要核心的分级设岗制；以岗级分离为主要方式的晋升制；以灵活机动为主要特征的项目主任制；以讲究效率（用人成本）为主要目的的用人约束制；以工作实绩为主要标准的考评制；以奖励成果为主要前提的分配激励制；以分流培养为主要手段的待岗安置制。同时还提出到 2000 年寒假前，全校干部职工签订统一格式的上岗聘任合同，平稳转入新机制。2000 年初，组织实施了第一次干部岗位的聘任。

1995 年以来，通过实施全员岗位聘任，淡化身份，强化岗位，实现了人事管理上的身份管理向岗位管理的转变；通过聘用合同制，实现了人事管理上的行政任用关系向合同聘用关系的转变；通过实施以岗取酬，形成了岗位津贴的多层次和多元素分配结构的分配机制。在师资队伍建设上，学校还采用了引进和培养共举的政策,不仅改善了教师队伍的年龄结构和专业结构,而且提升了师资队伍素质,基本上满足了学校规模扩大的需要。

第六节　呼应时代　助力入世

世界贸易组织(WTO)研究是经过学校长期研究形成的重点,是学校的科研特色之一,在社会上享有盛誉。中国加入WTO后,社会上对WTO的研究成果需求增加。学校发挥人才优势、信息资源优势,把全校的研究力量统一组织起来,分工负责,加大投入,积极承接从国家到地方各级立项的相关课题,强化了学校的专业特色,保持了学校在WTO研究领域的领先地位,为政府决策咨询,为我国的外经贸事业、国内大中型企业服务。WTO的研究带动了学校其他专业的研究工作,取得了显著成果。

一、推动"复关""入世"

世界贸易组织上海研究中心(以下简称"中心")前身为成立于1987年的"关税与贸易总协定上海研究中心"。1995年1月1日,世贸组织宣告成立后改用现名。中心的成员包括上海对外贸易学院、上海海关高等专科学校、上海财经大学、复旦大学和国内其他高校的专家学者,同时还包括政府机关和各行业有志于研究世贸组织的研究人员。中心撰写、翻译了大量WTO与中国经济关系的专著、论文。这些作品的问世受到社会的关注和重视,具有较大学术价值和现实意义。中心在研究、普及、宣传中国"入世"相关问题上多次受到国务院经济发展研究中心、对外贸易经济合作部和上海市人民政府的表扬。

中心创建伊始,就与关贸总协定秘书处建立起信息交换关系,多次获得关贸总协定秘书处赠送的大量英文的图书资料。1990年10月,汪尧田教授和他的研究团队开始不定期地编印"关贸动态";1994年6月,该刊获内刊准印证,开始连续编辑出刊"关贸动态与研究";1995年1月,该刊适时更名为"世界贸易组织动态与研究"(月刊),刊名由时任国家对外贸易经济合作部(原"经贸部")部长吴仪题写;1999年4月,该刊获准公开出版发行,刊名仍为《世界贸易组织动态与研究》(月刊)。这是国内唯一的以全球多边贸易体制(GATT/WTO)为研究对象的学术期刊,该刊(特别是在资讯网络尚未普及的早期)为政府部门、企业界乃至学术界提供了大量的颇具参考价值的信息和观点。在国际上也受到一定程度的关注。1997 年 5 月,WTO 的总干事鲁杰罗访问上海,从这本刊物中看到了上海 WTO 的研究水平。

1995 年,由汪尧田教授担任总编审,由中心的贸易、法律、海关、商检与运输金融专家集体编译的《乌拉圭回合多边贸易谈判成果》汉英对照本由复旦大学出版社出版。全书 150 万字,涵盖了"世界贸易组织协定"及四个重要附件,包括服务贸易总协定(有金融、保险、海运、空运、旅游,专业服务等附录)、知识产权协定、投资措施协定以及纺织品与服装、农产品等货物贸易协定近 50 个文本,是当时最新的国际贸易惯例,为我国各行业与国际接轨的必读物。此书非常及时地翻译出版,为政府官员和学者、专家尽快掌握并深入研究有关问题起到了很大的促进作用,得到了中共中央政治局常委、国务院副总理、长期主持经贸工作的李岚清和当时对外贸易经济合作部部长吴仪等领导同志的赞扬和好评。

1995 年 12 月,由汪尧田教授和周汉民教授主编的《世界贸易组织总论》由上海远东出版社出版。全书共 47 万字,主要阐明了关税与贸易总协定乌拉圭回合发起和世界贸易组织产生的原因,缔约方之间在乌拉圭回合谈判中存在的矛盾和最后达成的各种协议,并对其中若干重要协议加以评价并阐明与我国经济贸易的关系。在国家复关和进入世界贸易组织的谈判的实质性阶段,此书的出版在宣传普及世界贸易组织知识方面起到一定的作用。

同年,汪尧田教授还撰文建议在我国复关和加入世界贸易组织之前,浦东新区率先按关贸总协定(GATT)和世界贸易组织(WTO)规则试行,早日与国际接轨。这一建议得到了上海市副市长赵启正的肯定。在 1998 年"市场竞争中的中国企业"研讨会上,汪尧田教授更是直接阐述了中国加入世界贸易组织的利弊、对策和建议。

在此期间,汪尧田教授和他的研究团队组织举办过数十次学术研讨会。其中颇具社会影响的计有:1996 年 1 月主办的"世界贸易组织与中国经济"研讨会，联合国开发计划署、联合国贸发会议、经合组织等外国的专家和官员与会；1997年4月主办的"世界贸易组织与中国服务贸易"研讨会，时任世界贸易组织总干事鲁杰罗应邀到会，并且发表"中国必须成为世界贸易体系的重要支柱"的主旨演讲；2001年5月主办的"中国加入世贸的前奏——国际法律专家圆桌会议"，香港特别行政区律政司司长梁爱诗应邀到会致辞；此外，汪尧田教授和他的研究团队，还接待过众多造访的全球多边贸易体制的高级官员和资深学者。包括世界贸易组织总干事鲁杰罗、中国"入世"谈判工作组组长吉拉德和国际经贸领域的权威学者和资深专家、美国乔治敦大学法学院国际经济法研究所所长约翰杰克逊教授。

自中心成立以来，汪尧田教授和他的研究团队，出色完成了许多重大的立项课题。例如：国家社科基金课题"世界贸易组织法律体系与我国相应法规"、中国—欧盟法律和司法合作项目"中国对外贸易法制与WTO规则的融合"、国家商务部课题"中国履行'入世'承诺及其影响的综合评估"等。

然而其中最为世人称道的是，汪尧田教授和他的研究团队在中国"入世"谈判的关键时刻，联名上书党和国家领导人一事。1999年伊始，国际上突发事件不断，外部环境既恶劣又微妙，中国"入世"谈判再度陷入困境。汪尧田教授和他的研究团队，为此忧心忡忡。经过深思熟虑和审时度势之后，1999年3月，汪尧田教授和他的研究团队集思广益，认真撰写"世界贸易组织上海研究中心专家关于我国加入WTO问题的若干意见和建议"，并经由汪道涵老市长将此件转呈党和国家领导人。该意见和建议坚持认为：争取加入世界贸易组织，是事关我国国民经济可持续发展和中国改革开放全局的重大战略抉择；因此，中国"入世"谈判的历史进程，不应由于偶然事件的干扰而中断。在由汪尧田教授领衔签署的这份意见和建议上，附议签字的还有曹建明、王新奎、周汉民、许心礼和董世忠等共计12位本市的著名教授。事后，龙永图专函告知汪尧田教授，该意见和建议已获得国务院主要领导同志的肯定和采纳。

2001年12月11日，中国正式成为世界贸易组织第143个成员。这一历史性事件里面，包含着上海对外经贸学院汪尧田教授和他的研究团队曾经为此付出的大量心血。如果说，我国改革开放历史进程的特定时势，造就了汪尧田教授和他的研究团队，那么，汪尧田教授和他的研究团队，以其辛勤耕耘的丰硕成果回馈了这一伟大的时代。

二、提供 WTO 事务咨询

在中国“入世”前夕，上海对外贸易学院院长王新奎受上海市委、市政府委托，于 2000 年 10 月 26 日成立上海 WTO 事务咨询中心，并担任总裁。这是一家由上海市政府举办的非政府 WTO 事务专业咨询服务机构，其职能是：作为咨询机构，为政府、企业和社会提供与 WTO 事务有关的法律、政策咨询以及信息、培训服务；作为上海市政府 WTO 事务联席会议的办事机构，协助上海市政府协调政府各部门之间和政府与企业之间的 WTO 事务；作为上海市政府的 WTO 事务对外联络的窗口，与 WTO 各成员方就中国和上海制定和实施与贸易有关的法律、法规和政策进行沟通。

经国务院批准，中心设顾问委员会。经本人同意的外籍顾问包括前任 WTO 总干事素帕猜・帕尼齐帕克迪、前任 WTO 总干事、新西兰前总理迈克・穆尔、前关贸总协定总干事阿瑟・邓克尔、前任 WTO 副总干事缪格尔・罗德里克斯・蒙多萨、安德鲁・斯道勒、保尔・亨利・拉维埃、金喆寿、奥德劳格等 26 位国际著名 WTO 事务专家和汪道涵、曹建明、佟志广、张玉卿等 19 名国内专家。中心每年 11 月前后召开的顾问委员会年会是中国国内最高层次的非官方 WTO 事务专业会议之一。

上海 WTO 事务咨询中心的主要业务部门设咨询部、贸易救济措施监控预警部、培训部、信息部、联络部、研究部以及博士后科研工作站。工作人员主要由来自国内外各大学、研究机构的 WTO 事务专家组成。业务部门除了为市政府提供服务外，还为国家商务部多边贸易谈判、双边贸易磋商提供技术支持，曾为 DOHA 议程的非农产品的关税确定谈判提供技术上的支持。2000 年后，中心除了有复旦大学、华东政法学院、社会科学院的教授、研究员及中心的学者外，上海对外贸易学院的国际经贸学院、法学院和国际商务外语学院的许多教师都积极参与了 WTO 事务咨询的工作，不仅参与了国家社科基金、国家商务部课题和上海市政府决策咨询等课题，还参与编写出版了大量 WTO 方面的书籍。通过参与这些课题，在校内，形成了一大批对中国 WTO 事务卓有成效的研究队伍，带动和提高了学校许多青年教师、硕士研究生和本科学生的科研能力。培养了一批学有专长的学者和 WTO 研究人员。

三、汇聚入世研创骨干力量

2001 年 3 月 15 日,我校入世研创学会(以下简称“学会”)成立。学会由院长王新奎任会长,副院长、WTO 专家刘光溪任执行会长。学会特邀我国著名 WTO 专家、我校教授汪尧田担任名誉会长。

学会主要从事中国入世应对策略的研究,分十大课题组:WTO 基本规则组;入世与中国经济组;农产品与纺织品回归问题研究组;货物贸易市场准入规则组;服务贸易市场准入规则组;与贸易有关的知识产权规则组;贸易与投资措施组;入世与贸易补救措施组;新议题与新一轮谈判组;WTO 及经典著作翻译组。

学会以《世贸组织动态与研究》和《世贸组织动态与研究(电子版)》为学术阵地,及时刊发学会成员的研究与创新成果。学会重要研创活动和成果通过《参阅要讯》内部刊发。为鼓励学会的研创活动早出成果,快出成果,培养研创重点和研创制高点,学会设立研创成果奖,由学会“研创成果评审委员会”每年评选一次。学会采取成员制。成员由个人成员和团体成员组成。学会坚持入会自愿和退会自由的原则。学会最高权力机构为成员全体会议。

学会与中国世界贸易组织研究会、上海 WTO 事务咨询中心、WTO 上海研究中心、经贸大学 WTO 研究中心、武汉大学法学院以及美国加州伯克利商学院等国内外 WTO 学术团体和高校建立了联系与合作。入世研创学会在学校领导和 WTO 各界朋友的关怀与支持下,逐步发展成为上海乃至全国 WTO 研究领域有影响的学术团体。

2002 年,学会进一步根据学校研究人员的资源,不断加大研创课题的研究力度。2002 年 5 月,学会与上海书店出版社合作,将学会第一批课题研究五项成果汇编成书予以出版发行,书名为《入世:政策与实务》,这是学会研创课题研究第一步实质性标志成果。与此同时,2002 年上半年,在第一批研创成果的基础上,学会审时度势,及时跟踪中国的入世动态,确定 8 个课题研究项目,其分别为《入世与我国外贸经营权的进一步改革》、《入世后我国中介服务体系的建设和完善》、《APEC 框架下我国贸易自由化的进程》、《WTO与我国证券市场的规范化》、《国际劳工标准和WTO新一轮贸易谈判》、《入世后中国外贸出口体制研究》、《中四外资政策调整对企业经营的影响》、《我国金融改革开放下的汇率安排与资本管理》。8项课题均于2002年6月完成。2002年下半年,学会又确定了10项研创课题,包括《入世与政府职能转变问题研究》、《入世与我国农业发展战略和政策调整》、《入世与我国引进外资战略的调整》、《入世与我国企业海外投资战略问题研究》、《WTO与政策问题研究》、《入世与外留企业核心竞争力的培养问题研究》、《入世后外资银行在我国经营问题研究》、《世界经济一体化与区域互动问题研究》、《入世与我国金融发展战略的研究》等等。2002年研创课题最重要的一项是由刘光溪副院长牵头承担的新华社下发的题为《WTO成员的入世实践和经验》系列课题研究,该项目极具学术价值,并交于上海人民出版社于2003年正式出版成书,作为学会成立以来的第二项重要的研创成果。

入世后,我校对中国加入世贸组织研究跃上新台阶。我校教师在"上海WTO事务咨询中心"、"WTO上海研究中心"、"入世研创学会"三块牌子下,加强对中国"入世"的研究,涌现了一批社会上知名度较高的专家、学者,显示了学校的研究实力,充分展现了我校的特色,扩大了学校在社会上的影响。

四、培养WTO紧缺人才

学校在近二十年的GATT/WTO教学与科研实践中,已经形成了一批老、中、青结合的WTO研究专家队伍。为贯彻落实党中央提出的关于"抓紧培养精通WTO规则的专业人才"的指示精神,结合学校办学方针和WTO科研的优势,顺应广大师生和社会各界的要求,经过认真筹备并精心策划,学校于2002年4月,成立WTO研究教育学院。当年10月18日,在松江校区举行了隆重的挂牌仪式,全国政协副主席钱伟长为学院揭牌。原全国人大财经委副主任委员、原深圳市委书记李灏、中国复关入世第四任首席谈判代表龙永图、全国人大常委会委员、中国原驻美国和驻联合国大使李道豫、上海市常务副市长蒋以任和第三任首席谈判代表谷永江等有关领导、嘉宾和校领导参加了揭牌仪式。知名WTO研究专家刘光溪任

WTO研究教育学院第一任院长。

WTO研究教育学院的成立标志着学校在WTO人才培养方面又迈出了新的步伐。它的成立,确立了全国首家专门从事WTO领域研究与教育学院的战略地位。

WTO研究教育学院的成立旨在为全国培养熟悉WTO规则、精通国际经济和法律、适应国际化经营的各类专业人才,特别是我国急需的一线谈判专家和与WTO争端解决相关的涉外法律人才。学院的功能具体设置为:高端培训、学术交流与国际合作、WTO科研、硕士研究生及同等学力研究生教育和决策咨询。

在培训WTO相关知识与规则的高层次人才方面,从2002年8月起,学院与上海市委组织部联合或单独举办WTO公共管理培训班,参加培训学员大多为县处级以上领导干部。

WTO研究教育学院长期与德国阿登纳基金会合作,每年举办一次关于WTO研究的高层国际研讨会,成为国内有较大影响力的研讨会。学院还主办"世纪风"名家论坛,帮助广大师生了解入世后我国在宏观与微观层面上的形势。2002年9月27日,中国WTO研究会副会长,前关税司司长,前入世谈判代表吴家煌主讲"入世后的经济发展与开放形势";2002年10月25日,联合国开发计划署副署长、金融专家Zephirin Diabre主讲"金融市场在经济增长和社会发展中的作用";2002年11月6日,美国前贸易谈判特别代表、美国最具影响力律师事务所MBP合伙人Peter L.Scher主讲"美国贸易政策法律框架与协调机制"。这些讲座规格高、内容权威、政策性强,对做好入世后的各项应对工作和具体步骤有较强的借鉴意义,为师生们构筑起一个"走近名家,走进WTO"的学术平台。同时,学院开展研究生教育与同等学力研究生教育,制定了四个专业硕士点六个WTO专题研究方向的教学培养计划,利用校内外乃至国内外WTO研究专家的资源,确保WTO研究人才培养的师资队伍。

应该说,从中国"复关"到"入世",学校始终紧跟形势的发展,坚持并且不断深化与全球多边贸易体制有关的基础理论和政策研究,几代人薪火相传,孜孜不倦,做出了积极而重大的贡献。

第四章　再启征程　高掌远跖(2003—2012)

从2000年上海对外贸易学院松江校区打下第一根桩，到2003年学校办学主体迁入松江校区，学校新一轮开拓的征程再次开启。校区面积的扩大、办学规模的提升，带给学校的挑战与机遇并存。这一时期，学校从追求办学规模向提升学校内涵建设转变。在学科、专业和课程设置体系、学术研究和教学科研体系、师资队伍建设体系、学生综合素质养成体系和行政、学术管理体系等领域进一步提升，逐步向教学研究型大学的方向迈进。

第一节　突破瓶颈　进驻松江

随着学校招生规模的不断扩大，办学空间狭小成了阻碍学校进一步发展的“瓶颈”。突破“瓶颈”、拓展办学空间是世纪之交学校亟待解决的主要矛盾。根据市委、市政府的决定和学校的积极努力，学校选址松江，建设松江新校区。全校师生发扬艰苦奋斗的精神投入创业，顺利实现了学校办学重心的战略转移。

一、新校址落地松江新城区

1999年，学校扩大招生，在校生规模从2 000多人扩大到3 000多人。为解决学生住宿问题，后勤基建处寻求校外学生宿舍。同年5月，将借租的薛家厍民用房改建成学生宿舍。

面对扩招后办学空间的“瓶颈”问题，校党政领导等先后到浦东、闵行、松江寻找新的校址。2000年2月23日，学校召开党委扩大会，根据市委、市政府的决定，在松江新城区建设上海对外贸易学院松江校区。新校区占地452 500平方米(约686亩)，地处上海松江大学园区中部，东临人民北路，与上海外国语大学为邻，南到文翔路，西靠龙城路，北至大学城学生街文汇路。

2000年8月26日，松江校区举行开工典礼，打下松江校区第一根试桩。

松江校区前后分为三期建设,建筑面积 101 009.99 平方米,总造价 39 454 万元。学校自筹 10 654 万元,银行贷款 28 800 万元,其中教学实践设施 28 107 万元,行政生活服务设施 3 192 万元,水电管网络等设施改造 8 155 万元。

一期建设于 2000 年 11 月 10 日教学楼打桩时始计,至 2001 年 11 月 11 日完工,历时 13 个月。共建成教学楼 27 490.10 平方米、图文信息楼 28 650 平方米、体育馆 6 043.29 平方米、教工餐厅 3 666 平方米。同时校区主要道路、景观、广场、人工湖及相应的配套设施建设完工投入使用,做到当年建设、当年使用。2001 年 10 月,学校首批扩招在校注册学生 2 500 人,在松江校区入学。

二期建设于 2001 年 12 月学生活动中心楼打桩时计,至 2002 年 12 月初完工,历时 12 个月。共建成行政楼 4 785 平方米、湖滨楼 4 481.5 平方米、学生活动中心楼 5 169.1 平方米。

三期建设于 2002 年 10 月学院楼打桩时计,至 2003 年 8 月 28 日完工,历时 10 个月。建成二级学院办公楼 13 371 平方米、商务楼 7 159 平方米。一个气势恢宏,美丽如画的大学校区如期建成,困扰贸院人办学规模的“瓶颈”终于被打破。

松江校区工程建设能够在较短时间内取得较好的成果,有方方面面的原因。其中一个根本原因,是对工程建设采用扁平化管理、专家咨询论证、项目小组负责制、工程质量跟踪控制、工程费用跟踪控制等管理和组织的模式,这些先进的管理制度和模式已被上海、江苏等高校在工程建设中所采用。

二、办学重心由古北向松江转移

以确保松江新校区各项工作顺利开展为目标,2001 年 3 月 12 日,党委扩大会议决定成立松江校区综合办公室。党委组织部部长叶兴国兼任综合办主任、4 位干部任副主任,分别负责松江校区的后勤、保卫、学生、教务工作。综合办在每一项重大工作启动之前,精心筹划,必立预案,实现了松江新校区首年各项工作的顺利进行。

2001 年 9 月 5 日下午,市教委主任张伟江、副主任薛沛建、王奇等来松江校区检查开学前的准备工作。院长王新奎代表党政班子就学校的人事分配制度改革、教学科研改革以及松江校区开学前的各项保障措施做了详细汇报。9月17日,学校组织40名工作人员和32名志愿者对新生报到的全过程进行预演。10月12日,在松江校区图文信息楼前的南广场上,举行了学校历史上人数最多、场面最大、气氛最浓的2001级新生开学典礼。

2001年底,松江校区的第一、二期工程竣工。硬件建设的完善,给学校各方面工作的开展奠定了良好的基础,提供了强有力的保障。

2002年和2003年是学校的特殊时期,它的中心任务是既要完成办学重心从古北校区向松江校区的转移,又要抓住这一机遇完成包括建立教师高级职称岗位聘用制、收入分配制度改革、松江校区与古北校区新的管理体制重新建立等重大改革的措施。

2002年8月,学校党政领导召开会议。会议认为,前两年学校抓住历史机遇,走上了由小变大的发展道路。当前和今后一个时期,学校的主要矛盾是扩大规模和提高教学质量之间的矛盾。在学校规模定型(松江校区四届学生全部入校)之前,新阶段的主要任务是全面提高教学质量,加强师资队伍和管理队伍的建设,实行岗位聘任制是一个合适的切入点。这一年,以岗位聘任制为主要内容的人事管理的新模式首先在松江校区运转。

2003年新春伊始,学校召开中层干部会议。这是一次统一认识的务虚会议,在一些比较重要的问题上达成了共识。会上,院长王新奎代表党政班子对2003年的形势作了分析。他指出,党的十六大提出了科教兴国,上海提出了科教兴市,为学校工作提供了思路和目标。就学校而言,在投入硬件建设方面提前了2—3年,而2003年以后要在学科建设方面继续走在前列。务虚会议上,党委书记皮耐安代表党政班子作了《认准目标不动摇,一心一意谋发展》的讲话。他着重阐述了工作的指导思想以及关于形势分析、学校定位、教学质量、聘任制和人事分配制的改革、学校管理、工作重心向松江校区的转移与顾全大局、形成合力等八个方面的问题。与会成员对院长王新奎和党委书记皮耐安的讲话进行了热烈的研讨。大家认为,"聚精会神搞建设,一心一意谋发展"这两句话是胡锦涛总书记在刚召开不久的十六大一次会议上提出来的,十分重要。学校也是一样,要聚精会神搞建设,就要学会妥善解决各种矛盾,而妥善解决矛盾的最好方法就是与时俱进,靠发展去解决。这次务虚会议使与会同志认清了当时学校的形势以及今后发展会面临的急需解决的问题。全体中层干部纷纷表示,要认真学习贯彻十六大精神,以最好的状态投入到学校的第三次创业中去。

为迎接学校主体的顺利搬迁,在2003年5月30日的办公例会上,就搬迁工作进行了全面布置。会议对当前阶段的形势与任务进行了分析,认为9月以后,松江校区的学生将超过6 000人,大部分学生集中在松江,同时大部分教师、干部的工作精力也将投入松江校区;今后对学校办学水平、管理水平、教育质量的衡量主要体现在松江校区,学校的立足点主要在松江;学校工作重心转移以后,古北校区主要是在扩大学校的影响、增加学校财政收入方面起作用。要利用一切有利条件去开拓古北校区,发展古北校区。会议提出,完成学校搬迁要实现两个目标:一是工作无缝衔接。各部门都要按照这个要求,创造性地考虑问题,设计搬迁方案;二是做好资产保值整合。各部门必须站在全校的立场上考虑问题,防止固定资产的流失。会议强调,搬迁工作的重要性不仅仅是空间的转移,更涉及管理模式和办学理念的改变。它涉及学校的长远发展,关系学校由小变大的顺利进行。

2003年8月,经过前期周到、细致的准备与协调,完成了校部机关、各二级学院、基础部、图书馆和教育技术中心等部门搬迁松江校区的工作,真正实现了学校工作重心由古北校区向松江校区的转移。9月,随着松江校区第三届新生的入学,新校区的规模达到8 000多人。

2006年,学校还清松江校区工程建设贷款。

三、制定一系列学校发展规划

1. 制定《2004—2010年学校发展规划》

2003年8月20日,学校召开党委扩大会议认为,上海高校结构布局调整大背景格局已经确定,学校办学定位已经明确。在充分调研的基础上,以学科、专业、课程建设和队伍建设为中心,应全方位制定2004—2010年的学校发展规划。

2004年2月,校党委正式下发了《关于制定上海对外贸易学院2004—2010年发展规划的指导性意见》,分析了学校面临的形势和任务,确定了发展规划制定的指导思想、工作要求、工作流程、组织架构和时间节点。6月,学校完成了校情调研以及与规划制订有关的初步建档工作,并在此基础上形成了校内《调研报告一》(学校总体情况分析部分)和《调研报告二》(本科教学评估材料分析部分)。经过进一步的调查研究与反复讨论,2004年9月,形成了《上海对外贸易学院2004—2010年发展规划制定工作纲要》,明确了学校的办学理念、定位、办学特色与工作目标。

学校的办学理念是:以人才市场需求为导向、以科研和教学为中心、以增强办学特色为抓手、以学生的成才为本位。

学校的办学定位是:以本科教育和培养应用型人才为主的、国际化的、办学特色鲜明的社会主义商科类大学。

学校的办学特色是:以发展中外合作办学为抓手推进办学国际化,以强化外语和商科类综合课程教学为依托推进办学市场化,以探索实践性教学环节为突破口推进办学信息化以及以开展WTO研究为重点推进科研与教学相结合的办学特色。

学校的工作目标是:(1)2004—2006年,用两年时间,按学校办学定位,初步构建相应的学科、专业和课程设置体系、学术研究和教学科研体系、师资队伍建设体系、学生综合素质养成体系和行政、学术管理体系,使上述体系的各项工作达到国家教育部普通高等学校本科教学工作水平评估"A级"的要求;(2)2007—2010年,用4年的时间,使学校本科教育水平达到教育部水平评估"A级"要求的基础上,把学校工作的重点,转到进一步提高研究生教育的层次和教学质量及加强学术性科研方面,使办学水平居于全国商科类高等院校的前列;(3)2010年以后,按当时形势的发展,调整学校的办学定位目标,制定新的发展规划,逐步向教学研究型大学的方向发展,把学校建成一所在国内同类院校中处于一流水平、在国际上有一定影响的社会主义商科类大学。

2004年12月,学校完成了6个分规划的制订,分别是:《上海对外贸易学院2004—2010年学科、专业、课程建设规划》(草案)、《上海对外贸易学院2004—2010年科研规划》(草案)、《上海对外贸易学院2004—2010年师资、管理队伍建设规划》(草案)、《上海对外贸易学院2004—2010年学生政治思想教育和校园文化建设规划》(草案)、《上海对外贸易学院 2004—2010 年校园基本建设规划》(草案)、《上海对外贸易学院 2004—2010 年校园信息化建设规划》(草案)。在此基础上,2005 年 1 月,完成了《上海对外贸易学院 2004—2010 年发展规划》(草案)。经党委扩大会议审定以后,1 月 23 日,提交第四届教代会第五次工代会审议通过。2005 年 7 月完成了《上海对外贸易学院 2004—2010 年发展规划》。

2. 制定《2008—2012 年学科发展规划》

2006 年,学校接受了国家教育部的普通高校本科教学工作水平评估,学校的本科教学工作水平得到了教育部评估专家组的高度评价,并获得"优秀"。在此基础上,学校党委及时谋划了学校新一轮发展的规划,制定了《2008—2012 年学科建设规划》,明确了今后五年提高办学水平和提高教学教育质量的任务和目标。

2007 年,学校召开第二次党代会,会议确定了学校今后五年的内涵建设工作目标是:以参与国家教育"质量工程"为契机,提升学校的办学水平;以申报博士点为抓手,提升学科建设水平;以深化改革为动力,促进学校内涵建设可持续发展。这意味着学校以提高教育质量为标志的内涵建设已经进入了实质性的启动阶段。

《2008—2012 年学科建设规划》把党代会确定的内涵建设任务更加具体化了。在制定规划过程中,党委坚持贯彻科学发展观,注重发挥教职工的积极性,上半年常委会的同志分别主持召开 13 次教师和管理干部座谈会,个别访谈骨干教师,听取各方面意见。学校派出调研组,由常委、分管校长带队分别前往西南财经大学等六所高校调研,组织了两个代表团考察了美国、加拿大和欧洲高校进行实践教学的情况,为科学地制定学科建设规划打下了基础。

在《2008—2012 年学科建设规划》中提出了三个建设目标,即适应国家对提高高等教育质量的要求、满足国家对人才培养模式创新的要求和为学校的长期持续稳定发展奠定基础。

《2008—2012 年学科建设规划》分为四部分,分别是"规划制定的设计理念与建设思路","学科、专业、课程与师资队伍现状","学科、专业、课程与师资队伍建设目标”,“学科、专业、课程与师资队伍建设的组织与管理”。规划理清了学校学科、专业、课程建设的边界,提出了在规划期内,学科、专业、课程与师资队伍建设的目标,这一系列目标的实现,将进一步提升学校的办学水平和提高教学质量。

规划重点处理了几个关键问题:1.形成学科建设、专业建设和课程建设三者之间相互支撑和渗透的关系,特别是如何把学科建设成果落实在专业建设和课程建设上,体现我校“以学生成才为本”的基本办学理念;界定学科带头人、学术带头人和专业负责人、课程负责人四个岗位的不同功能、岗位职责及其相互间的协同工作关系;明确学科方向和学科研究主攻重点、专业培养目标和培养特色、课程重点建设方向和重点建设内容,保持学科建设、专业建设和课程建设三者之间在实施环节上相互支撑和渗透的渠道畅通。2.采取以“重点”带“一般”梯队推进的方式,在重点建设项目和一般建设项目之间合理分配有限的办学资源,以达到总体效益的最大化。具体来说,重点学科、专业和课程建设项目(包括国家级、上海市和教委建设项目)由学校统一部署和实施,并接受相关项目下达部门的评估和考核,以“特”和“强”为建设目标。一般学科、专业和课程建设项目(主要是学校下达的项目)由部门部署和实施,并接受学校的评估和考核,以“规范”和“合格”为建设目标。同时建立推动一般建设项目上升为重点建设项目的通道和机制。3.建立两套平行机制。一套机制是采取“奖励结果,不奖励动机”的方式,鼓励教师按自己的学术兴趣和学术专长开展自主性的科学研究和教学研究活动。实施这套机制的关键是坚持高标准、高起点。另一套机制是项目管理机制,凡由国家、上海市、市教委或学校下达的项目,要保证能够按质、按量、按时完成。实施这套机制的关键是要集中人力、物力和财力进行攻坚,特别是由学校下达的各类研究型项目坚持少而精,有直接上升为市级或国家级项目的空间和可能性,在“特”和“高”上狠下功夫。4.在确定学科、专业和课程建设项目的同时,必须明确项目建设的主攻方向是“特色”还是“水平”,并据此选好(包括引进和培养)学科带头人、学术带头人、专业负责人和课程负责人。5.把学科、专业和课程建设项目分为重点建设项目和一般建设项目两大类。并对上述两类建设项目按不同的标准设定带头人或负责人岗位资格条件;重点建设项目的带头人或负责人严格按条件遴选,一般建设项目的带头人或负责人可适当放宽条件。带头人或负责人队伍的建设采取积极引进和培养相结合的方式;所有二级学科和专业均设带头人或负责人。学术带头人和课程负责人则按学校实施学科建设规划的进度设立;带头人或负责人实行任期制。完善带头人或负责人任职程序,明确工作目标和任务。

2008 年开始,学校各项工作围绕第二次党代会提出的以提高教育质量为中心,全面完成内涵建设新阶段的战略任务,在完成《2008—2012 年学科发展规划》制定的基础上,通过全面制定与《规划》相配套的各项管理办法以及具体的实施方案,形成支撑和保证《规划》落实的制度平台,为学校的长期、稳定发展以及内涵建设的进一步深化奠定了坚实基础。

3. 制定"十一五"、"十二五"规划纲要

这一时期,学校从高等教育的国际化、市场化、大众化的角度,立足学校的发展实际,对学校的办学定位和发展目标进行与时俱进的思考,始终保持着一条清晰的办学思路,先后制定和实施了两个五年发展规划(《上海对外贸易学院"十一五"(2006—2010)规划纲要》和《上海对外贸易学院"十二五"(2011—2015)改革与发展规划》)。

两个规划的科学编制,关系到学校每个五年的建设发展。学校始终重视规划的编制过程。以"十二五"规划为例,为加强领导、明确责任、有效推进学校"十二五"规划编制工作,学校成立了"十二五"发展规划领导小组和编写小组,全面负责规划编制工作的组织协调和起草。为制定好"十二五"发展规划,学校正确分析国际国内高等教育发展的形势,紧密结合经济社会的发展需求和学校实际情况,领导小组和编写小组在十一五时期学校工作的总结和前期横向调查研究的基础上,积极发动学校教职员工的广泛参与,认真听取广大教职员工的意见和建议,特别是学科带头人、教授的意见;同时,相关成员赴本市和外省市高校开展调研,汲取兄弟院校编制"十二五"规划的宝贵经验。在调研论证的基础上,编制好整体规划,落实分项规划。草案完成后,学校多次召开意见征询会,广泛征求教职工意见,经过进一步修改和完善并经党委会同意。2011 年 2 月 26 日,学校召开第五届

教代会暨第六届工代会第四次会议。会上,副校长俞光虹就学校《十二五改革与发展规划》(草案)制订过程作了说明。会议通过了《十二五改革与发展规划》(草案)。

第二节　领导关怀　欣欣向荣

新世纪以来,上海对外贸易学院在改革中发展,在发展中深化改革。学校外延扩展和内涵建设等方面都取得了骄人的业绩,引起了各级领导和社会的广泛关注,社会影响日益扩大。国务院总理温家宝的来校视察、全国第七届大学生运动会开幕式在学校举行,是上海对外贸易学院全体师生的光荣。

一、各级领导关怀松江新校区建设

建设松江大学园区是上海市委、市政府实施"科教兴市"的重大战略举措。上海对外贸易学院作为大学园区中的一员,在建设和发展过程中,得到了从中央到地方各级领导的关怀。

2000 年 10 月,在建校 40 周年之际,国家对外经济贸易合作部部长石广生为学校题词:"培养经贸人才,发展经贸事业"。上海市市长徐匡迪发来了贺信:"值此贵校成立 40 周年之际,我谨代表上海市人民政府,向全体师生员工表示热烈的祝贺!上海对外贸易学院成立 40 年以来,培养了大批外经贸人才,为上海外经贸事业的发展作出了很大的贡献。希望贵校在面向新世纪的发展中发扬优良传统,深化教育改革力度,强化专业特色,提高人才质量,为上海未来的发展做更大贡献!"上海市委副书记龚学平的题词是:"深化教育改革,努力培养复合型外经贸人才。"副市长周慕尧发来贺电:"值此你校成立四十周年之际,谨向全校师生员工表示热烈的祝贺。上海对外贸易学院建校四十年来,特别是 1978 年复校以来,积极适应国家经济建设和改革开放的需要,发挥自身优势,拓宽办学思路,深化教学改革,形成了层次齐全、形式多样的办学体系和教学特色,为国家培养了不少外经贸高级人才。随着我国社会主义市场经济的发展和对外开放的进一步扩大,尤其是我国加入世界贸易组织后,需要更多更好的外经贸人才。希望你校认真总结四十年来的办学经验，按照全面推进素质教育的要求，抓住机遇，发展特色，提高质量，争创一流，为培养面向 21 世纪的高素质外经贸专门人才，促进我国外经贸事业的发展做出新的贡献。"

2000 年 8 月，松江校区的建设拉开了序幕。市领导、市教委领导一直十分关心工程建设。2001 年 1 月 29 日下午，市委副书记龚学平、副市长周慕尧在市教育党委书记王荣华、市教委主任张伟江的陪同下视察松江校区施工工地。当时正值春节前夕，龚学平副书记代表市委、市府向春节期间战斗在工地第一线的同志们表示了节日的慰问。他对整个施工情况表示满意。他说，李岚清副总理非常赞赏上海松江大学城各高校相对独立、教育资源共享的办学模式。他希望大学城的工程建设一定要做到百年大计、质量第一。希望上海对外贸易学院要为松江大学城的建设创造辉煌，为科教兴国做贡献。

2001 年 3 月 19 日，市委副书记龚学平在松江区委领导的陪同下，再次视察松江校区教学楼和图文信息楼。他关切地询问："如果教师来松江任教会有什么想法?"分管筹建工作的副院长高桂花如实回答："老师们来松江参观后都很关心住宿的问题。"龚学平说，这个问题很重要，要立即想法解决。校领导当场明确表示，立即落实教师住宿问题。不久，在二期工程中就增加了湖滨楼的筹建计划。

2001 年 4 月 17 日和 10 月 26 日，国家教育部部长陈至立在市委副书记龚学平的陪同下，两次来松江校区视察教学楼、图文信息楼施工现场。

2001 年 6 月 6 日，中共中央政治局常委、国务院副总理李岚清在市委书记黄菊、市长徐匡迪的陪同下视察松江校区。

2001 年 11 月 1 日，中共中央政治局常委、国务院副总理李岚清来上海参加全国高校后勤工作会议，第五次视察学校，这也是他任国务院副总理后的第三次来校。在建设工地上，党委书记皮耐安、院长王新奎向李岚清副总理汇报学校进展情况。李岚清副总理对学校特别亲切，他说，他似乎有一种回家的感觉。

2001 年 11 月 11 日，全国人大常委、全国人大科教文卫委员会主任委员朱开轩到松江校区视察。

2001年11月19日,中共中央政治局委员、上海市委书记黄菊来松江校区视察。黄菊来到教学楼A楼的202教室,看望正在那里上课的英语专业2001级4班的学生。他说:“祝贺你们在新的校区开始新的学习生活”,并勉励学生珍惜时光、珍惜现有的优越学习条件,争当三好学生。接着又到一期学生公寓的15号楼,他亲切地询问在此住宿的金融管理学院学生的学习、生活、家庭情况,还嘱咐同学们要团结友爱、互相关心、互相宽容、互相取长补短,共同度过美好的四年大学生活。

2002年6月19日,人大常委会副主任龚学平、胡正昌、漆世贵、夏秀蓉、任文燕等率领人大常委会四十余人视察松江校区。院长王新奎向市人大各位领导汇报新校区的建设情况。他说,学校抓住了历史的机遇,率先筹办、建设了松江校区,实现了学校几代师生员工梦寐以求的扩大办学空间的战略目标。今后要做的是提高学校的竞争实力,要树立科学的教育质量观,要改变过去那种把教育质量等同教学部门的工作质量,把教育部门的工作质量等同教师课堂授课质量,把教师课堂授课质量等同教师授课时间投入程度的传统的教育观念。我们一定要抓住办学重点向松江校区逐步转移的契机,在松江校区“重起炉灶”,建立新的办学管理机制、管理模式,全面提高学校的竞争力。

2002年6月27日,国家教育部党组副书记、副部长周济视察了松江校区。党委书记皮耐安、院长王新奎分别汇报了学校在教学、中外合作办学、人事分配制度改革、后勤工作社会化、住房分配货币化改革的情况。周济听了说:“你们学校是一所非常有特色的教学型大学,你们解放思想,开拓创新,为理顺我国高等教育体制带了个好头。”

2002年9月15日,市人大常委会副主任龚学平来松江校区,为他亲自题词的思源湖名揭牌,出席2002级新生的开学典礼并作讲话。

在松江校区的建设与发展过程中,包括时任上海市副市长黄奇帆、上海市副市长杨晓渡等也先后视察了松江校区。

二、温家宝总理视察松江校区纪实

2003年8月29日上午11时,中共中央政治局常委、国务院总理温家宝在上海市领导的陪同下,视察了松江校区。学校党委书记皮耐安、院长王新奎等校领导代表全校近万名师生员工对温总理的到来表示热烈欢迎。

温家宝总理先是来到图文信息楼二楼。当得知暑假期间提前返校的学生是来上党课的,他高兴地询问他们入党的情况,并叮嘱他们要树立入党的信心。当温家宝总理走进图文信息楼的图书馆阅览室时,学校第48期党校学员正在那儿学习交流。温总理亲切地向大家微笑致意,并坐下与同学们亲切交流。同学们纷纷把自己的学习小结向总理展示。总理仔细地翻阅同学们的学习小结,问及现在一个班里有多少党员、毕业时将会达到多少时,同学们兴奋地向温家宝总理介绍学生党员的发展情况。营销0102班的李玥同学说:"大学生入党最重要的不是数量,而应该是质量。只要积极向党组织靠拢,符合党员条件的,都可以被党组织接纳。"总理说:"对,关键是质量,应该鼓励优秀大学生积极入党。"国贸0103班的王歆玥同学谈了自己的学习体会:"党的性质是两个先锋队,这样群众基础更广泛了。"总理满意地说:"对,先锋队,你们学得很好。"亲切的交流让学生们消除了紧张情绪。

当温家宝总理得知在座的都是国际经济贸易专业的学生时,他饶有兴趣地询问大家是否知道"1979年我国的进出口贸易总值是多少,而2002年又是多少?"当有同学回答说1979年我国进出口总额230亿美元时,总理说接近了,可以打80分。国贸0101班的包鹭旋同学将去年的六千多亿回答成六千多万,总理微笑着指正:"是六千多亿啊!"同时,总理指出:"改革开放25年来,我国对外贸易额由260多亿美元发展到了6 200多亿美元。今后我们国家发展会更快。今年上半年我国进出口额达到3 761亿美元。今后3年我国进出口额可达1万亿美元。所以,我们外贸事业需要大量的专业人才。"总理对祖国经济迅速发展的自豪和对工作中对每一个数据的精确记忆,令学生们充分感受到他的人格魅力。

接着,温家宝总理又和同学们谈起了对外贸易的形势,并向同学们提出了第二个问题:"我国外贸工作当前存在的主要问题是什么?"坐在总理身边的王歆玥同学认为,外贸进出口不但要重数量,更要重质量。总理对其回答表示满意,并表示对外贸易要优化结构,提高质量,提高竞争力。国贸0109班的刘瑛补充认为,我国加入世贸组织后,应加大外贸体制改革的力度,与世贸组织规则相协调。总理对此做了充分的肯定,并补充说:“我国加入世贸组织后,我们要遵循国际通行规则,外贸体制要做相应的改革。一年多来,我们修改了 2 300 多部法规,新制定了 100 多部法规。但当前国际市场仍然存在倾销、反倾销,补贴、反补贴,技术壁垒、贸易壁垒等突出问题。所以你们更要学好专业知识,在今后的工作实践中大有作为。”

温家宝总理结束了与同学的亲切交流,临别时,总理对大学生们殷切嘱托道:“希望你们政治上进步,学业上进步,能够学成为国家外贸事业需要的重要人才。”

三、第七届全国大运会开幕式花落贸院

2004 年 8 月 28 日 19 时,第七届全国大学生运动会开幕式在学校松江校区的信息楼南广场隆重举行。国务委员陈至立和上海市委市政府领导,以及教育部、团中央、国家体育总局、各省市有关负责人出席开幕式。这届大学生运动会,是历届大学生运动会中参赛人数最多、规模最大的一届。学校承担足球比赛前几轮赛事的场地组织和设施提供。

根据惯例,开幕式场址是一个地区的象征性的标志。选中上海松江大学园区上海对外贸易学院图文信息楼南广场,是对学校飞跃发展的肯定,而且这届大学生运动会开幕式采用市场竞标的方式,是由多家专业公司设计了不同的方案征寻各方意见的结果。这个结果是经上海市与教育部多次联系,反复比较认证,最后确定的结果,因此意义非凡。

为此,学校非常重视,专门组建学校大运会工作领导小组,并制定工作方案,党委副书记副院长楼巍担任组长,副院长俞光虹、院长助理徐小薇担任副组长。俞光虹负责落实各项工作,要求校办、后勤、宣传部、团委、基础部和医务室,各自做好相关的准备工作和服务工作。校办协调工作用车;后勤落实运动员和教练员的席位棚与休息室,并配置相应的用具用品,落实 1 000 人的看台,落实音响设备设施,建公共厕所;宣传部落实国旗、会标、宣传标语,负责与媒体记者的联系和接待;基础部负责比赛场地的保养和比赛器材的提供保管;医务室负责急救用品和药品;团委落实大学生志愿人员。由于领导重视、组织落实、任务明确,学校各部门在大运会正式开幕和足球赛前,均落实了相关工作,从而圆满完成了上级领导布置的任务。

2004 年 5 月,全国大学生运动会组委会进校办公。学校提供办公用房和会务场所。因工程需要,24 米大道两旁的绿化全部清移,在搭建平台和看台的施工过程中,配备了专人协调水、电和场地等事宜,工程进展顺利。

2004 年 6 月 3 日,教育部副部长赵沁平来校实地考察,并听取了市体育局副局长、开幕式总导演的工作设想和具体方案的汇报。

2004 年 8 月中旬,施工进入了倒计时,上海市市委副书记殷一璀多次到校就开幕式的组织、工程的施工和节目的演出等事宜,作出具体指示。

2004 年 8 月 28 日,第七届全国大学生运动会开幕式如期举行。大会组委会组织松江大学园区六所高校的 5 000 名大学生参加第七届全国大运会开幕式。大会邀请神舟五号宇航员杨利伟、第 28 届奥运会男子 10 米汽手枪冠军王义夫、男子举重冠军张国正、女子举重冠军陈燕青、女子乒乓球单双打冠军张怡宁、女子 10 米汽步枪冠军杜丽以及第 26 届奥运会女子 5 000 米长跑冠军王军霞、著名女足运动员孙雯等参加开幕式并演出。第 28 届奥运会 110 米跨栏冠军刘翔发来贺信。杨利伟还为上海对外贸易学院的学子题词:“学业有成,报效祖国”。开幕式获得巨大成功。事后大学生运动会组织委员会专门发函,感谢上海对外贸易学院为全国大学生运动会所做的贡献。

第三节　本科评估　成绩优秀

学校的办学重心从古北校区转移到松江新校后召开了一系列会议,总体要求是在学校办学规模扩大以后,将工作中心和主要精力转移到内涵发展上。2004 年 2 月 19 日,学校召开全体中层干部会议,会议决定加快学校内涵建设,从而开启了上海对外贸易学院内涵建设的序幕。内涵建设的开启,为迎接 2006 年本科教育水平评估奠定了思想、物质基础。而本科教育水平评估“优秀”,无疑也为学校的新一轮发展奠定了更好的基础。

一、工作重心转向内涵建设

1. 深化学科、专业、课程建设

学校从急速数量型扩张转入内涵型发展阶段以后,不失时机地加强学科、专业和课程建设，其目标是：探索新形势下国际商务人才培养新模式，做到外语教学与专业教学相结合，理论教学与实践教学相结合，课堂教学与课外教学相结合，专业教育与职业教育相结合，校内教师教学与校外教师教学相结合，把对学生职业素养的培养贯穿在整个教学过程。基本思路包括：其一、加大学科、专业和课程建设经费的投入力度。其二、以课程建设作为学科、专业和课程建设的突破口。其三、以教育质量保证体系建设作为学科、专业和课程建设的抓手。其四、在现有中外合作办学的基础上，进一步加大国际合作交流的力度。其五、依托学科、专业和课程建设，提高社会对上海对外贸易学院毕业生的职业素养和就业竞争力的评价水平。

2005 年 3 月，学校新一届学术委员会组成以来，紧张有序地推进学校的各项学术管理工作。6 月 16 日，上海市教育委员会公布了市重点学科(第二期)和市高校教育高地建设名单，学校四项学科榜上有名，国际贸易学科以其特色被列入上海市重点学科(第二期)。同年，在上海市学位委员会组织的高校硕士点评估中，学校商务外语硕士点以全 A 成绩通过合格评估。此外，经 2005 年高等教育上海市级教学成果奖评审委员会评审，学校申报的 14 个项目中共评审出 2005 年高等教育上海市级教学成果 8 项，其中一等奖 2 项(被推荐为国家级教学成果奖)；二等奖 3 项；三等奖 3 项。

在专业建设方面，学校 4 个一级学科下所有的目录内专业或专业方向和一部分目录外专业，已不能满足培养商科类专业人才综合专业素质的基本需要。如何加大课程建设成为了学校内涵建设的核心内容之一。这一时期，学校的双语类课程和实践环节类课程的建设取得一定发展。有市级精品课程 1 门(进出口实务模拟操作)；双语教学课程 104 门，其中，中外合作专业双语课程 84 门，非中外合作专业双语课程 20 门；实验室及实验基地 4 个，其中，市级实验基地(上海市商务实习中心)1 个，校级实验室或实验基地(电子商务与物流实验室、英语多媒体语言中心、用友 ERP 实验中心)3 个；模拟教学课程 8 门。

与此同时，学校还通过优化课程设置和改革教学模式、教学方法和教学手段，探索创建新型人才培养模式。一是将外语教学与专业教学相结合，在加强基础外语教学的同时，重点将外语教学与专业教学有机结合，在专业课中逐步推行双语教学，以提高学生的专业外语水平和能力；二是将理论教学与实践教学相结合，在加强基础理论教学的同时，专业课教学积极推进案例教学、讨论式教学、合作式学习等教学方法以及采用计算机辅助教学和模拟实践教学，以提高学生分析、解决问题的能力和实际操作能力；三是将课堂教学与课外教学相结合，在加强课堂教学质量的同时，将教学向课堂外延伸，通过邀请校外专家学者开设专题讲座，专业实习和社会实践等，拓宽学生知识面，开阔学生视野，培养学生能力，提高学生综合素质；四是校内教师教学与校外教师教学相结合，建立一支有一定规模、相对稳定的校外兼职教师队伍，聘请企业或实际业务部门的专家承担专业课程的教学，使学生及时了解与掌握与所修课程有关的实际业务领域的最新发展动态。同时，学校根据自身的发展基础和具体校情，探索人才培养模式，构建“以培养专业素养与职业素养兼备的应用型经贸人才为目标，以职业生涯设计为依托，以文科实验室链为平台，以实践性教学为突破口”的文科实验室培养链。

2. 完善教学质量保证体系

2004 年 12 月，在第二次全国普通高等学校本科教学工作会议上，国家教育部党组副书记、副部长周济作了“大力加强教学工作，切实提高教学质量”的主题讲话。根据会议精神，学校以教育质量保证体系建设作为学科、专业和课程建设的抓手，在完善教学质量保证体系上下功夫。一是进一步加强教学规章制度的建设与执行，修订和补充相关教学管理文件；二是完善学校本科教学质量保证体系，制定包括教学计划、专业培养方案、课程开设、课程教学、考试等各主要教学环节的质量标准，使教学管理更加系统化、规范化、制度化；三是建立专业和课程的生成管理体系、教学过程监控体系和学科、专业、课程建设业绩及教学质量评估制度，定期开展学科、专业、课程和课堂教学质量评估，形成以评促建、以评促改、评建结合的长效评估机制。

从 2004 年起，学校把重点放在教学质量评价与控制系统的建设工作之上，经过广泛调研和充分酝酿，教务处起草了《上海对外贸易学院课堂教学督导员管理办法》、《上海对外贸易学院学生教学质量联系小组工作制度》和《上海对外贸易学院听课管理办法》等三项制度,并经2005年10月26日校长办公会议讨论通过。这是学校进一步落实“以学生成才为本”的核心理念、遵循“教学质量为生命线”原则的又一重要举措,是对学校2001年公布的《上海对外贸易学院教学质量保证体系》(简称《教学质量保证体系》)形成了进一步的完善和补充,建立健全了学生评教制度、学生信息反馈制度、教学督导制度、期中教学检查制度以及各级领导听课制度。

3. 加快科研高地和人才建设

为推动学校科研发展,根据《上海对外贸易学院2004—2010年发展规划》中制定的目标,学校推出了《上海对外贸易学院学术和科学研究管理办法》和《上海对外贸易学院科研高地建设管理办法》两项具体措施。

自推出科研平台以来,学校科研能力有了一定提升。自2004年上海市教委首次设立人文社科重点项目以来,学校申报成功的项目由2004年的两个上升到2005年的五个,同比增长了150%;申报成功率也由2004年的40%提升到70%。项目的研究领域涉及学校三大学科,并开始突破纯文科研究,朝文理结合方向发展。经上海市教委批准,上海对外贸易学院郭洪仙教授等申报的36个科研项目被批准为2005年度上海市教育委员会人文社会科学研究一般项目。研究领域涉及经济学、管理学、语言、文学、马克思主义理论与思想政治教育、图书情报与文献学共7个学科,其中马克思主义理论与思想政治教育、图书情报与文献学等学科三个领域是学校首次在该评选中被立项。

2005年3月24日,在学校科研工作与媒体记者的研讨会上,副院长叶兴国就学校推出的科研团队培育计划、科研团队项目资助和解决问题的总体思路、主要措施作了详细介绍。针对本市一些“教学型”高校目前普遍存在一些问题:重复研究多,高水平课题少;一般科研成果多,高水平成果少;在哲学社会科学研究领域,教师个人开展的研究多,团队攻关少,不利于承接大项目等情况,学校给出了新举措:获省部级以上科研项目、结构合理的科研团队,可被评为学校优秀科研团队,并获资助。每年评选优秀科研团队,3年内划拨6万元科研经费;培育一批有潜力的科研团队,每个团队2

年内资助 4 万元。激励机制、评价机制、竞争机制的建立，营造了鼓励参与科研、人人参与科研、踊跃参与科研的浓郁氛围。7 月 6 日，校学术委员会对符合“上海对外贸易学院科研团队培育计划科研项目”的团队组成条件的 33 项科研项目进行投票表决，并报请校长办公会议审批。

2005 年 4 月 5 日下午，学校召开师资工作会议。会议分析了师资队伍建设现状及同教育部评估要求尚存的差距，指出了师资队伍建设对学校内涵发展的重要性及当前工作的重点难点，动员学校各相关部门特别是教学单位严格按照学校规划做好师资的培养和引进工作。

为了加快内涵建设的步伐，学校加大急需的学科、专业带头人和高水平业务教师的引进力度，出台了《上海对外贸易学院紧缺人才引进管理办法》及《实施细则》、《上海对外贸易学院外聘教师管理办法》及《实施细则》和《关于支持教师申请副高以上专业技术职称若干措施的通知》等三个文件。三个文件的出台和贯彻落实，加快了学校的人才引进工作和师资队伍建设，并夯实了学校的师资结构。据统计，2005 年这一年，学校引进博士 28 人，引进正教授 5 人，副教授 17 人。学校对教师实行“二次进修”，外国教师执教时，由本校教师担任教育辅助工作，这是第一次进修，然后学校派这些教师到国外院校进行第二次进修；教师出国进修与交流项目主要有中外合作办学项目的每年或每学期定期教师派遣进修，美国 SAGE 大学和佛罗里达 FAMU 大学教师进修项目等。

通过深化学科、专业、课程建设，完善教学质量保证体系，学校实现了人才培养机制的日臻完善；同时，通过科研高地建设、科研队伍建设，同时加强对紧缺人才的引进和现有教师的培养，学校实现了科研实力的提升。全面开启的内涵建设，为迎接 2006 年的本科教学评估打下了基础。

二、本科教学评估获得优秀

2006 年，学校接受了国家教育部的普通高校本科教学工作水平评估。本科教学工作水平评估是教育部代表教育行政主管部门根据“以评促改，以评促建，以评促管，评建结合，重在建设”的原则，对学校办学指导思想、师资队伍、教学条件与利用、专业建设与教学改革、教学管理、学风、教学效果及办学特色等办学领域所进行的一次全面检阅。这次评估对学校的发展具有十分重要的意义。在学校党委的领导下,全体师生员工上下一心、举校一致、努力拼搏,经过“以评促建”最后阶段的冲刺,学校的本科教学工作水平得到了教育部评估专家组的高度评价,并获得“优秀”。

从2004年开始,学校开始进入“评建”工作的准备阶段。此项准备工作是以制定学校发展规划,在面上统一思想和步伐为中心来展开。2004年是学校中心工作从以外延发展为主转向以内涵发展为主的开局年,并把发展规划的制定工作作为实施内涵发展的基础,把迎接2006年教育部本科教学工作水平评估作为实施内涵建设的重要抓手,全年学校各项工作均以制定好《上海对外贸易学院2004—2010年发展规划》和迎接教育部本科教学工作水平评估的前期准备工作为中心展开。

2005年,学校把迎接2006年教育部本科教学工作水平评估作为学校中心工作之一,稳步推进“评建”准备工作,各项基础性和全局性改革措施初见成效。学校2005年工作计划提出,2005年是学校正式启动迎接2006年本科教学水平评估准备工作的第一年,也是学校正式启动从以外延发展为主转向以内涵发展为主的关键年。

2006年学校党委扩大会和校长办公会议以“评建”工作领导小组专题会议为主,重点研究“评建”工作和解决“评建”工作中存在的问题。2006年1月19日,经党委扩大会研究,学校成立校“评建”工作领导小组,组长为院长王新奎和党委书记武克敏,学校党政其他领导为领导小组成员。

2006年2月16日,“评建”工作领导小组召开会议。会议根据各“评建”工作组汇报“评建”工作的计划,并确定了下一步的重点工作。4月初,学校下达总体“评建”工作方案,方案的内容和实施覆盖全校,并且做到人人皆知,举校行动。

2006年4月4日,学校迎接教育部本科教学工作水平评估动员大会隆重召开。院长王新奎,党委书记武克敏,党委副书记夏斯云,党委副书记、副院长楼巍,副院长叶兴国、俞光虹、徐小薇出席会议。会上,王新奎作动员报告,武克敏发表题为《举校一致,为全面推进“评建”工作做贡献》的讲话,徐小薇介绍本科教学水平的背景情况,师生代表发言,全校教职员工、部分本科生代表参加动员会。

2006年8月6日，学校2006年教学工作会议召开。会议的主题是：贯彻《关于制定〈上海对外贸易学院“十一五”(2006—2010)规划纲要〉的指导性意见》，进一步深化教学改革，加强教学质量监控，创建校企结合的应用型国际商务人才培养模式的办学特色，全面提高教学质量，以优异成绩迎接教育部本科教学工作水平评估。院长王新奎作了《校长办学思想和下一阶段评建重点工作要求》的主题报告。党委书记武克敏主持会议并作讲话。

2006年11月26日—12月1日，教育部本科教学工作水平评估专家，实地考察了学校执行本科教学评估指标的情况，并从对学校的总体印象、主要成绩、办学特色等方面作了反馈，充分肯定了学校的教学工作成绩和办学特色，并就学校进一步的发展提出希望。

专家组进校考察结束并不意味着评估结束，提高教学质量是学校内涵发展的永恒主题，学校再次抓住机遇，以本科教学工作水平评估促进学校的内涵建设，在坚持办学特色的基础上，不断提高办学水平，实现内涵建设的新跨越。

2006年12月29日，学校召开校党委召开中心组扩大会议，决定自教育部专家组评估结束之日起，学校本科教学工作水平评估转入整改阶段，整个整改阶段历时一年。学校根据教育部专家组提出的整改意见，制定本科教学工作水平评估整改方案，提出加强高等教育教学改革与发展研究；加强学科建设，优化专业布局；深化教学改革，完善课程体系；加强师资队伍建设，提高教师队伍学术水平等四大整改任务。

本科教学工作水平评估获得“优秀”，是对学校本科教学工作的巨大肯定。通过本科教学工作水平评估，学校“以学生成才为本”的办学理念更加清晰，“强化国际贸易优势学科地位，经、管、文、法多学科协调发展”的学科专业定位更加明确，“教学研究型”的办学类型定位更加准确；“主要服务上海及长江三角洲地区”的服务面向定位更加实际；“具备在经济全球化条件下从事对外经济贸易事业的基础理论知识和实践能力、创新精神和国际视野、职业素养和社会责任意识，德智体美全面发展的高素质应用型专门人才”的人才培养目标和人才类型定位更加鲜明。

三、以"质量工程"为抓手提升办学水平

1. 教职工大会明确新目标

2007年6月15日,全体教职工大会在信息楼报告厅举行。本次大会的主题是:一、党委书记武克敏宣读教育部关于我校本科教学工作水平评估获得优秀结论;二、党委书记武克敏、院长王新奎明确我校下一步发展目标,并就如何实施作动员讲话。

在讲话中,武克敏指出:我校评估取得优秀成绩,是我们全校师生发扬举校一致,上下一致的精神,贯彻以评促建、以评促改、以评促管、评建结合、重在建设工作要求的结果,也是对我校办学定位、办学思想和办学特色的充分肯定,为我们学校进一步发展奠定了良好的基础。武克敏代表党政班子向为评估做出贡献的全体教职工表示衷心的感谢。同时,为了进一步坚持办学特色,提高办学质量,党委形成了《关于实施高等教育本科教育质量与教学改革工程建设工作的指导性意见》,并强调提高教学质量和提升办学水平需要学校的学科水平以及教师的科研水平和教学水平来支撑,要依靠教职工的积极参与;只有从整体上提高教师队伍的素质和水平,调动和发挥每一位教职工的积极性,我们才能在参与国家质量工程的竞争中取得主动。参与"质量工程"建设是我校今后一段时期内的中心工作,我校全体教职工要树立起高度的责任感,举校一致,统一思想,通过改革进一步实现我校的再发展。

王新奎在讲话中指出,根据《上海对外贸易学院2004—2010年发展规划》,我们的第一步目标是在2004—2007年达到教育部本科教学工作优秀水平;第二步目标是在2008—2010年初步完成由教学型大学向教学研究型大学迈出第一步。这次大会意味着我们开始启动下一阶段工作:以提高本科教育质量为中心,开始迈出教学研究型大学的第一步。下一阶段的工作重点是:1.以"质量工程"建设为统领,切实提高本科教学质量。2.以申请博士点和博士授予权单位为抓手切实提高科研水平。3.以申请更名大学为突破口,迈出向教学研究型大学转变的第一步。王校长在强调这三者的关系中指出提高本科教学质量是第一位。

王新奎明确提出了学校实施"质量工程"建设工作的总体目标是:以提

高本科教学质量为中心,提高学科、专业和课程三位一体的建设体制和机制,形成科学研究和教育教学方法及手段改革共同支撑教育质量提高的平台。工作要求包括:(1)调整学科、专业和课程设置结构。(2)提高教师队伍的整体素质。(3)改革人才培养模式、教学内容和方法。(4)加强学生的实践能力和创业能力培养。(5)完善内部教学质量监控、评估和保障制度。(6)推进和谐校园建设,营造良好的育人环境。

这次教职工会议的召开,为本科教学评估画上了句号,同时拉开了“以提高本科教育质量为中心,开始迈出教学研究型大学的第一步”的序幕。

2. 新建四个二级学院

这一时期,为配合学校最新的发展目标和学科发展规划,学校在原有学院的基础上新建四个二级学院,即工商管理学院、会计学院、会展与旅游学院和商务信息学院。

2008 年 3 月 18 日,学校召开新建二级学院筹备组召集人会议。校领导和四个新建二级学院筹备组召集人参加会议。院长王新奎指出,新学院的筹备工作很重要,在筹备过程中一定要把学院发展的重大问题想清楚,做到拓宽视野、广泛调研;敢于创新、抓住机遇;明确目标、凝聚人心;利用学校优势,做强学院。党委书记武克敏强调,在筹备过程中一定要思路清晰、目标明确、稳步推进,要充分考虑新学院成立前和成立后可能会出现的问题,想清楚解决问题的途径和方法,打有准备之仗。四个新建二级学院筹备组召集人就前一阶段筹备工作情况作了汇报与交流。大家表示,作为新建学院要紧紧依托学校优势和特色,以市场需求为导向,结合学院学科和专业特点,明确新学院的定位、学科专业课程建设步骤与重点、学生培养目标和师资队伍建设目标,做好各项工作。与会人员还就新建学院在建设中可能遇到的问题进行了讨论。

7 月,学校党委根据学科建设规划的要求,调整学科建设组织体制,在原有国际经贸学院、国际商务外语学院、金融管理学院、法学院的基础上,新建工商管理学院、会计学院、会展与旅游学院和商务信息学院四个二级学院。组建四个新建二级学院的党政领导班子,实现了学院结构调整中的平稳过渡。各级党组织发挥了政治核心作用,讲大局,讲奉献,服从安排,克服种种困难,为二级学院布局调整的完成做好组织保障。

7月9日上午,学校在信息楼507室召开新建二级学院成立大会。会上,院长王新奎作了《关于我校当前的发展与改革工作》的报告,针对新学院成立,他表示通过此次学院调整,学校的学科、专业、师资配置等将更为合理,效率更高,目标更明确。落实学校学科发展规划也将得到更有力的制度保障。希望新成立学院的班子要团结,要把整个新建学院的发展思路想清楚;开展工作要创新;一定要切切实实按学校学科发展规划开展新建学院的各项工作。党委副书记夏斯云宣读了新学院成立的决定。校领导分别为新成立的工商管理学院、会计学院、会展与旅游管理学院、商务信息学院揭牌。院长王新奎为新成立学院院长授行政印和院旗,党委书记武克敏为新成立学院书记授总支印章和党旗。

第四节　党的建设　稳步推进

学校坚持以马克思列宁主义、毛泽东思想、邓小平理论、“三个代表”重要思想、科学发展观为指导,坚持党要管党、从严治党的方针,紧紧围绕学校中心抓党建,抓好党建促发展,求真务实,开拓创新,不断提高办学治校能力,积极构建和谐校园,努力为学校事业发展提供了坚强有力的思想保证和组织保障。

一、制度建设引领党建工作

1. 坚持和完善党委领导下的校长责任制

学校在发展过程中,始终坚持党委领导下的校长负责制,不断完善党政决策制度,设置并不断完善职能清晰、分工明确的校内机构,逐步形成了健全的领导体制、管理体制与运行机制。学校党委作为学校的领导核心,履行党章等规定的各项职责,把握学校发展方向,决定学校重大问题,监督重大决议执行,支持校长依法独立负责地行使职权,保证以人才培养为中心的各项任务完成。

2008年3月,学校制定《中共上海对外贸易学院委员会常务委员会议事决策规则》。党委常委会是研究决定学校重大问题的决策性会议,由党委书记召集并主持。常委会会议出席的人员为常委,常委扩大会出席的人员为常委和校长(无党派人士),列席人员为党委办公室主任。议事范围主要包括:学习贯彻党的路线、方针、政策;讨论决定学校改革的方针、政策,包括学校办学体制、管理体制、机构设置、教学、科研、人事、后勤改革等涉及学校教育事业或广大群众切身利益的重大决策、规定和实施方案;干部任免、培养、考核、监督等工作。2009 年 10 月,重新修订《中共上海对外贸易学院委员会常务委员会议事决策规则》,删除常委扩大会的相关陈述;将上会的基建项目投资额度由 100 万元以上提高到 300 万元以上。2012 年 3 月,学校实行《二级学院党政联席会议制度》。党政联席会议是学院管理的最高决策形式。党政联席会议实行民主集中制,健全集体领导和个人分工负责相结合的制度,凡属重大问题都要按照集体领导、民主集中、个别酝酿、会议决定的原则,由党政联席会议集体讨论作出决定。党政联席会议的成员一般为学院院长、党委(总支)书记、副院长(院长助理)、副书记(书记助理),学院办公室主任列席会议。讨论决定涉及群众切身利益的议题,应通知工会主席列席会议。经院长、书记商定,还可根据议题的需要通知学院党委(总支)委员和相关方面负责人列席会议。党政联席会议根据议题由院长或书记主持,行政工作应由院长主持。

2. 思想建设与组织建设

思想理论教育肩负着宣传党的基本理论、路线、方针政策和培养人才的重要使命,为了加强师生的思想理论教育,学校不断探索,创新新途径。2006 年 5 月,学校成立了党的建设和思想政治工作研究会(简称思研会),并颁布了研究会章程。在校党委的领导下,研究会坚持理论联系实际的学风,在学习中进行思考,在思考中得到提高,在提高中得到升华,不断提高学校党建工作和思政工作水平。通过这一平台,学校涌现出了一大批有理论见地,有实际指导意义的研究成果,思研会每年都将这些理论成果结集成册。同时,基础部承担着学校思想理论的教育与研究任务。2006 年 9 月 5 日,经党委扩大会研究,决定基础部更名为社会科学部。2007 年 3 月,党委学工部和教务处共同开设大学生时事政治课《形势与政策》课程,使课程成为学校大学生思想理论教育的有效途径之一。2011 年 4 月,上海市高校思想政治理论课名师工作室“赵勇工作室”在学校人文社科部挂牌成立。2012年12月,人文社科部申报的《走向社会主义生态文明新时代研究》和《培育社会主义核心价值观研究》获准上海市社科规划“党的十八大精神研究”系列课题立项。2012年12月,学校召开“党的十八大精神进课堂”研讨会暨思想政治理论课教学改革试点项目开题会。

与此同时,长期以来,学校把师德建设作为一项长期工作常抓不懈,营造爱岗敬业、尊师重教、颂扬高尚师德的良好氛围。2006年2月20日,学校起草了关于《加强师德建设的实施意见》。学校每三年进行一次师德先进及“我最喜爱的好老师”评选表彰,十年来涌现了一批勤奋治学、认真授课、兢兢业业的师德楷模。通过组织师德先进评选交流会、“身边的感动”教师主题演讲比赛等活动讴歌学校教师在教学、科研、管理岗位上展现出的崇高师德精神、鼓舞广大教师立德树人、关爱学生、助力学生成长成才的精神。

在组织建设方面,学校认真贯彻落实《中国共产党普通高等学校基层组织工作条例》,在不同历史时期,制定不同的建设目标,切实加强基层党组织建设,规范党员管理。2009年8月,为进一步加强党的建设,学校党委制定了《建立健全基层党建工作责任制的实施办法》、《加强党员经常性教育培训的实施办法》、《进一步做好党员联系和服务群众工作的实施办法》、《党员管理实施细则》、《党总支(直属党支部)工作细则》、《党支部工作细则》、《总支(直属支部)委员会换届选举—公推直选实施细则》等7个学校党建工作文件。2012年5月,适应学校发展的需要,制定了《上海对外贸易学院设置建立二级学院党委的实施办法》,以党总支换届选举为时机,在符合条件的二级学院中实施设立分党委。2012年9月至2013年3月,国际经贸学院、国际商务外语学院、金融管理学院、法学院经过“公推直选”的有关规定和程序,在总支换届的同时选举产生了新一届党委会。2012年—2013年,学校在“创先争优”活动中深入开展“基层组织建设年”活动,切实加强学校基层党支部建设;认真贯彻落实学校《二级学院党政联席会议实施办法》,切实提升二级单位领导班子合力与执行力。

3. 党的作风建设与党风廉政建设

为了加强行政监察与内部审计工作,经2007年4月27日校党委常委扩大会议决定,独立设置监察处、审计处。原监察审计处同时撤销。监察处、审计处实行合署办公。纪委监察处根据部门需要按照政治坚强、公正清廉、纪律严明、业务精通、作风优良的要求,加强纪检监察干部队伍建设。自纪委监察审计处设立以来,学校对干部进行了调整,一方面选派了有审计专长的同志负责纪检工作,另一方面注重吸收有专业背景的青年同志加入纪检队伍。除专职纪检队伍外,学校 2007 年从各总支、直属支部公推直选了一批素质过硬的纪检委员。2009 年,学校纪检委员人数达 15 人,另外,设有党风廉政监督员 7 人。

在党风廉政建设方面,学校坚决贯彻落实党中央、上海市委和上海市教卫工作党委的指示精神,紧紧依靠全校各级党组织、全体党员和干部,在上级纪委和学校党委的领导下,坚持标本兼治、综合治理、惩防并举、注重预防的方针,紧紧围绕中心工作,强化廉政教育,注重制度建设,加强监督检查,构建惩治和预防腐败体系,深化落实党风廉政建设责任制,为学校科学发展、健康发展提供了有力保障。

二、中共上海对外贸易学院第二次党员代表大会召开

2007 年 3 月 16 日,中共上海对外贸易学院第二次党员代表大会隆重召开。中共上海市科技教育工作委员会书记李宣海,上海市政协副主席、上海市工商联合会会长、上海对外贸易学院院长王新奎,中共上海市科技教育工作委员会副书记、中共上海市科技教育纪律检查工作委员会书记吴捷同志等市领导和我校党政领导出席会议。会议由党委副书记、副院长楼巍主持。大会邀请的党外来宾有学校各民主党派组织的负责人,各部门负责人中的党外人士,市、区人大代表,政协常委和委员中的党外人士;列席大会的党内同志包括离退休校领导、部门负责人、教授和基层党组织负责人等。

开幕式上,李宣海代表市科教党委向我校召开第二次党代会表示了热烈的祝贺并作重要讲话。他指出,学校党委要以这次党代会召开为契机,进一步聚焦重点,把学校的各项事业全面推向一个新的高度。

党委书记武克敏代表学校党委作了题为《落实科学发展观,建设和谐校园,为开创我校内涵建设的新局面而奋斗》的党委工作报告。报告总结了第一次党代会以来的基本经验,提出第二次党代会后的目标与任务,就是高举邓小平理论和“三个代表”重要思想伟大旗帜,全面落实科学发展观,努力建设和谐校园;坚持探索培养对外经济贸易应用型专门人才综合素质的培养体系,全面完成内涵建设新阶段的任务;以参与国家驾驭“质量工程”为契机,全面提高教育教学质量,提升学校的办学水平;以申报博士授予权单位和博士点为抓手,大力推进学科建设,加大师资队伍建设力度,提高科研水平,提升办学层次;以进一步改革管理体制为动力,促进学校内涵建设可持续发展。武克敏强调,建设和谐校园,关键在于各级党组织的建设。结合学校工作的实际,要把加强党的思想建设、组织建设和作风建设落到实处,发挥党组织的政治核心作用和建设和谐校园的保障作用,以党内和谐促进校园和谐,不断推动和谐校园建设的深入开展。

校党委副书记、纪委书记夏斯云代表中共上海对外贸易学院第一届纪律检查委员会向大会作了题为《围绕中心推进党风廉政建设,服务大局促进学校健康发展》的报告。

大会民主选举产生了中共上海对外贸易学院第二届委员会、纪律检查委员会。大会决定设立党委会。大会共选举新一届党委委员 15 名,纪委委员 5 名,常委委员 7 名。

三、中心组学习和主题教育活动不断创新

为深入贯彻学习型党组织建设,深入推进理论武装学习,学校党委中心组和二级中心组定期组织理论学习活动。中心组学习采用邀请专家学者做辅导报告、实地考察、分组讨论学习竞赛等多种学习形式;每年制订中心组学习计划,一年中针对不同主题学习 5—7 次。与此同时,学校根据不同时期的专项教育任务,积极开展主题教育活动。

2003 年,学校先后开展了“双学”即“学理论、学党章”和“三个怎样做”即“今天怎样做党员教师、今天怎样做党员学生、今天怎样做党支部书记”的主题活动;2003 年下半年至 2005 年上半年,为贯彻落实党中央部署和要求,保持共产党员先进性和为贯彻落实上海市委关于推进“凝聚力工程”的决定,校党委在党内开展了“保持党员先进性、优质高效履行岗位职责”的主题活动。

2005 年 7 月至 11 月,根据中央的要求以及上海市委、科教党委的安

排，校党委在党内开展了“保持共产党员先进性教育活动”。活动共分三个阶段：7月5日—9月10日为学习动员阶段，9月10日—10月25日是分析评议阶段，10月25日—11月29日为整改提高阶段。在7月5日召开的保持共产党员先进性教育活动动员大会上，党委书记武克敏作动员报告。从7月5日开始，先进性教育活动历时五个月将近150天，学校各级党组织深刻领会中央和市委文件精神，紧紧抓住学习实践“三个代表”重要思想这条主线，坚持工作和学习“两不误、两促进”。期间，市委党校袁秉达教授来校作先进性教育报告、在学校开展先进性教育“双结对”活动、凝练共产党员先进性具体要求、查摆“不符合”、“不适应”问题。先进性教育活动对推进学校的内涵建设起到了积极的作用，得到了全校党内外干部、群众的拥护和认同。同时，在科教党委领导下和第九督导组的具体指导下，党委带领全校党员完成了集中教育的各项任务，党员接受了一次严格的党性教育，达到了先进性教育“提高党员素质、加强基层组织、服务人民群众、促进各项工作”的目标要求。11月29日，党委在信息楼507室召开全校保持共产党员先进性教育活动总结大会，党委书记武克敏作总结报告，第九督导组组长毛杏云作讲话。党委认真贯彻了中央和市委对高校开展好保持共产党员先进性教育活动的精神，带领党员完成了各项规定动作，同时结合学校的实际情况，形成了我校的特点，其成效是：突出分层实施、分类指导；注重过程的教育作用；坚持边学、边议、边整改；实现自我教育、开门教育；扩大主题活动和结对子的成果；先进性教育的成果已经体现在学校的中心工作中。2006年上半年，学校党委继续深入推进先进性教育活动，巩固和扩大整改成果并积极部署了“回头看”相关工作。

2007年，中国共产党第十七次全国代表大会召开之后，在校党委的领导下，学校开展了一系列系统的学习十七大精神活动。2008年，学校党委推动并开展了“讲党性、重品行、作表率”主题教育活动。通过一系列活动，党员同志明确了政治立场，提高了认识水平和理论水准，根据党的先进性建设对党员干部的新要求，决心用自己的模范言行展现党员干部的时代精神风貌。

2009年，根据中央和上海市委关于从2009年3月开始第二批学习实践科学发展观活动的总体要求,学校认真组织实施学习实践科学发展观活动,将其列为2009年学校党委组织开展全年工作的核心议题。2月10—11日,在学校召开的党政负责干部会议上,党委书记武克敏就学习实践科学发展观的准备工作进行动员,并陆续对学习实践发展观的实施方案、工作计划、准备工作等进行讨论。3月,以阮兴树为组长、殷勤为副组长的上海市教卫党委系统学习实践科学发展观活动第五指导检查组进驻学校,开始指导工作。3月4日,学校召开开展深入学习实践科学发展观活动实施方案培训会,就活动实施方案进行再次研讨,对召开学习实践活动培训会和动员大会进行具体部署。学校学习实践活动领导小组召开各种类型的座谈会,学校党委常委分别深入基层,参与座谈会并进行个别访谈,广泛征求意见,并组织召开解放思想讨论会。6月,学校党委召开学实活动整改落实阶段工作部署会议,党委书记武克敏对整改落实阶段进行工作部署,要求全体党员共同为学校科学发展献计策、办实事,把整改落实阶段工作落到实处。学校党委常委会根据群众意见对整改方案进行讨论和修改,形成10类整改措施,53项整改事项。9月,学校举行深入学习实践科学发展观活动总结会。党委书记武克敏总结学习实践活动的集中阶段任务完成情况及取得的成效,并指出推进科学发展是长期的工作,必须努力形成学习实践科学发展观的长效机制。上海市教卫党委深入学习实践科学发展观活动第五指导检查组组长阮兴树在会上作指导总结,对学校学实活动的成效给予高度评价,并对进一步巩固、深化活动成果寄以希望。党委书记武克敏代表党委参加了第十七次全国高校党建会议,并在会上做了《办人民满意的商科大学》的大会发言。

2010年6月至2012年12月,学校开展创先争优活动,学校各级党组织认真贯彻基层党组织"五个好"(领导班子好、党员队伍好、工作机制好、工作业绩好和群众反映好)和党员"五个带头"(带头学校提高、带头争创佳绩、带头服务群众、带头遵纪守法和带头弘扬正气)的要求,紧紧围绕当年学校服务世博、推进学科建设规划的实施以及迎接50周年校庆这三项中心工作开展主题教育活动。

2012年,学校开展学习党的十八大精神的主题教育活动。根据上级安排，组织基层组织开展了学习贯彻十八大精神专题组织生活、观看大型教育电视片《信仰》、“晒晒支部这项制度”、第十届党员教育电视片观摩交流评选、市教卫党委系统优秀组织生活案例网上评选等活动。

四、精神文明建设成果凸显

在上海教育系统精神文明建设达标单位(1998 年)，上海教育系统文明单位(2000 年)的基础上，2002 年，校党委提出了创建上海市文明单位的新目标。经过全校师生的共同努力，2003 年 8 月 6 日，在上海市召开的精神文明建设大会上，学校被命名为上海市第十一届文明单位。

为进一步推动精神文明建设再上一个台阶，2003 年 10 月 15 日下午，校精神文明建设工作会议在 500 人报告厅举行。党委书记皮耐安出席大会并讲话。会议认为，精神文明建设涵盖学校的方方面面，是保持学校工作稳定、全面发展、全面推进的重要手段。会议要求在加强薄弱环节、形成特色、提升精神内涵上做文章。会议确定了 2003—2004 年度精神文明创建规划。

2003 年 12 月 14 日，上海市科教党委精神文明检查组来校，对申报 2003—2004 年度上海市文明单位进行终期检查。学校向检查组提供了《加强内涵建设，坚持走国际化的特色鲜明的商科类大学之路，不断追求更高，更好，更美》的 2003—2004 年度精神文明建设工作总结的书面材料。党委副书记副校长楼巍，汇报了学校精神文明建设的总体思路、学校特色工作、精神文明建设的体会及启示和学校的定位，学校的发展，学校的教学、师资、科研等十二项主要工作。

2005 年 5 月 26 日，在上海市召开的精神文明建设大会上，上海对外贸易学院被评为 2003—2004 年上海市精神文明单位。学校创立的“精神文明观察点”也被上海市教育系统文明委评为十佳优秀项目。2007 年、2009 年、2011 年，学校连续 5 次蝉联市级文明单位。

2008 年 11 月，根据学校人事变动情况，学校调整了精神文明建设委员会成员，党委书记武克敏任主任，院长王新奎、副院长俞光虹任副主任。精神文明建设委员会下设办公室，与党委宣传部合署办公，秦淑娟任办公室主任。

2007年10月18日,市科教系统所务校务公开工作领导小组来校开展校务公开建设工作检查。学校党委书记、校务公开领导小组组长武克敏,党委副书记、纪委书记夏斯云,副校长俞光虹及校务公开领导小组成员和有关部门领导出席汇报会。检查组听取了校务公开民主管理工作汇报,查阅了档案资料,并发放50份问卷进行随机问卷调查。检查组认为,通过9项基础指标和一项总体评价表明,我校教职工对校务公开民主管理的总体满意度达到98%。学校领导十分重视校务公开民主管理,从具体工作来看,学校的校务公开组织保障健全,制度完善,载体丰富,特别是通过网络信息互通,使学校的校务公开工作得到很好的落实,校务公开内容规范,措施扎实;学校校务公开成效明显,通过校务公开民主管理,广大教职工的人心得到了凝聚,充分发挥了教师的主体作用,落实在育人方面效果显著。

从2010年开始,学校每年开展"大学生年度人物"、"大学生自强之星"评选表彰活动,树立大学生中的优秀分子和自强不息奋斗的典型人物。其中,2011年5月金融管理学院2009级保险学专业向鸿杰在共青团中央、全国学联主办的2010年度寻访"中国大学生自强之星"活动中,荣获"2010年中国大学生自强之星标兵"称号。2011年1月,学校《学校人文景观文化提升项目》在教育部思想政治工作司开展的2010年高校校园文化建设优秀成果评选中,获2010年高校校园文化建设优秀成果奖。2012年宣传部牵头撰写的《社会责任报告书》入选《上海文明单位社会责任报告白皮书》,为仅有的5所高校之一。

第五节 传道授业 桃李芳菲

教学改革不仅是学校的永恒主题,也是与时代发展密切相关的动态调整过程。2006—2012年期间,学校以"教育高地"、"本科教学质量与教学改革工程"、"085工程"等重大项目为抓手,积极推进本科教学改革,不断深化学校内涵建设,提升本科教学质量。研究生教育与继续教育也一如既往地为社会培养应用型高层次人才和实现专业人才的继续教育。与此同时,学校在古北校区建立学位后培训基地,开展学生职业发展培训,启动创新创业教育。学校学生工作积极变革、大胆创新,也在育人工作中取得了长足的进步与发展。

一、本科教育培养“四通人才”

1. 教学改革

为全面贯彻落实“科教兴市、人才强市”战略决策和上海市教育工作会议精神,切实加强上海高等教育内涵建设,上海市教育委员会于 2005 年发布实施上海高等学校本科教育高地建设(以下简称为教育高地建设)。教育高地建设的目标是通过建设,教育高地的总体教学水平和教学条件达到国内先进水平,并在某些方面达到国内领先水平。学校于 2005 年启动外贸经济、金融保险和英语专业三个上海市属高校教育高地建设,于 2008 年启动国际经济与贸易、英语(商务英语)、金融学、工商管理四个专业教育高地建设。2010 年,学校申报的《基于国际合作的创业教育体系探索》、《财经类本科法学人才培养模式的创新》、《会计学》和《会展与旅游专业培育模式改革创新实践》四个建设项目入围上海市第四期本科教育高地建设项目。

2007 年 1 月,教育部和财政部联合下发了《关于实施“高等学校本科教学质量与教学改革工程”的意见》(教高〔2007〕1 号),启动“高等学校本科教学质量与教学改革工程(以下简称‘质量工程’)”。2007 年 6 月,学校党委下达了《关于实施“高等教育本科教育质量与教学改革工程”建设工作的指导性意见》(沪贸党委字〔2007〕27 号),成立“质量工程”建设工作领导小组和工作办公室。以参与“质量工程”为契机,调整学校工作重心,并将“加强内涵建设,提高教育质量”作为学校今后五年的工作目标,并在高等教育改革与发展研究、特色专业、人才培养模式创新实验区、精品课程、双语教学示范课程、实验教学、教学团队等方面不断积极探索,并取得明显成绩,提升了学校的办学水平,扩大了学校的知名度。截至 2010 年,学校在“质量工程”实施期间,共获得国家级特色专业 5 个、国家级人才培养模式创新实验区 2 个、国家级精品课程 2 门、国家级双语教学示范课程 3 门、实验教学示范中心 1 个、国家级教学团队 1 个。

2008 年,上海市教育委员会在上海各高校研究制定 2008—2020 年学校发展定位规划的基础上,提出高等教育内涵建设五大工程,即“综合建设工程”、“知识创新工程”、“人才培养工程”、“师资队伍建设工程”和“国际交流与合作工程”(简称“085 工程”),并于 2009 年 2 月发布《上海高等教育内涵建设“085 工程”实施方案》(沪教委科〔2009〕2 号),正式实施“085 工程”建设。2009 年 4 月,上海市教育委员会选择 4 所上海市属高校作为上海市“085 工程”“先行先试”单位,学校被列为其中之一。学校申报的《知识创新工程(贸易运行监控系统公共平台建设)》和《人才培养工程(国际经贸应用型人才培养模式改革与创新)》成为“085 工程”“先行先试”立项项目。

2011 年 5 月,新一轮的“085 工程”建设项目正式启动。学校申报的“上海地方本科院校‘十二五’内涵建设工程”(“085 工程”建设)项目——“基于现代服务经济发展需要的国际经贸学科专业群创新平台”获批。2012 年 1 月,学校全面启动“基于现代服务经济发展需要的国际经贸学科专业群创新平台”建设项目。通过“085 工程”建设,学校在重大项目机制建立、管理、运行、项目建设以及绩效评价等方面探索出一套行之有效的方案,并且提高了项目建设和资金使用的效率和效益,形成了标志性和示范性的建设成果,为学校更名大学和博士点申报工作奠定了基础。

2. 本科教育特色与成效

本科教育秉承改革创新的传统,进一步解放思想,不断完善人才培养体系、深化教育教学改革,创新人才培养模式,注重培养学生“知识、能力、素质”协调发展,提升学生国际交往能力与专业实践能力、就业能力与创业能力、职业素养与社会责任意识,全面提高人才培养质量,建立最好的本科教育体系。

(1) 不断完善人才培养体系

学校积极推行“厚基础、强素质、宽口径、重能力”的人才培养原则,调整专业设置和结构,整体优化知识结构和课程体系,进一步深化课程体系、教学内容、教学方法和教学手段的改革,不断完善人才培养体系。

在专业设置与结构调整方面,学校不断调整专业设置与结构,提升专业建设与社会需求的契合度。经上海市教育委员会组织专家审核,教育部备案,2006 年学校新增统计学和资产评估专业,2007 年新增商务英语、对外汉语和信息管理与信息系统专业,2008年新增国际政治和审计学专业。2012年,根据教育部《普通高等学校本科专业设置管理规定》和《上海市普通高等学校本科专业设置管理实施细则》,结合学校办学定位和办学特色,学校对原有专业进行了调整,规范了保险学和汉语国际教育两个专业的专业名称,将统计学专业调整为授予理学学位的应用统计学专业,将行政管理授予的学士学位由法学调整为管理学。截至2012年底,学校本科专业数达到28个,覆盖经、管、文、法、理五大学科,有力支撑了学校的学科建设和发展。

在完善人才培养方案方面,学校打通学科共同课,拓宽专业培养口径。2007级起,设置学科共同课,经济学和管理学学科打通,共同设置学科共同课程,注重拓宽和加强学生理论和知识,增强学生的理论素养,拓宽专业培养口径,形成学科知识的复合优势。实施三大基础课程(外语、计算机和数学)分级教学,夯实学生基础知识。构建并不断完善实践教学体系,学校于2005年成立国际商务实验中心、2009年成立全球运营虚拟仿真中心,培养学生的实践和应用能力。在加强创新创业教育与专业教育的融合方面,学校通过普及教育阶段、专业教育阶段和实训教育阶段,直至达到目前各阶段兼容并蓄、交叉融合的创业教育体系。同时,学校通过加强培养方案制(修)订管理,提高人才培养方案科学性。

在课程体系和教学内容改革方面,学校课程体系力求体现通识基础性、探究性和选择性,重点推进精品课程建设、通识教育课程和双语/全英语课程建设。而在教学方法方面,学校积极探索教学方法与教学手段改革,实施案例教学,开设新生研讨课,提高学生分析问题和解决问题的能力。

(2) 深化人才培养模式改革

2008年,依托学校国际贸易优势学科,以教育部"国际经济与贸易应用型专门人才培养模式创新实验区"、"国际经济与贸易特色专业"建设项目为平台,实施国际经济与贸易专业人才培养模式改革,单独设置人才培养方案。提出学科交叉、复合型人才培养。2011年,学校依托"085工程"重点学科建设项目"全球通用商科人才培养本科专业建设",大胆改革和创新人才培养模式,实施全球通用商科人才培养工程,培养熟悉通用规则、掌握通用工具、通用管理、具备通用语言运用能力的全球通用商科人才，提出卓越人才培养。学校依托学科专业特色，探索和创新卓越法律人才培养机制，深化法学教育教学改革，培养应用型、复合型的卓越法律人才。提出创新实验区应用型专门人才培养。学校积极参与构建松江大学园区教学资源共享平台，进行教育教学改革尝试工作，鼓励学有余力的在校本科生跨学科学习，实现知识复合，加速社会需要的学科交叉型高层次专门人才的培养。

(3) 建立健全质量保证长效机制

学校落实“以学生成才为本”的核心理念，遵循“教学质量为生命线”的原则，建立健全本科教学质量保证长效机制。2006 年，学校对 2001 年发布的《上海对外贸易学院教学质量保证体系》(简称《质保体系》)进行了修订，修订后的《质保体系》由本科教学质量目标、本科教学质量标准、本科教学质量过程管理、本科教学质量评估和本科教学质量调控等五部分组成，着眼于教学工作、管理工作以及教学质量监控和评估工作，依托学科、专业和课程建设委员会、本科教学指导委员会和教学质量保证委员会三大组织平台，从目标控制、标准控制、过程控制和组织保障四个方面对学校本科教学质量实施全方位的监控和保证，形成一个切实有效的“管理闭环”。包括明确各教学环节的质量标准;建立深入教学一线的领导听课制度和教学督导制度;尝试吸纳学生参与教学管理;开展专业评估和质量报告发布，建立教学质量专项监控。

总之，学校将本科教育教学改革与国家和上海的发展战略、高等教育国际化、学校办学定位紧密结合起来，强化本科教育特色与优势，满足专业的人才培养目标和学生个性化发展的需求，人才培养质量得到社会广泛认可和赞誉。

学校本科毕业生就业率和就业质量一直保持较高水平。在麦可思 2008 年度发布的非 211 本科院校就业能力排行榜中，上海对外贸易学院本科生就业能力排名与外交学院并列第一;在麦可思对 2011 届毕业生半年后跟踪调研中，上海对外贸易学院 2011 届毕业生的就业现状满意度、非失业率、月收入、职业吻合度、离职率等就业竞争力与就业质量指标均高于全国绝大多数211院校。实现了毕业生创造的就业岗位数超过了毕业生人数。

二、研究生教育强调“高层次”“应用型”

研究生教育注重研究生“知识、能力、素质”的协调发展,主要培养具有扎实的专业理论基础和较强的外语沟通能力,具备经贸、管理、金融、法律四个领域的综合专业素质,在激烈竞争和不断变化的国际市场上具有独立工作能力的应用型高级人才。

至2004年底,我校研究生层次有5个硕士点和1个中外合作硕士项目。《上海对外贸易学院2004—2010年发展规划》明确,2007—2010年,学校将再用4年的时间,把学校工作的重点转到进一步提高研究生教育的层次和教学质量及加强学术性科研方面,使学校办学水平居于全国商科类高等院校的前列。

2007年,学校改革硕士研究生教学管理制度。建立博士点申请工作领导小组和专门的工作班子,正式启动博士点申请的前期准备工作。

学校研究生教育管理体制在2008年实现改革,由学校统一管理改变为学校和二级学院双重管理。通过制定适应研究生教育管理体制改革的新的管理办法和实施细则,并通过2008年下半年的试运行,基本实现研究生教育管理体制的平稳过渡。此后,研究生部出台一系列提高研究生学位论文质量的措施,主要有三项:第一,推出预答辩制度;第二,推出开题报告会制度;第三,对所负责研究生论文双盲评审连续二次有异议的导师,停止导师资格。2010年,研究生部制定《上海对外贸易学院研究生学术道德规范管理条例》,进一步加强研究生学术道德规范管理。此外,研究生部还完善研究生创新能力培养专项资金实施办法,举办首次研究生思源学术文化节。2011年,为进一步完善研究生教育管理制度,总结研究生教育工作经验,明确“十二五”期间研究生教育工作的发展目标和任务,学校召开首次研究生教育工作会议,实现研究生教育的重新定位,落实研究生思想政治工作的归口部门,审议对现行研究生管理办法的修订建议;同时,学校启动研究生课程建设工作,制定《上海对外贸易学院研究生课程建设实施细则》。

学校研究生学科建设在短时间内得到快速发展。2006年,学校共有国际贸易学、国际法学、外国语言学及应用语言学、金融学、企业管理、民商法学、英语语言文学和马克思主义中国化等8个硕士点,其中民商法学、英语语言文学和马克思主义中国化三个硕士点2007年开始招生。2010年,学校新增2个专业硕士点,4个一级学科硕士点通过上海市学位办的评审;获得"推荐优秀应届本科毕业生免试攻读硕士研究生资格",成为本市第18所获得"推免"资格的高校。2011年,学校工商管理和翻译专业硕士点首次招生;学校硕士学位授权学科点由12个增加到21个。2012年,学校全面启动"085商科创新人才学位点"建设,包括3个重点学位点(国际贸易、金融学、国际法学)建设、2个专业学位点(MBA、翻译硕士)建设、WTO高端人才培养、研究生创新平台建设等4个方面。为深化学位点的内涵建设,学校组织4个一级学科硕士点和1个二级学科硕士点参加了教育部学位与研究生教育发展中心的统一评估。学校完成新设8个二级学位点(产业经济学、区域经济学、数量经济学、会计学、技术经济及管理、日语、经济法、旅游管理)的招生、课程设置、培养目标、基础资料及学籍等一系列建设任务。至此学校八个二级教学单位都拥有了培养硕士学位研究生的职能。同时,学校按照《上海对外贸易学院授权一级学科范围内自主设置二级学科暂行办法》的规定,完成了1个目录内二级学位点(法语语言文学)的增设工作;完成了5个目录外二级硕士学位点(世界贸易组织法、知识产权法学、金融工程、市场营销、审计学)的申报及在教育部学位与研究生教育发展中心公示工作。截至2012年,学校共有5个一级学科硕士点、28个二级学科硕士点。

三、继续教育开创"合作培训"新模式

1. 夜大学

学校办学主体转移到松江校区后,夜大学和函授教育在办学规模和内涵建设上进一步提升。

2006年,学校招收了第一批"英语(商务方向)"专升本专业学生,本科层次实际招生专业增至两个,学科方向从经济学的一个学科拓展到了经济学和文学的两个学科。2008年4月24日,学校夜大学迎来市教委高教处组织的成人高等院校教学工作检查。夜大学各项教学工作受到检查组专家的肯定和一致好评。2010年,夜大学招收了第一批"工商管理"专升本专业学生,招生专业增至三个,办学规模进一步扩大;同时,夜大学在松江校

区开设教学点，形成松江和古北两个校区同步发展的态势，社会服务面向进一步拓展。2011 年 7 月，根据沪教委高〔2011〕36 号文件批复，成功申报了“会计学”、“金融学”、“物流管理”等三个专升本层次的新专业。2011 年夜大学毕业人数达历史最高峰，共计毕业 370 人，其中专科 71 人、专升本 299 人。2012 年 7 月，共有 197 名学生获学士学位，其中 49 名获经济学学士学位、148 名获文学学士学位，夜大学获学位人数达历史最高峰。经过几年的努力，在总体生源缺乏的情况下，松江教学点逐步形成了稳定的生源，松江教学点录取的学生数、专业数已与古北教学点持平。

2. 自学考试

学校高度重视自学考试工作。2007 年 3 月，自学考试办公室制定了《上海对外贸易学院自学考试工作细则(2007 年春季版)》。自学考试的组织、管理也得到了国家及上海市自学考试指导委员会的高度认可。2011 年 11 月，自学考试办公室被上海市高等教育自学考试委员会评选为上海市高等教育自学考试先进集体。

与此同时，学校积极参与高等教育自学考试的教材编写工作。2007 年 6 月，高等教育自学考试商务英语专业(独立本科段)系列教材编委会成立，叶兴国任主编，并开始编写商务英语阅读、WTO 基础知识、进出口英语函电、外贸英语会话、外经贸应用文、商务英语口译、会展英语等 7 门课程的教材。经过一年多的准备，2009 年 4 月，《会展英语》、《新编外贸英语会话》出版；5 月，《外经贸应用文》出版；7 月，《WTO 基础知识英文选读》出版；9 月，《商务英语阅读》出版；10 月，《进出口英语函电》出版。至此，具有学校特色的高等教育自学考试系列教材建设工作圆满完成。

2007 年 12 月，上海市高等教育自学考试商务英语专业(独立本科段)首届毕业生 3 人毕业。2008 年 7 月，2 人获得由上海对外贸易学院颁发的文学学士学位证书，成为高等教育自学考试商务英语专业(独立本科段)首批学士学位获得者。

3. 非学历培训

2007 年和 2008 年，连续两年的全国终身教育活动周——松江大学城培训展示会在学校举行。继续教育学院策划组建大学城培训联合体，开创了高校继续教育合作培训的新模式。

学校为进一步规范学校非学历教育和培训管理工作,根据国家教育部和上海市教委有关非学历教育和培训管理的文件精神,结合学校非学历教育和培训管理工作实际,先后制定实施了《上海对外贸易学院非学历教育和培训管理办法》、《继续教育学院培训部工作分配和激励方案》。2011 年,学校成立了上海对外贸易学院国际贸易人才培训基地,先后组织编写了《干部培训项目手册》、《企业培训项目手册》、《证书培训项目手册》等,积极探索高校继续教育培训工作的可持续发展之路。同年,由学校继续教育学院牵头组建了上海高校培训联盟。

四、学位后培训基地创新人才培养模式

2003 年我校总部正式迁到松江新校区,2004 年 9 月,古北校区的 2000 级本科生全部毕业,标志着我校规模扩张和办学重心从古北校区向松江新校区转移的发展阶段已基本结束。学校党政领导不失时机地认识到,目前正是对古北校区实施整体功能开发的极为有利的时机。因此于 2004 年 6 月以院党委的名义制定发布了《关于古北校区实施功能开发的指导性意见》。《意见》明确提出"古北校区的功能开发应该纳入学校的整体办学目标和定位,与学校办学特色保持一致,并作为学校整体办学的重要组成部分。"

学校随之决定在古北校区建立学位后培训基地,2005 年 4 月 23 日正式揭牌。时任上海市副市长严隽琪,市委组织部副部长、市人事局局长丁薛祥,市科教党委副书记李铭俊,市教委副主任莫负春等来自市政府有关部门、长宁区、浙江省外经贸厅的领导和来自全市十几个高校及企业的领导、20 多家新闻媒体以及学校党政领导出席了揭牌仪式。王新奎院长在致辞中指出,上海对外贸易学院建立学位后培训基地是教学理念的创新、人才培养模式的创新,这是国内第一个由高校自发创建的学生职业发展培训平台,为学生从高等学历教育到职前培训建立了完整的"培养链",为学生从大学教育走向国际商务职业生涯架起了一座桥梁。

在学校的直接领导下,学位后培训基地首先为本校学生实施了"职业规划与发展培训"。这一培训的主要特点为:(1)整个培训体现"以学生成才为本"的基本理念,服务并服从学校的整体办学定位;(2)培训列入学校教学计划，正式计为学分，全体本科生必须分批参加；(3)所有授课特聘教授全部来自企业界或政府部门；(4)授课内容突出能力培养，反映了各行各业用人单位对学生能力和素质的要求。至 2009 年初，职业规划与发展培训已开设 60 余门课程，全校已有 6 个年级、43 000 余人次参加，学生总体满意度始终保持在 99%以上。

我校组织实施职业规划与发展培训获得了学校、学生、家长和用人单位的“四满意”，获得教育部高教司和评估中心领导、上海市教委领导的充分肯定，《人民日报》、《光明日报》、《文汇报》等中央及上海市媒体纷纷予以报道，认为这充分体现了“大学的社会责任”。

从 2006 年开始，基于对创新型人才培养模式的思考和毕业校友的统计分析，学校党政领导又及时提出要由学校学生工作系统与学位后培训基地合作启动创新创业教育、推动学生创业。王新奎院长亲自召集会议，指出创新精神是衡量人才综合素养的关键因素。学校建立学位后培训基地的目的，就是为了使我们的学生成为职业岗位的创造者，而不只是职业岗位的竞争者。他并提出，企业家是一种精神，一种状态，这是任何一个从事国际经贸专业的专门人才必须要具备的素质。根据对我校历届校友状况的统计和分析，许多校友都走上了自主创业的道路。几十年来，由我校校友创造的就业岗位大大高于我校毕业校友的总数。

为此，学校学生工作系统与学位后培训基地紧密合作，拓宽视野，瞄准国际大学生创业的最新发展，引进了重在培养学生创新创业素质的理念，在职业规划与发展培训中将“创业教育”列为必选板块，计为 1 个学分，在全国率先实现向全体学生开展创新创业教育。我校的创新创业教育和实践得到了教育部、上海市教委以及国外相关机构的高度评价。几年里，市教委高教处立项支持我校与英国大学生创业全国委员会合作编译出版了《大学生创业素质通论》，教育部批准立项我校“国际商务创业人才培养模式创新实验区”项目，我校与英国大学合作的“就业与创业建模研究”成功立项列入英国“首相倡议计划”，上海市大学生科技创业基金会成立上海对外贸易学院分基金会。2010 年，党委书记武克敏和院长王新奎分别在全国高校党建工作会议和上海市高校党政领导干部会议上介绍了我校人才培养模式改革的经验。

五、学生工作推陈出新

自学校整体搬迁至松江校区,伴随着高等教育从“精英化”向“大众化”的转变,在校学生人数急速增加。2006—2012年,学校办学规模保持在1万人左右,成为真正意义上的万人大学的教育、管理和服务水平给学校各个部门的工作都提出了新的挑战。面对新挑战,学校学生工作积极变革大胆创新,在育人工作中取得了长足的进步与发展。

1. 以“学生成才为本”的工作理念,开创学生工作新高度

2006年,学校正式启动了学生服务中心、学生创业中心和学生自励中心的运行。在这些中心的建设和运行过程中,发挥了同学们参与各中心建设、运行和管理的作用,充分体现了以“学生成才为本”的办学理念。同年,由学校首创的学生社区居委会管理模式启用,这一管理模式得到了全国高校学生工作部门的高度评价,并在上海市高校中获得唯一的上海团市委颁发的首创奖。

2007年,学校在原有的学位后培训基地、学生就业指导中心、学生自励中心、学生创业实践中心等基础上,在古北校区设立了“大学生创业孵化中心”,在“孵化中心”建立了“大学生创业研究中心”。

学校搭建平台,倡导学生自我管理、自我教育、自我服务,增强学生的自立、自律、自强思维意识和能力,积极探索学生工作的新方法。同时,还积极做好学生成才的保障工作,如:做好各类奖学金的评选工作、学校各项学生资助工作、为困难学生提供多渠道的资助方式、稳步推进学生社区管理服务等工作。

2010年8月—9月,学校派出2 432名志愿者前往上海世博会园区开展开始为期16天的世博服务工作,志愿者们在服务期间展现出的三大特点:即明显的英语优势、过硬的服务素质和懂得感恩的情怀,展现了新时代的青年风采。学校策划拍摄的《上海对外贸易学院世博会志愿者纪录片》在世博会园区志愿者交接仪式上首播后引起强烈反响,10月24日晚,中央电视台音乐频道《百年歌声》栏目用较长篇幅选播了该片。学校的世博会志愿者工作自2009年5月便开始启动。期间,学校将招募、选拔、培训、氛

围营造、主题活动设计等作为工作重点,起到了很好的实践育人作用。在志愿者上岗前,学校精心制定了组织、宣传、健康、住宿、餐饮、激励、物资发放、交通等八大保障方案,确保志愿者们安心上岗、健康上岗。

学生在全国大学生各类赛事中取得优异成绩,如:2006 年在被誉为"大学生社会实践奥林匹克"的 SIFE 世界杯总决赛中获得全球总冠军;在国家"十一五"规划建言献策活动获得全国一等奖;在第一届 IVEY 中国案例分析大赛中获得冠军;在"用友杯"第二届全国大学生 ERP 沙盘对抗赛总决赛中夺得一等奖;在 AIA 金融案例大赛中获得全国冠军;在"CCTV 杯英语演讲比赛"中获得一等奖。2009 年,学校学生分别获得中国会展院校大学生专业技能大赛冠军、全国大学生英语竞赛上海赛区特等奖、第二届全国大学生网络商务创新应用大赛全国总冠军。2010 年 5 月共青团中央、教育部发文,授予学校国际经济与贸易专业 0607 班为"全国先进班集体"荣誉称号,学校 1 名学生获"全国三好学生"荣誉称号。2010 年 1 名学生获得宝钢优秀学生特等奖;2012 年,学校学生分别获得第八届"挑战杯"中国大学生创业计划竞赛铜奖、第五届全国大学生网络商务创新应用大赛全国总决赛一等奖、全国大学生英语竞赛一等奖和赛扶世界杯中国站的创新公益大赛一等奖。

2. *以学生自育为方针,打造学生事务管理与服务新平台*

学校着力推动勤工助学管理市场化。2008 年,勤工助学市场招聘会从往年的每学期举行一次改为每月举行一次,以贴近市场的招聘模式和展会模式,打造 JOBSHOP"岗位超市"的新型招聘会。JOBSHOP 兼职系列招聘会的策划、组织、接待、咨询、招聘、培训等一系列工作均由学生独立完成,旨在让学生更早地了解市场、更多地接触市场,从而增强学生的市场意识。同时,加强对学生模拟公司的培训与管理。勤工助学办公室推出"培训生"项目,让学生从不同岗位和角度来提高实践能力和综合能力,还面向学生增加了"面试与职场"、"沟通与效率"、"企业形象与品牌"等方面的培训。最后,办公室注重对学生社会责任意识的培养。勤工助学办公室下属的上海对外贸易学院义工联合会,长期开展"疯狂沪语"、"携手同行"、"金色麦田"、"热血行动"等常规项目活动。2008 年义工联合会义务为社会服务 1 680 小时,平均每学期服务 429 人次,每学期接受服务 678 人次。

另一方面,学校与社会资源合作开展帮困助学。学校主动联系社会个人、团体和校友以不同形式参与学生助学工作。

2006—2007 年,学校设立大学生医疗帮困互助金,并制定了《上海对外贸易学院学生医疗帮困互助金的管理规定》。学校通过困难补助、学费减免、国家助学贷款、帮困奖学金、勤工助学、社会资助等形式,累计帮助学生 2 135 人次,资助金额超过 400 万元。

学校与上海慈善基金会、中华慈善教育基金等社会慈善机构保持长期联系。2008 年 9 月 14 日,第五届慈善长跑在世纪公园举行,学校学生踊跃报名,共有 300 多人报名参加。2008 年,学校在新生入学时开展贫困学生绿色通道工程,为贫困学生提供一门式服务。来自灾区的贫困新生被纳入 2008 年国家助学金的资助名单;赠送贫困学生"绿色大礼包",内含各种生活用品。

2011 年 8 月 31 日,学校通过了上海市教育委员会对学校开展的 2009—2010 年度学生资助工作绩效评估,获得优秀。2012 年学校继续推进以"思源'3+3'"为核心的立体资助体系,即以自立、诚信、感恩教育体系为基础,依托勤工助学管理咨询公司、励勤人才公司、义工联组织平台,多角度多层次进行帮困活动。2012 年,学校成立了思源爱心屋,6 月起试运营,截至 7 月 3 日,拥有注册用户 359 人、访问用户 3 969 人次,共计置换爱心币 6 767 个,网上爱心屋的建立也大大开拓了学校的资助育人工作的平台。

3. 增强校友工作的活力和凝聚力

学校构建了校友总会、地区校友分会的区域组织体系,以"心服务、新媒体、兴文化"的工作理念不断推进各项工作。2008 年 1 月 26 日,江苏校友分会成立。7 月 19 日,山东校友分会成立。2009 年 7 月,深圳、香港、广州三地校友分会在深圳成立。10 月 24 日,学校北京校友分会成立。2010 年 5 月 15 日,安徽校友分会成立。7 月 25 日,江西校友分会成立。9 月 25 日,上海校友分会成立。2011 年 11 月 5 日,海南校友分会成立。2012 年 10 月 12 日,辽宁校友分会成立。

2010 年 10 月 15 日,学校举行校友理事会成立大会,来自北京、山东、浙江等 13 个地区的校友代表 50 余人参加成立大会。党委书记武克敏、院长孙海鸣和校党委副书记、副院长陈洁出席成立大会,校友理事会成立大会审议并通过《上海对外贸易学院校友会章程》,审议并通过上海对外贸易学院校友会理事会会长、副会长、秘书长及副秘书长名单。2011 年 12 月 10 日,学校第二届校友理事会年会在海南三亚举行,党委书记武克敏,副书记、副院长陈洁出席年会,法学院党总支书记陈百俭、学生处处长严大龙等相关领导以及来自北京、上海、山东、安徽、江西、江苏、福建、广东、海南等地区的校友代表 30 余人参加本次大会。2012 年 12 月 16 日,学校第三届校友理事会年会在古北校区举行。

为搭建校友和母校、校友和校友之间信息互通、共赢合作的平台,学校构建了传统的公共信息平台——《贸大校友》期刊(原《贸院人》期刊)和校友网站,建设了点到点的邮件和短信群发平台。2009 年,校友会根据工作需要编辑出版首期校友期刊——《贸院人》,为学校和校友构建沟通的桥梁。此外,学校还通过开展特色校友活动、成立校企实习基地、邀请校友担任客座教授等方式,让校友参与到学校发展建设中。

第六节　学科建设　服务社会

学校高度重视师资队伍建设,紧紧围绕学校在不同时期的发展战略需求,坚持“人才强校”战略,将引进与培养相结合,不断加大投入、不断推进人事制度的建设与完善,使师资队伍建设在总量规模、队伍结构、高层次人才等方面不断提升。人才质量的提升,为学科队伍的壮大、科研机构的建设、科研成果的提升奠定了基础,科研成果也成为学校服务社会的基础。

一、“人才强校”战略进一步实施

2006 年 12 月,学校在教育部的普通高校本科教学工作水平评估中得到了教育部专家组的高度评价。在此基础上,学校根据教育部专家组提出的整改意见,制定了相应的整改方案,提出了包括加强师资队伍建设、提高教师队伍学术水平在内的四大整改任务。

2007 年,学校以提高教育质量为标志的内涵建设进入实质性启动阶段,以落实国家“质量工程”为契机,将学校工作重心调整为:坚持特色办学道路,不断推进改革和创新,继续深化内涵建设。于是,在加强高等教育改革和发展的研究工作、夯实深化内涵建设的师资队伍建设基础上,学校做了很大的努力。2007 年 3 月,学校第二次党代会提出的实施"251"人才工程,即着力引进和培养 20 名左右学科带头人、50 名左右学科带头人后备梯队、100 名左右骨干教师。学科建设和科学研究的关键在于师资队伍。在调整学校学科专业和课程设置以及相应的师资配置结构的基础上,建立学科带头人、科研骨干和教学骨干队伍,完善相应的教学、科研和人事及收入分配管理制度。发挥教师在学校办学中的主体作用,进一步强化以各级学术委员会为主体的学术管理体系在学校管理中的作用。建立各二级学院教职工代表大会制度,提高学校依法办学和民主管理的水平。以教育教学工作为中心,形成干部、教师和学生"三位一体"的和谐校园环境。在人事制度上由"身份管理"向"岗位管理"转变,出台了《关于我校人事分配制度改革的工作纲要》等十一个文件,逐步实现了全员岗位聘任,校内岗位向社会开放招聘。教师岗位实行专职教师与外聘教师、兼职教师结合的聘任办法,在分配政策上实行鼓励竞争、兼顾公平,优先向为学校发展作贡献的员工倾斜,鼓励专职教师满负荷完成教学任务。管理岗位实行按岗定人的管理办法,管理干部实行岗级分离,管理员工实行聘任制和人事"代理制"。后勤服务岗位全面实行社会化管理。学校人事分配制度的深化改革所产生的激励作用进一步提高了工作效率,改变了工作作风。

2008 年,学校实施了包括师资队伍建设管理制度改革在内的 6 项改革措施。上半年,由各分管校领导牵头,根据《上海对外贸易学院 2008—2012 年学科建设规划》,分别制定了落实学科建设规划的包括《师资队伍建设实施方案》在内的 3 个《规划实施方案》。2008 年下半年,由各分管校领导牵头,根据各《规划实施方案》,在大量调研、征求意见、反复讨论的基础上,制定了包括与师资队伍建设相配套的《师资队伍管理办法》、《教师和其他专业技术职务岗位管理细则》、《教师和其他专业技术职务岗位校内津贴发放管理细则》、《校内津贴发放管理细则》、《上海对外贸易学院紧缺岗位人才引进管理细则》和《专业技术职务岗位聘任委员会议事规则》等 15 个配套管理文件。按《规划》确定的建设方案和建设目标,实施师资队伍建设管理制度改革的基本思路是要解决:(1)把师资队伍建设的重点从以增加师资数量、调整师资学历和职称结构为主,转到以提高师资质量、调整师资年龄结构为主的轨道上来;(2)把提高师资队伍质量的重点从以引进为主转向引进与培养相结合的轨道上来;(3)把师资培养的重点从以面上提升学历、学位为主转向以点上提升科研和教学能力为主的轨道上来。于是,提高学校师资队伍的质量、调整师资队伍的结构,成为2008—2012年发展的最重要工作。

2009年9月16日,学校开始启动更名大学和申报博士点授予权的筹备工作。鉴于师资队伍建设是学校《2008—2012年学科建设规划》的重中之重,2009年学校紧紧围绕学校办学目标,秉持"人才资源是第一资源"、依靠人才强校的师资队伍建设理念,积极营造有助于优秀人才脱颖而出的机制环境,努力建立有助于紧缺人才引进的特殊政策。当年内,在完成教师和其他专业技术人员岗位聘任工作的同时,建立鼓励教师在教学、科研工作中各尽所能的管理体制。在学科、专业与课程负责人三支队伍建设中,按照《规划》的要求初步完成了校内学科带头人、临时学科带头人的遴选和聘任工作;完成专业负责人换届聘任工作,成立学科建设指导委员会,完成校学术委员会的换届工作,修订学术委员会章程,启动实验教学中心和专业实验室负责人聘任工作。

2010年3月,学校启动骨干教师海外访学计划并制定《上海对外贸易学院骨干教师海外访学暂行办法》。同时,2010年,在学校总的目标、原则指导下,学校开始启动学校管理体系和管理模式的改革,探索建立校院(系)二级行政组织架构体系,按照"权责相应"的管理原则,目标为实现管理重心下移,最大限度发挥学校人、财、物、信息等各要素的时空效能,发挥院(系)在教学管理、科学研究和社会服务方面的自主性、积极性和创造性,增强学院办学活力,建立自我激励和发展机制。

2011年,学校平稳推进岗位设置与聘任工作,在2010年岗位设置工作的基础上,出台岗位设置方案、岗位设置实施方案及细则等5个文件,多次反复征求学校各方面的意见以求方案的科学性和兼顾各方利益。同时,2011年也是学校专业技术职务聘任改革工作中具有里程碑意义的一年,学校可以独立开展高级专业技术职务学术技术能力评议和职务聘任工作。为使聘任工作规范有序开展,学校制定了《上海对外贸易学院教师(研究)系列高级专业技术职务内部聘任暂行规定》和《上海对外贸易学院专业技术职务聘任实施办法》。在高端人才选拔方面,为提升学校人才队伍建设的国际化水平和整体层次,2011 年学校制定了《思源学者岗位计划》,设立各类“思源学者”岗位。启动师资储备工作,在编制范围内做好各类新进人员录用计划。编制问题一直是困扰学校发展的一个瓶颈因素,为缓解学校编制紧缺的压力,2011 年,学校全面启动师资储备工作,在编制允许范围内做好各类新进人员录用计划。同时,为从根本上缓解学校编制紧缺的压力,学校积极寻求上级政府和教育主管部门的支持。11 月,上海市教育委员会正式下文(沪教委人〔2011〕72 号文件),批准学校的编制数从 876 人增加到 1 096 人,新增 220 个编制数。为进一步加强师资队伍建设,学校召开了师资队伍建设工作推进会,进一步明确了“补足数量、提升质量、优化结构”的工作目标,同时就如何实现这一工作目标统一了思想、提高了信心。

二、人才引进培养效率加速

1. 总量规模显著扩大

2006 年之后,为服务“更名大学”、学科建设规划和内涵发展目标,学校积极调整岗位设置,不断加大人才引进力度,尝试建立多元人才引进模式,制定海外优秀人才引进政策,积极探索柔性引进人才的体制机制,使师资队伍总量规模显著扩大,较好地满足了学校发展需要。

截至 2012 年底,学校专任教师数量已达 681 人。其中,教授 110 人,占专任教师总数的 16.15%;副教授 303 人,占专任教师总数的 44.49%。专任教师中具有博士学位的教师达到 287 人,占专任教师总数的 42.14%;毕业于海外院校的教师有 65 人,占专任教师总数的 9.5%。学校初步建成一支学历层次较高、学缘结构较好、职称结构较为合理的师资队伍。

学校还每年聘请外籍教师 70 多人、兼职教师 200 余人。师资队伍总量规模的显著扩大,既满足了“更名大学”的师资要求,同时为学校学科建设、人才培养和社会服务等提供了更大的发展空间。

表 4-6-1　2006—2012 年全校教职工人员数量变化情况表

类　　别	2006	2007	2008	2009	2010	2011	2012
专任教师	563	565	567	582	570	599	683
行政人员	140	131	138	135	136	108	112
教辅人员	38	44	48	47	45	39	44
工勤人员	75	83	75	75	69	66	56
其他机构人员	20	17	21	19	20	20	23
合　　计	836	840	849	858	840	832	918
专任教师占总人数比	67.3%	67.3%	66.8%	67.8%	67.9%	72.0%	74.4%

备注：其中其他机构人员包含科研机构人员、校办企业职工和其他附设机构人员，时间节点为历年 8 月 31 日。

2. 队伍结构明显优化

在总量不断扩大的基础上，学校立足学科建设和人才培养的实际需求，采用自主培养和重点引进相结合的办法，使师资队伍在职称结构、年龄结构、学位结构、学缘结构、学科结构等内涵方面有了质的提升，结构明显优化。

（1）职称结构

截至 2012 年 8 月 31 日，学校高级职称教师总计 417 人，占教师总量的 61.1%。其中，正高级职称教师总计各主要教学研究单位高级占比相对较高，符合了学校重点学科优先发展的需要。具体情况见下表：

表 4-6-2　历年全校专任教师职称结构情况表(2006—2012 年)

年份	正高级		副高级		专任教师总数	高级占比合计
	数量	占比	数量	占比		
2006	60	10.7%	133	23.6%	563	34.3%
2007	62	11.0%	142	25.1%	565	36.1%
2008	64	11.3%	158	27.9%	567	39.2%
2009	68	11.7%	171	29.4%	582	41.1%
2010	70	12.3%	181	31.8%	570	44.0%
2011	82	13.7%	192	32.1%	599	45.7%
2012	110	16.1%	307	44.9%	683	61.1%

(2) 年龄结构

专任教师年龄结构呈现比较合理的正态分布,截至2012年8月31日,教师35岁以下(含35岁)占40.1%,36—50岁(含50岁)占46.6%,51岁及以上占13.3%。教师队伍以中青年教师为主体,结构合理,富有活力和可持续发展潜力。

表4-6-3 全校专任教师年龄结构情况一览表

	30岁以下	31~35岁	36~40岁	41~45岁	46~50岁	51~55岁	56~60岁	61~65岁	66岁以上	合计
总计	64	210	142	84	92	31	44	11	5	683
其中:										
女	38	138	80	42	44	15	8	3	1	369
正高级	0	1	10	18	34	10	24	8	5	110
副高级	2	86	93	51	45	15	12	3	0	307
中　级	51	113	37	15	12	6	8	0	0	242
初　级	11	10	2	0	1	0	0	0	0	24

(3) 学位结构

通过引进和培养,专任教师的学历学位层次有了显著提升。截至2012年8月31日,硕士及以上占83.6%,其中具有博士学位的有287人,占专任教师总量的42%,硕士学位284人,占专任教师总量的41.6%。

表4-6-4 全校专任教师学历结构情况一览表 (单位:人)

	合计	博士研究生		硕士研究生		本　科		专科及以下	
		小计	其中:获博士学位	小计	其中:获硕士学位	小计	其中:获硕士学位	小计	其中:获硕士学位
总　计	683	287	287	288	284	107	33	1	1
其中:女	369	135	135	182	180	51	18	1	1
正高级	110	59	59	34	33	17	1	0	0
副高级	307	171	171	102	99	33	9	1	1
中　级	242	57	57	134	134	51	21	0	0
初　级	24	0	0	18	18	6	2	0	0

3. 高层次人才建设取得较大进展

2006—2012年间,学校努力突破国籍、地域、人事关系等人才流动的制约因素,积极吸纳学术基础扎实、教学科研能力突出、具有创新能力和较高学术声誉的高层次人才,制定灵活的人才政策,完善人才工作机制,逐步构建高端人才基地,并且充分利用国家及上海市的各类高层次人才计划和政策,大力培养和引进包括"东方学者"、上海"海外名师"、校"思源学者"等在内的各类高层次人才,高层次人才队伍建设取得了较大进展。

2008年,根据上海市教育委员会的部署和东方学者岗位设置的"扶需、扶强、扶特"原则,学校组织八个二级学院申报东方学者岗位,并进行相关的遴选工作,12月,学校申报的会计学科东方学者岗位和东方学者人选李婉丽获得上海市教育委员会的批准。

2011年,学校组织开展"东方学者、思源学者、浦江学者、上海市领军人才、青年拔尖人才"的申报推荐工作。1名教师入选上海市浦江计划学者,1名教师入选上海市阳光计划学者,1名教师入选晨光计划学者,3名教授被市教委批准为东方学者(讲座教授)称号。同时,为提升学校人才队伍建设的国际化水平和整体层次,学校制定《思源学者岗位计划》,设立各类"思源学者"岗位,2名教师受聘"思源学者"讲座教授。

2012年,学校积极开展高端人才选拔。组织开展上海"海外名师"项目申报,学校申报的工商管理学院和WTO研究教育学院的2位教师入选;学校组织开展了"思源学者"申报和评审工作,共有9人入选"思源学者",其中特聘学者3人,讲座学者6人。学校有1名教师入选教育部"全国高校优秀中青年思想政治理论课教师择优资助计划"。

4. 青年骨干教师培养取得显著成效

青年骨干教师培养关系到学校发展的后劲和基础,学校非常重视青年骨干教师培养。2006—2012年间,学校在大量引进优秀青年教师的同时,进一步加强后续培养,形成全过程、全覆盖、多层次的培养体系,为青年教师提供和创造了广阔的发展平台和成长空间。学校实施青年教师带教制度,同时利用上海市青年教师培养资助计划,帮助与现有师资队伍迅速"融合"成为教学科研骨干。学校积极利用上海市的各类人才资助计划,如曙光学者、浦江学者、晨光学者、阳光学者等平台,同时配套相应政策,帮助青年教师获得更多的发展支持。学校积极开展学历学位提升计划,资助青年教师攻读博士学位和进行博士后研究。学校大力开展教师专业发展工程,资助中青年教师开展国外访学、国内访学、产学研践习,全面提升青年教师教学科研水平和实践能力。通过培养,青年教师在学科建设中发挥了重要作用。

根据2007年3月16日学校第二次党代会提出的实施“251”人才工程,即着力引进和培养20名左右学科带头人,50名左右学科带头人后备梯队,100名左右骨干教师的要求,在结合规划的制定,完成师资队伍管理制度改革的前期调研和准备工作的同时,学校积极组织青年教师申报市教委的优秀青年专项基金项目。2007年,共有63位青年教师获上海市优秀青年专项基金资助,获项目经费100万元。同时学校完成市教委和学校优秀青年后备人选培养期满科研项目验收和培养期考核工作。积极配合学科、专业和课程建设进行在职培训,先后共有166人次的教师参加了各种培训,其中骨干教师培训15人,资助教师参加学术会议95人次,知识产权培训、精品课程培训3人次,国内访问学者3人次,中外合作办学课程培训29人次,博士后培养3人。选派教师国外访问学者及培训10人,学历学位培训87人次,其中获得博士学位18人,获得硕士学位5人。这些培训项目为提高学校教师素质,优化教师学历学位结构打下了良好的基础。2007年,10位青年教师获得校第二届青年教师“教学质量奖”,9名获“教学质量奖”推荐奖。通过“教学质量奖”的评选,在一定程度上对教师投身教学工作,潜心研究教学方法,改进教学手段起到一定的积极作用,并在学校课程教学中起到一定的示范作用。

在2008年新进人员岗位培训工作中,共76人参加了此次培训,其中30人为2007年进校,46人为2008年8月前进校。骨干教师课程培训51人,其中精品课程37人。

2009年共有77人参加学历学位培训,其中博士66人,硕士11人。年内新增15人参加学历学位培训,其中博士14人,硕士1人。当年度学校共派出国内访问学者1人,国外访问学者及教师培训16人。骨干教师课程培训 12 人,其中精品课程 7 人。根据上海市教委的安排,组织学校符合条件的青年教师申报优秀青年专项基金,14 人申请,通过校学术委员会评议,共有 14 位教师上报至教委。2009 年学校共有 44 名上海市优秀青年专项基金项目获得者进行结项。

2010 年,教师学历学位提升仍然是学校教师培养的一个重要方面,学校继续对教师提供经费资助。年内,共有 177 人正在接受学历学位培训,其中博士 68 人(2010 年新增 15 人),硕士 9 人(2010 年新增 2 人)。

5. 师资队伍国际化水平大大提高

学校始终把国际化师资培养放在重要地位,一方面积极引进海外高水平师资和海外毕业的博士,同时利用国外访学计划、中外合作办学课程进修、海外博士培养计划、短期海外教学法进修等平台和方式,选派优秀教师出国培训,不断提高师资国际化水平,为国际化人才培养奠定坚实基础。

2008 年,学校外聘教师共 160 人,达到教育部规定的外聘教师数量,为学校的学科、专业和课程建设提供了充足的外聘教师。与此同时,为满足学校办学国际化战略的要求,学校积极实施"送出去"战略,启动了骨干教师海外访学计划。2010 年年初,根据校领导的指示,人事处在征求各部门意见的基础上,制定了《上海对外贸易学院骨干教师海外访学暂行办法》,加大了对骨干教师培养的力度,资助教师到海外名校进行为期半年到一年的访学进修。3 月份,学校启动了第一次申请,经学院初审、职能部门审核、专家评审、校长办公会议审定,11 位教师获得学校资助,其中法学院 1 人,工商管理学院 4 人,会计学院 1 人,金融学院 3 人,人文社科部 1 人。11 位教师全部具有高级专业技术职务,其中教授 A 岗 1 人,副教授 A 岗 8 人,副教授 B 岗 2 人。截至 12 月底,有 5 位教师已赴世界各地的名校进行访学研修,其他教师在 2011 年陆续前往海外名校访学。2012 年暑期,学校派出 15 名双语全英语课程教师赴美国 Suffolk 大学进修 3 周。此后,骨干教师海外访学成为常态,成为提升学校师资队伍国际化水平的又一手段。

三、学科建设实现多项突破

1. 制度建设

政策导向,制度先行。2006—2010 年期间,学校从上至下,群策群力,总结了科研工作的经验,结合社会发展和学校实际,提出全面落实"科研强校"战略,提高学校科研服务地方社会经济建设能力,以适应科研促进教学质量提高、科研促进创新型人才培养、科研促进学科建设、科研促进学位点建设的具体要求。明确提出科研工作要紧紧围绕学校整体发展,制定并出台若干科研管理规定和办法,为今后科研工作走向规范化、科学化和制度化奠定重要基础。

在具体措施方面:一是通过制度建设逐步构建类别齐全的科研培育体系。学校科研工作的重心在抓好重大科研项目申报、学科建设、学术梯队建设、科研平台建设等四个方面,逐步规范了科研管理,调动了教学研究人员的积极性。通过基础项目培育,积极论证、申报国家和省部级项目,实现国家级项目的新突破。二是构建数量质量并重的高水平成果评价体系。以政策为引导,坚持成果数量质量并重,制定项目成果质量要求、规范成果奖励制度、加大成果质量宣传,逐步完善学校科研成果评价体系。实施高水平成果奖励计划:每年对发表在 SCI、EI、ISTP 和 CSSCI 等及核心期刊的学术论文、国家级专业出版社出版的学术专著进行奖励,学校在资金投入和政策导向上向科研工作倾斜,并确定了科研工作要为地区社会发展、经济建设服务的奋斗目标。

2007 年,以加强学科建设为突破口,制定了《2008—2012 年学科建设规划》,确定了把学校建成上海国际贸易中心建设的人才培养基地和决策咨询思想库的发展目标。

2008 年,学校科研事业进入了快速发展阶段,科研组织管理工作的重要性日益凸显。学校科研管理部门继续边实践边探索,结合学校学科分布的实际情况,对 A、B、C 类刊物目录及奖励标准进行适当调整,修订并完善《上海对外贸易学院优秀学术期刊目录》。

2009 年,设置学科带头人(临时学科带头人)岗位,明确岗位职责、权利和义务,加大对重点学科的建设和管理力度。

2010 年,学校先后颁布《上海对外贸易学院学科建设管理办法》、《上海对外贸易学院学术活动资助办法》、《上海对外贸易学院获奖科研(教学)成果与优秀学术论文奖励实施细则》、《上海对外贸易学院优秀学术期刊目录》(修订稿)、《上海对外贸易学院科研标兵奖评选实施办法》、《上海对外贸易学院学术专著出版资助实施办法》、《上海对外贸易学院学科建设项目考核实施细则》、《上海对外贸易学院学科建设水平评估指标体系》等科研管理文件,进一步将学科建设与科研管理工作规范化、制度化,将学校的内涵建设推向新的高度。12月,学校正式启动对各二级学院落实《学科建设规划(2008—2012)》的绩效考核,同时对各级学科建设项目、各学科带头人进行年度考核工作。同年,学校根据《国家中长期教育改革和发展规划纲要》、《上海市中长期教育改革和发展规划纲要》的精神,全面推进国家质量工程建设,积极开展"085工程"建设,争取"扶需、扶特、扶强"项目的立项。学校质量工程项目边实施边总结,按时完成"085工程"先行先试建设项目,以学校定位发展规划为基础,为申报各级奖项作好准备。

2011年,学校制定了《上海对外贸易学院"085工程"学科群建设科研项目管理实施细则》,学校按照市教委要求,根据学校规划,经过定向招标,组织申报,取得了丰富的成果。同年,为全面贯彻落实《国家中长期教育改革和发展规划纲要》和《上海市中长期教育改革和发展规划纲要》,推进学校学科专业建设和科学研究的可持续发展,根据《上海对外贸易学院2011—2015年改革与发展规划》,制定《上海对外贸易学院2011—2015年学科专业建设分规划》。

2. 队伍建设

学校始终坚持"以人为本",贯彻落实"人才强校"战略,科研人才与创新团队逐渐形成群体优势。"十一五"期间以来,学校采取了包括从普遍提高教师待遇,到建立并实施学校优秀人才校内特聘津贴,再到设立优秀人才引进基金等一系列吸引和稳定优秀人才措施。学校科研管理部门采取了一系列优秀人才培养措施,通过培养与引进并举,学校科研人才与创新团队逐步壮大,优秀科研人才形成群体,学校积聚的人才已经成为推动学校科研发展的宝贵财富。

科研发展的动力在创新,创新的关键在人才。学校非常重视科研人才的引进与培养,科研梯队总体呈高学历、高职称、年轻化趋势。采取的主要措施:一是重点培养。学校根据学科建设发展需要,将有发展前途的青年教师列入学术梯队进行重点培养,鼓励他们外出进修学习,提高学历层次,扩大学术视野,在科研课题立项、申报、经费资助等方面均向中青年骨干教师倾斜,促使他们快速成长。二是通过实施"安居工程"、校内津贴分配等,有效地改善了广大中青年教师的生活待遇,在稳定人才、引进人才、促进学科梯队建设方面发挥了积极的作用。三是通过对高级专家返聘等政策,使部分学术水平高、教学科研工作急需的高级专家继续发挥他们在科学研究、研究生培养、青年教师培养等方面带头人的作用,确保导师队伍和学术梯队始终保持合理的结构和较高的水平。

3. 科研机构与科研成果

学校在不同的历史阶段确立了相应的发展理念、发展战略和发展方针,为促进不同时期学校科研工作指明了方向,为推动科研发展奠定了思想基础。2006—2010 年,学校确立了新的科研工作方针,调整了科研管理机构,优化了科研管理队伍,健全了科研管理制度,充分发挥多学科综合优势。经过艰苦努力,学校科研工作实现了持续快速发展。

截至 2012 年,学校有 2 个上海市重点学科,5 个上海市教育委员会重点学科。此外,还有国家级实验教学示范中心 1 个、国家级人才培养模式创新实验区 2 个(国际经济与贸易应用型专门人才培养模式创新基地、本科大学生创业教育基地各 1 个),省部级重点研究基地 3 个,是 WTO 教席单位高校和得到世界贸易组织认可具有自主开发博士项目能力的高校,上海市政府的"WTO 事务咨询中心"、商务部和上海市政府共建的"全球贸易投资研究咨询中心"均设立在上海对外贸易学院。学校还设立有 42 个非常设性研究机构,包括 3 个市级学术团体(上海国际贸易学会、上海美国学会和 WTO 上海研究中心)和 1 个国外研究基金(德国阿登纳基金会上海代表处)挂靠学校。学校办有《国际商务研究》和《WTO 动态与研究》两本专业学术杂志,其中,《国际商务研究》为国家文科重点核心刊物。

学校在国家级和省部级科研项目、优秀论文和专著发表等方面也显现出强劲的增长势头。2006—2010 年期间,学校共承担各类纵向科研项目 250 余项,项目总经费 950 余万元,其中国家级科研项目 13 项,省部级科研项目 103 项;承接各类横向科研项目 135 项,项目总经费 595 余万元;学校共获得省部级科研成果奖 12 项。学校共出版学术专著 89 部,平均每年出版专著 17 部;发表论文 1 929 篇,其中在 A 类和 B 类学术刊物发表论文共 202 篇,平均每年 40 篇。学校共主办各类学术研讨会 30 余次,并且呈现出人数多、层次高、影响大的趋势,提升了学校的学术声誉。学校科研虽然取得了长足的发展,但完成的科研项目数量、层次和质量与一些高水平的同类高校相比,存在明显差距。根据国家教育部审核,2010 年学校的研究与发展课题投入经费,在上海 30 所普通高校中处于第 17 位,企事业单位委托经费处于第 14 位,学术论文发表总数处于第 17 位,学术专著出版处于第 11 位,获奖成果处于第 15 位,五项指标在上海 30 所普通高校中处于中游状态。长期以来学校科研领域存在的"四多四少"现象(即指低水平重复多,高水平项目少;分散研究多,组成科研团队集中攻关少;一般成果多,获奖成果少;凭科研兴趣开展科研多,科研经费利益驱动少)已经开始发生实质性的改观。

表 4-6-5　学校 2005—2012 省部级及以上科研项目分类统计表

项目名称	2005	2006	2007	2008	2009	2010	2011	2012	合计
国家自科项目	0	1	1	0	0	2	6	7	37
国家社科项目	0	1	1	2	1	3	4	4	41
教育部人文社科	1	3	2	2	9	14	13	8	78
上海市决策咨询项目	0	1	0	5	5	18	23	22	136
上海市哲社项目	0	4	5	5	5	5	4	2	45
上海市科委项目	0	0	0	0	3	1	1	3	14

四、服务社会成为科研特色

为了积极服务国家战略与上海经济社会转型发展,按照"立足上海、服务全国、面向世界"的服务面向定位,学校始终以服务国家科学发展为主题,以服务加快转变经济发展方式为主线,不断增强服务经济社会发展能力,探索和建立全方位、多样化的社会服务体系。注重加强学校和学校、学校和政府、学校和企业、学校和社会的互动交流与深度合作,通过资源共享、项目合作、多方协作、战略联盟等不同方式,联合开展高层次人才培养和重大科研项目攻关,以此来提升学校的知识创新能力和知识服务能力,增强学校主动融入和服务地区经济、科技和社会发展的能力,努力使学校成为国家新型对外开放战略的高端智库,为国家经济社会发展做出应有的贡献。

学校科研基地建设和科研机构建设成效显著,已初步构建了较完善的哲学社会科学创新研究基地和成果转化服务平台,这些基地与平台在聚集人才和项目、培育人才和成果、提高科研水平和质量、服务国家和区域经济建设等方面发挥了积极作用。

科学研究注重“政产学研”结合,在国际贸易、关贸总协定、世贸组织(WTO)等研究领域享有盛名,科研成果直接为国家、商务部、上海市政府和企业的决策服务。以汪尧田、王新奎、周汉民、孙海鸣、朱钟棣、张磊、沈玉良等知名学者为代表的学术团队,为我国恢复关贸总协定地位、加入世贸组织谈判、入世后多边和双边贸易磋商与谈判、维护国家经济安全、上海市“四个中心”建设等,提供了理论与技术支持以及决策咨询方案。

学校长期保持与世贸组织等国际组织的合作,世贸组织多次派出高级专家支持学校的学术活动,并在学校设立了全国高校中唯一的 WTO 寄存图书馆和在线学习中心。学校多次与德国阿登纳基金会联合举办高端“WTO 年度论坛”,在国际上产生了重要的学术影响。

在商务部的支持下,学校成立了世贸组织贸易政策审议中心、WTO 争端解决机制研究中心等研究机构,以“贸易运行监控系统”建设为切入点,全方位开展与 WTO 全球多边贸易体制有关的基础研究和应用研究。学校教师连续 10 年承担《国别贸易投资环境报告》的编撰和翻译工作,该报告由商务部官方权威发布,具有国际影响力。2012 年,王新奎教授、沈玉良教授及其团队承担了商务部与上海市大型部市合作决策咨询项目——“经济全球化发展新形势下我国对外开放战略”。该项目是我国新开放战略的重要组成部分,时任上海市委书记俞正声、时任上海市长韩正和商务部部长陈德铭等领导对该项目先后做了重要指示。

学校研究团队以上海市普通高校人文社科重点研究基地、上海市社会科学创新研究基地、上海发展战略研究所工作室、上海市政府决策咨询基地、上海高校智库、上海高校知识服务平台等为依托,围绕上海最急需解决的重大理论和实际问题，为政府的决策提供方案。

学校颇具特色的研究领域和社会服务能力得到政府和社会的高度认可。经商务部推荐、世贸组织批准，学校成为世贸组织设立的全球首批 14 所、中国唯一的教席院校，张磊教授荣膺首届教席主持人，世贸组织总干事拉米来校亲授铭牌。沈玉良教授及其团队撰写的《关于加快上海国际贸易中心建设的理论与实践研究》获得第八届上海市决策咨询研究成果一等奖。特别需要指出的是，王新奎教授长期从事国际贸易方面的教学和研究，撰写过《世界贸易组织与发展中国家》等诸多论著，承担过《加入 WTO 与国家经济安全》、《世界贸易组织与发展中国家》等 10 余项重大科研课题，是商务部首批经贸政策决策委员会咨询专家。王新奎教授撰写的《关于加快上海国际贸易中心建设的若干思考》得到上海市委的高度重视，俞正声为此做了重要批示。2007 年，王新奎教授在第十六届中共中央政治局第 44 次集体学习会议上，作了“扩大对外开放和维护国家经济安全”的报告，对国家的对外开放政策产生了重大影响。

同时，学校的市教委重点学科也已经形成较强的研究团队，产生了一批有影响的研究成果。金融学学科聚焦跨国资本流动与金融市场、公司金融、金融服务贸易、风险管控与保险等研究方向，建立了一支结构合理的学术团队，在《经济研究》、《世界经济》、《金融研究》等刊物上发表有影响力的论文，承担国家级、省部级课题 40 余项，是学校应用经济学一级学科的重要支撑学科；企业管理学科围绕国际企业管理、公司治理与会计审计监管、市场营销等方向，承担国家级、省部级课题 50 余项；外国语言文学及应用语言学学科拥有国内外学界公认的研究实力最强、影响最大的澳大利亚文学研究团队，获得澳大利亚政府 2010 年杰出文学翻译奖、2012 年澳中理事会特别翻译奖。该学科团队在我国加入 WTO 前夕开始 WTO 术语标准化研究，为 WTO 术语标准化进程做出了重要贡献；国际贸易法学科围绕国际商法、世界贸易组织法、国际金融法等重要研究领域，形成了《论中美反补贴争端及其解决途径选择》、《美国国会关于货币立法违反 WTO 规则》等一批高质量研究成果，获得商务部奖励；产业经济学学科以产业组织理论、产业结构与产业政策、政府规制与公共政策为研究重点，以服务贸易产业结构与产业组织为研究特色,形成了《我国粮食市场政府管制有效性:基于小麦的实证研究》、《贸易开放、生产力形态与企业规模》等一批高质量研究成果。

第七节　校园文化　蓬勃开展

在迎接本科教学评估、50周年校庆、申请更名大学等重要时期,学校进一步梳理凝练属于上海对外贸易学院的大学精神。在全体师生的共同努力下,体现时代特征、学校特色和学生特点的校园文化日益浓厚,成功培育孵化了一批优秀的特色校园文化项目与品牌。

一、大学精神的传承与弘扬

大学精神是一所大学经过长期积淀、选择、凝练形成的价值体系和独特文化气质。它具有陶冶、凝聚、导向、激励等功能。弘扬和传承大学精神对于凝聚人心、激发动力具有重要的意义。学校根据发展实际积极探索大学精神的新内涵,充分发挥大学精神的引领作用,在迎接本科教学评估、50周年校庆、申请更名大学等重要时期,把大学精神进一步升华。

1. 从办学理念到新校训

办学理念是学校办学的出发点,也是大学精神的集中体现。在2006年召开的教代会上,院长王新奎在行政工作报告中指出,“以学生成才为本”的办学理念逐步深入人心,开始转化为每位教师和干部的自觉行动,学校各项工作出现新面貌。

2007年,《上海对外贸易学院2007年度工作计划实施方案》报告中把办学理念修改为“以学生成才为本,以教师为主体”。增加的“以教师为主体”,是为了强调教师在办学过程中的主体地位,希望教师在教书、科研、管理、育人等各项工作中发挥主人翁精神和主观能动性。在本科教学评估取得优秀的基础上,积极投身于学校申报教育部质量工程等新一轮发展机遇中。

校训是广大师生共同遵守的基本行为准则与道德规范,它既是一个学校办学理念、治校精神的反映,也是校园文化建设的重要内容,是一所学校教风、学风、校风的集中表现,体现大学文化精神的核心内容。学校原来校训是1989年确定的“严谨、勤奋、团结、创新”。这一校训不能有效反映学校的传统和特色。且当时许多学校校训中都含有严谨、团结、创新等词汇，较为雷同。随着时代的发展，丰富校训内容成为必然。

2010年是学校建校50周年，全校上下都投入到迎接校庆的工作中。师生们希望在校庆50周年之际，凝练形成学校新校训，凸显学校精神和校园文化。经过党委常委会讨论，4月2日，学校正式发文启动新校训征集工作，同时下发《关于征集新校训的通知》和《上海对外贸易学院新校训征集方案》。

新校训征集活动启动后，得到了师生们的积极参与。截至5月7日，共征集到校训方案267条。其中，学生提交197条、教工提交59条、校外人士提交11条。随后校训征集进入初评阶段。在初评阶段，新校训征集活动办公室在征集来的267条校训提案中挑选出100条候选条目，并将100条候选条目下发给各总支、直属支部和校团委，要求每个总支和直属支部各挑选出5条候选条目，校团委也进行了再次挑选。活动办公室将各总支和校团委挑选的校训再次整理，汇总出50条候选条目，并再次邀请相关教师对50条候选校训进行再一次的遴选。6月，学校召开两次座谈会，分别邀请有20年以上教龄的老教工和教授们对校训方案进行集思广益，确定了2条备选校训：“诚信、宽容、博学、务实”和“学以致用，商以载道”。经过又一轮全校投票产生了“诚信、宽容、博学、务实”的最终方案。

7月7日，经校党委常委会讨论通过，学校新校训“诚信、宽容、博学、务实”正式诞生。

新校训诞生后，学校开展了一系列宣传活动，举行了新校训征集活动表彰暨校训精神演讲展示大会。邀请《解放日报》记者与学生代表座谈，采访校训诞生背后的故事。记者徐瑞哲撰写的报道《立校之本“诚信宽容”——上海外贸学院寻找新校训的故事》于10月16日校庆日当天刊登在《解放日报》头版上。

2012年，学校开展了“弘扬大学校训精神，践行上海价值取向”系列活动，通过举办校训精神大讨论、校训精神教授座谈会、校训精神引领我成长朗诵大赛、校训纪念品设计大赛等系列活动，使“诚信、宽容、博学、务实”的校训和校训精神逐渐深入师生心中，新校训得到了师生的充分认同。

2. 凝练更名大学精神

校庆50周年过后，学校的中心工作转移到更名大学上来。2012年，学校正式成立更名大学工作领导小组和更名大学工作办公室，全校师生员工全身心地投入到更名大学的工作中。6月，学校接受了市教委聘请教育部高校设置评议专家对学校的更名工作进行预评估，教育部派出全国高等学校设置评议委员会专家组进校考察。学校制定了周密的接受专家组考察的展示和接待方案，很多师生参加了这项工作，为更名大学的工作做出了贡献。2013年1月18日，教育部全国高等学校设置评议委员会专家投票，通过学校更名大学。

在更名大学的过程中，全校师生员工做出了辛勤的努力，在各自的工作岗位上为更名大学工作默默地做贡献。在更名大学的过程中，学校的凝聚力得到了极大的增强；学校的办学基础得到了极大的夯实；学校的发展资源得到了极大的拓展；学校对现代大学办学规律的认识得到了极大的提升。

更名大学成功后，学校认真总结了更名大学过程中的成功经验，形成了更名大学精神。2013年6月4日，学校召开更名大学工作暨“办好人民满意大学”的大讨论总结会。党委书记武克敏回顾了学校从2001年到2012年五次提出更名大学并最终取得成功的艰辛过程，把更名大学精神总结为“敢于担当的精神、攻坚克难的精神、百折不挠的精神、团结协作的精神和脚踏实地的精神”。

敢于担当的精神体现在从校领导班子到师生员工，都有一种志在必得的决心和工作状态。校长孙海鸣在2012年教代会行政工作报告中提出：“我们一定要珍惜机遇、抓住机遇，以志在必得的决心，以举校一致的精神状态，排除万难，争取更名成功”；攻坚克难的精神体现在面对学校高级职称人数不足问题，人事部门积极与上级单位联系，落实引进教师落户问题。机关同志咬紧牙关、紧缩编制，把有限的编制全部投入到人才引进中。各相关单位全力以赴，攻坚克难，克服时间紧、任务重的困难，党政班子配合，积极慎重地引进高级职称的教师，全校的师资队伍指标按时完成任务；百折不挠的精神体现在办理土地证和房产证的过程中。面对只有4个月的期限,补办10年前的土地证和房产证几乎陷入僵局。相关同志发扬百折不挠的精神,不完成任务不罢休,一次一次地跑,终于在上报材料的截止日之前完成了办证;团结协作的精神体现在全校师生员工在更名过程中表现出的大局观和主动参与的积极性,在材料准备、成果展示、汇报接待、宣传环境氛围营造等环节互相配合协调,体现学校的管理水平;脚踏实地的精神体现在学校更名大学成功,源于多年来为更名大学所做的努力。学校以更名大学为契机,不断提高学校的办学水平,提升教学质量,更名大学过程中取得的每一项成果,每一项指标的达标,都是教职工脚踏实地一步一步实现的。

二、学术文体活动的蓬勃

学术文体活动涵盖学术类活动、文艺活动以及体育活动三个方面,是校园文化主要组成部分,也是丰富大学生生活必不可少的环节。学校迁入松江校区以来,学术文体活动随着学校各项改革的推进也呈现出阶段性特征。

1. 第一阶段(2003—2007年):以内涵建设为导向

2003年4月17日,国际经贸学院分团委、学生会举办"经贸学院艺术团成立暨汇报演出"大型活动。出席演出的有校党委副书记陈伟利、学生处处长董伊金、国际经贸学院院长徐小薇、副院长聂清、校艺术中心主任徐家仪。整个活动分为艺术团成立仪式和艺术团汇报演出两个部分。徐小薇与董伊金为艺术团成立揭牌,陈伟利作讲话。全部演出由经贸学院艺术团担当,表演形式多样,规模宏大,力求推陈出新,有大量原创歌舞与广大师生见面。艺术团的成立旨在"弘扬校园艺术文化,营造校园艺术氛围,提高校园艺术水平",本次活动将校园艺术生活推向一个新的高峰。

为更好加强高校学生的奉献精神和大学生的社会责任感,加强高校与社会之间的合作和交流,依据平等互利、共同发展的原则,2003年3月28日,国际商务外语学院与"市百佳小区"荣乐小区共同举行"上海对外贸易学院国际商务外语学院与松江岳阳街道荣乐居委会共建签约、揭牌仪式"。共建项目包括:进行义务劳动和义务讲座,发送各种科普内容的宣传单,设立外语角和家教中心,慰问孤寡老人,免费辅导家庭困难的学生以及开展各种文艺活动等。

2004 年 3 月 11 日，在“植树造林，美化校园”的横幅下，学校河东景岸区聚集了来自四个学院的学生党员和志愿者，就此拉开了一年一度全校植树活动的序幕。党委书记皮耐安，院长王新奎，副书记、副院长楼巍、副院长叶兴国、俞光虹、院长助理徐小薇及各部门负责人也拿起了铲子，加入了植树的行列。党委书记皮耐安指出：“松江的校区非常漂亮，我们要让它更漂亮。今天我们种下的树，明天就可以为学弟学妹们遮阴。这是一种为他人、为民族着想的精神。大学生要目光远大，踏实为人。植树活动其实也是一种内涵建设，陶冶情操，有助于提高学术和管理水平。让我们共同拼搏，为学校赢得更多的声誉。”院长王新奎指出：“环境保护问题已经成了全球性的问题。在和平崛起的今天，大学生就应该跑在前面，观察新的理念，培养新的发展观，这是要贯彻到平时的日常生活中去的。我衷心希望在同学们中，能多出几个环保卫士、积极分子。”经过师生的共同努力，二级学院楼东侧屹立起了 35 棵小树苗，以鲜活的生命与贸院一起成长。

2004 年 11 月 23 日，由宣传部组织，上海市教育科学院院长胡瑞文主讲的“人力资源开发与上海城市国际竞争力”报告会在 500 人报告厅举行。校党委副书记、副院长楼巍主持会议。针对当前人才现状、人才需求及国际竞争力热点，胡瑞文立足于全国人力资源与发展改革的背景、上海人力资源开发及如何竞争等问题，以大量的数据阐述了从人口大国迈向人力资源大国的问题、中国教育进展以及高等教育布局、结构调整。

2005 年 4 月 14 日下午，德国批发和外贸协会会长伯尔纳来到学校松江校区，为国贸专业的研究生做了题为“德中贸易潜力和欧盟对华贸易政策”的演讲。叶兴国副校长主持了当天的演讲活动并在演讲前会见了伯尔纳先生一行。第五届“浩英杯”大学生辩论邀请赛于 10 月 12 日在信息楼 300 人报告厅拉开战幕。由上海市浩英律师事务所出资的“浩英杯”辩论赛作为学校传统赛事，旨在培养学生对知识的灵活运用、雄辩的口才和快速反应能力，通过辩论使学生领略到辩论的精神，感悟思辨的人生。本届“浩英杯”赛由法学院分团委、学生会主办，其他各二级学院协办。全校四个学院8支参赛队将就“大学生人际关系应以竞争还是合作为基础”、“大学生学术研究应以提出问题还是解决问题为主”等辩题展开激烈辩论。比赛秉持“公开、公正、公平”的原则，采用单败淘汰制，最后决出冠、亚、季军。

2006年，学校接受了历史上第一次国家教育部的普通高校本科教学工作水平评估并顺利通过，并达到了“以评促建”的目的，学校各项工作均上升了一个台阶，形成了鲜明特色的对外经济贸易应用型人才综合素质培养体系。2007年，被誉为学校以提高教育质量为标志的内涵建设进入实质性启动阶段的关键一年，在同年三月召开的第二次党代会上确立今后五年内涵建设的工作目标，此阶段也成为了学校历史上转型发展的关键阶段，反映在学术文体活动方面也取得了骄人的成绩。

2006年以来，学校学生多次在国际或全国性的实践性准专业竞赛中获得优异成绩。2006年4月，学校法学院五位学生所提的“通过立法和制度建设，建立健全社会预警机制和重大信息披露制度”的建议，被国家发展与改革委员会评为国家“十一五”规划公众建言献策活动一等奖。2007年，学校学生在第五届JESSUP国际法模拟法庭中国区选拔赛、“达能杯”国际商业策划大赛、第十一届“外研社杯”全国大学生英语辩论赛、赛扶(SIFE)2007中国赛区总决赛、“用友杯”大学生ERP沙盘模拟对抗赛、“CCTV杯”全国英语演讲大赛上海赛区、第五届“共立杯”日语演讲比赛、第二十一届上海市大学生日语演讲比赛等8项赛事中共获得一等奖5次、二等奖3次。此后，学校学生在重大国内国际大赛中均获得不同程度的奖项，进一步说明了学校培养的突出成效。2007年11月，学校举办第九届体育节，为期一个月，以“扩大参与程度、推广新兴项目、理论与实践结合、开拓学生视野”为宗旨，全体师生积极参与。而学校团委大力开展既有新意也有情意的学生活动，比如在2007年8月27日至9月6日新生军训期间，学校开展了以写家信为主要形式的感恩教育活动，并荣获2007年度上海“五四红旗团组织”的共青团系统最高荣誉。

各二级学院也继续举办了高质量校级品牌活动，如金融管理学院分别举办了第九届和第十届金融案例分析大赛，兼备专业性和学术性，注重学生专业水平和学术水平的培养，参赛队伍运用多种方法对各个行业进行分析，有效锻炼了学生运用专业知识和团队合作的能力，累计参与人数达1 000人；国际经贸学院也先后举办了趣味体育节、新生杯篮球赛和学院杯篮球赛，还有RMIT联欢晚会；另外还有外语学院英语演讲比赛、三国语言小品大赛等，这些活动极大地丰富了学生课余生活。

总体而言，这阶段随着学校教育综合改革的推进，大力加强和谐校园建设，以及以国家教育部的普通高校本科教学工作水平评估为契机，学校学术文体活动取得了新的突破，在充实大学生生活的同时，更加强调质量、内涵，积极参与各项大赛，有力配合了学校内涵建设。

2. 第二阶段(2008—2012年)：以与专业结合为导向

此阶段，学校层面和学院层面均举办了规模大、形式多、创新十足的学术文体活动，主要有如下：

2008年9月1日，北京2008年残奥会火炬接力上海市传递活动的起跑仪式在我校举行。上海市人大常委会主任刘云耕在起跑仪式上致辞。在北京奥组委圣火礼仪人员护卫下，中共中央政治局委员、上海市委书记俞正声从残奥会圣火火种灯里点燃第一支火炬，拉开了北京2008年残奥会火炬接力上海市传递活动的序幕。校党委书记武克敏担任第五棒火炬手。学校各相关部门积极配合宣传部做好宣传工作，营造气氛，为传递活动的顺利举行做出贡献，同时也向社会展现学校的良好形象。

2008年11月11日上午，上海对外贸易学院第二十一届运动会在松江校区运动场隆重举行。2009年9月25日，学校隆重举行“爱国歌曲大家唱——祖国万岁”歌咏大会。2010年是学校建校五十周年。10月16日，学校隆重举行校庆庆典，共有53家来自国内外院校代表及两千余名校友参加庆典大会。2011年是中国共产党建党90周年，学校于6月举办庆祝建党90周年系列活动，包括“唱支歌儿给党听”红歌会、演讲比赛、摄影比赛、征文活动等，全校师生积极参与，收获了良好的成效。2011年1月，教育部网站公布2010年高校校园文化建设优秀成果奖，学校《学校人文景观文化提升项目》成功入选，也标志学校校园文化建设上升了一个新的台阶。2011年11月24日，学校举办主题为“传承、创新、育人”的上海校园文化建设论坛,积极参与上海市校园文化建设工作。

与此同时,此阶段也出现了一些新的文体活动形式。在体育活动方面,体现得格外突出。从 2008 年起,学校在大学体育课程中启动了“三元一体”课程模式,将体育课堂教学、体育社团和体育俱乐部三者有机整合,统一纳入体育课程进行“学分制”课程化管理,为学生提供不同层次、不同形式、灵活多样的体育活动平台。学校坚持实施“个性化”课程改革模式,开展“体育俱乐部”新尝试。同时积极推进“北冰南展西扩东进”战略,开创上海冰上运动新纪元。2012 年 2 月 2 日,学校学生冰壶队正式成立,并成为上海冰壶队主要成员。同年 4 月获得全国冰壶队冠军赛第六名的好成绩,冰壶队成为了学校的一项特色活动。另外,为传承中华优秀传统文化,弘扬优秀传统体育文化之精神,学校大力推广传统体育文化项目,成立中华传统体育教研室,形成传统体育特色课程群,面向全校学生开设“中华传统体育文化”等通识教育课程,射艺、龙舟、风筝、武术等成为我校的特色项目。

在学院层面,新成立四个二级学院,直接影响了学校学术文体活动的格局,活动的内容和主题都得到相应的扩大。以前的四大学院除继续举办已有的活动外,还策划并开展了新的活动,并与相关的专业有机结合,比如国际经贸学院的经贸学术论文大赛、进出口贸易模拟实战、物流设计大赛;金融管理学院自 2010 年举办的金融模拟股票投资大赛;工商管理学院自 2008 年来举办的商业策划大赛和魅力 HR 大赛、会计学院自 2009 年举办财会精英挑战赛;会展与旅游学院自 2011 年举办园游会等。

此阶段的学术文体活动呈现出与相关专业有机结合的特点。在丰富各项活动的同时,注重学生专业实践能力的锻造。此外,学校还在重大节日之际,举办系列文体活动,规格更高、内容更宽、质量更优。总之,学校校园文化建设在此阶段上升了一个新的台阶,为日后学校大发展奠定了良好的基础。

三、校园文化品牌的创建

学校始终秉持“以学生成才为本”的办学理念,立足服务于国家和上海经济社会发展,坚持“育人为本、德育为先”,注重培养学生“知识、能力、素质”协调发展，搭建各种文化育人平台，不断推进校园文化的繁荣与创新，充分发挥文化育人在培养学生综合素质和创新能力过程中所产生的润物无声的重要作用。

这一时期，在全体师生的共同努力下，体现时代特征、学校特色和学生特点的校园文化日益浓厚，成功培育孵化了一批优秀的特色校园文化项目与品牌。

1. 感恩教育项目

为提升当代大学生的道德水准和感恩意识，建设和谐校园，2004 年 8 月，以“大一新生写封家书向父母感恩”的活动为契机，拉开了感恩教育系列活动的大幕。学校从大学生成长规律和成长需求出发，循序渐进，围绕促进大学生成才发展的根本目的，从大学生熟悉的生活情境和社会现实切入，逐步发展构建一套感恩教育体系。包括新生教育：感谢父母；延伸教育：感谢社会；饮水思源：感谢老师；离校教育：感谢母校。

2. 学生自励中心项目

上海对外经贸大学学生自励中心成立于 2005 年。“自我砥砺，成就卓越”是自励中心的核心理念，最初由学生自主提出，是青年大学生励志精神需求的现实反映。学校将来自学生的励志愿望与学校精神传承和德育工作相结合，积极引导和扶持自励中心发展，构建学生群体文化导向、文化层次、文化氛围的标杆式平台，形塑学校励志文化。该项目获得教育部校园文化优秀成果一等奖。2012 年，上海对外贸易学院学生自励中心被评为上海市青年五四奖章集体。

3. 社会主义核心价值观教育项目

自 2006 年来，学校积极创新校园文化载体，以社会主义核心价值观引领校园文化建设，使之成为其纲领和核心灵魂，在打造高品位校园物质文化的基础上，推进社会主义核心价值体系融入校园。项目运作初期，学校旨在将社会主义荣辱观和以民族精神、时代精神为代表的社会主义核心价值体系融入社会主义核心价值观教育。随着党中央深入凝练解读社会主义核心价值观内涵，项目运作内容力求与时俱进，依托现有平台，开创新兴载体，坚持进教材、进课堂、进课外、进网络、进教师队伍建设、进评价体系，深化社会主义核心价值观教育在校园文化中的关键作用，落细、落小、落实。2007—2008年，学校成立“协力课程”课题组，形成以“感恩”、“宽容”、“责任”为主的价值观教育文化品牌。学校利用新生教育环节开展“爱心与责任主题教育”、“大学生成才规划教育”活动，利用学校“创业中心”、“自励中心”、“志愿服务中心”、“大学生居委会”等平台，通过专家讲座、内心感悟、社会实践等各种方式，凸显价值观教育。2009—2010年，学校成立校史项目组，改造校史馆软硬件设施，推进“校史馆爱国荣校教育基地”系列主题活动，弘扬爱国精神。同时，学校运用校史馆平台，成立“大学生校史讲解团”，开展“校史讲堂”、“党史校史知识竞赛”等，紧扣社会主义核心价值体系“两个精神”的精髓。2011年，该项目荣获上海教育系统校园文化建设优秀项目奖。

4. 法律文化节项目

党的十八届四中全会提出“将法治教育纳入国民教育体系”，学校法学院依托专业优势，将法治教育融入第二课堂，让学生从第一课堂所学得到进一步的提升。2007年5月14日，法律文化节项目应运而生。法律文化节主体活动的开展以线下定期或不定期的聚集为主，而法律意识和法律修养的渗透则于线上贯穿始终，浸润无声。随着新媒体网络的发展壮大，法律文化节注重求新求变，与时俱进。2010年11月，学校成为第三批易班试点高校，法律文化节随即开始通过易班等网络渠道发布活动信息，传送法学资讯，发表学术观点，交流热点评析。2011年后，又开通了微博、微信等网络载体平台，适应当代学生浅阅读特性，最大程度保证了法治教育的“点对点”实效。

5. 校园景观项目

学校建筑、雕塑、植被等人文景观是校园文化形象化表达的基本载体，是校园文化的基石，是学校历史的有机组成部分，是师生员工精神风貌的形象标识，对于传承和发扬校园文化具有重大意义。2009年，学校校园人文景观文化提升项目正式启动，该项目由6个子项目组成，分别是校园人文景观新义释读、史海撷珠——校园历史故事集锦、“我爱校园”校园人文景观征文、校园景观摄影展、“有故事的人——我的校园生活”征文、校园人文景观宣传。2009 年,该项目荣获上海市教育系统 2009 年度校园文化优秀项目,是上海市教育系统 2009 年度校园文化建设十个优秀项目之一。2010 年,荣获上海市校园文化立项项目。2011 年 1 月,在教育部思想政治工作司开展的 2010 年高校校园文化建设优秀成果评选中,获 2010 年高校校园文化建设优秀成果奖。

第五章　励精图治　踵事增华(2013—2020)

2013年,教育部高校设置评议委员会投票表决通过了学校更名为上海对外经贸大学的申请,实现了几代外贸人更名大学的梦想。更名大学的成功为学校谋划未来在更高水平和更高层次上的发展创造了条件,成为推动学校新一轮跨越式发展的强大动力和宝贵财富。2015年,为贯彻落实国家和上海推进中长期教育改革和发展规划纲要、深化教育领域综合改革的各项举措,学校启动综合改革和"十三五"规划编制工作,形成了综合改革方案及《"十三五"改革和发展规划(2016—2020)》方案。"十三五"规划进一步明确了高水平、国际化、特色鲜明的应用研究型大学的办学定位,进一步强化了"以学生为本,以学术为魂"的办学理念,确立了到2020年"全面完成应用研究型大学战略转型"的发展目标。

第一节　更名大学　踔厉奋发

更名大学,是几代贸院人的梦想。进入21世纪以来,师生员工及社会各界人士对上海对外贸易学院更名大学的愿望日益迫切。更名大学是一项艰巨的工程,从2001年至2013年,学校共用了12年的时间,才实现这一目标,完成历史性跨越。

一、更名大学的背景

1. 上海建设"四个中心"国家战略和大力发展服务经济为更名带来契机

2001年,国务院批复《上海城市总体规划》,明确上海要建设国际经济、金融、贸易、航运中心。2009年,国务院发布《关于推进上海加快发展现代服务业和先进制造业建设国际金融中心和国际航运中心的意见》(国发〔2009〕19号),标志着国际金融中心、国际航运中心建设取得实质性进展。2011年,上海市在《国民经济和社会发展第十二个五年规划纲要》中进一步明确“四个中心”建设的战略措施,即大力发展服务经济,形成服务经济为主的产业结构体系。伴随上海经济格局从制造业为主转向以服务经济发展为主的演变,上海及长三角地区对经贸人才的取向,从原来相对单一的专门人才取向转为能适应国内外复杂环境变化和更具竞争力的综合性、高素质人才取向。然而,能够适应上海“四个中心”建设要求和服务经济、服务贸易发展需求的高层次对外经贸人才存在很大的缺口。因此,学校如能顺应变化,根据大学的设置标准进行更名,走高水平、多科型道路,则可以为上海乃至长三角地区培养高层次应用型对外经贸人才,在更高的起点上服务国家战略。

2. “学院”的名称逐渐制约学校办学水平的提高和社会贡献力的增强

在中国高等教育的语境下,更名大学是高校事业发展到一定阶段的必然要求。上海对外贸易学院曾是外贸部设立的 4 所部属院校之一,而其他 3 所高校均已变为大学建制的高校;学校所归属的国家 58 所财经类本科院校中,也有近半数已变为大学建制的高校。学校自 1994 年划转上海市人民政府管理以来,校园面积扩大 10 多倍,办学规模扩大 5 倍多,学科专业进一步拓展,多学科格局形成,学校品牌效应不断显现,继续沿用“学院”的名称,已在客观上制约学校的发展,具体表现为:不能准确地反映学校多学科的办学现状,难以获得与学校实力相符的社会影响与声誉;不利于吸引和留住高层次人才;不利于与国内外高校的对等交流;二级教学单位已采用“学院”命名,与校级层面的名称重叠,制约行政管理体系运行效率。因此,更名大学是学校拓宽发展空间的内在动力。

3. 国家和上海中长期教育改革和发展规划为更名提供政策支持

随着国家和上海中长期教育改革和发展规划的实施,学校更名大学迎来越来越好的政策环境。《国家中长期教育改革和发展规划纲要(2010—2020)》提出,加快从教育大国向教育强国、从人力资源大国向人力资源强国迈进,而我国教育还不完全适应国家经济社会发展和人民群众接受良好教育的要求,教育结构和布局不尽合理。而仅就这一问题对比上海与北京,两者的差距也非常明显。据教育部统计,截至 2011 年 5 月,上海市普通高等学校共 62 所,大学建制高校共 17 所;北京市普通高等学校共 82 所,大学建制高校共33所;上海市财经类高校共15所(未含独立学院),大部分为专科层次,大学建制的财经类高校仅上海财经大学1所,而北京市则有对外经济贸易大学、中央财经大学、首都经济贸易大学和北京工商大学等4所。可见,尽管上海人口规模、经济规模都超过北京,但在高等教育尤其是财经类高等教育规模、结构和层次上,上海与北京还有相当大的距离。因此,上海迫切需要进一步优化高等教育的布局结构和层次。"十二五"期间,上海高等教育确立"以提高高等教育质量和国际竞争力为核心、以优化高等学校结构和布局为重点"的主要目标,构建"规模稳定、结构合理、质量卓越、效益显著"的高等教育体系,使上海高等学校的类型更多样、体系更完善、竞争力更强大。《上海市高等学校设置"十二五"规划》明确提出:要按照国家有关院校设置标准,结合上海城市发展的特点,本着有利于推进上海"四个中心"建设、有利于形成高校品牌效应、有利于提升高等教育国际竞争力、有利于提高应用技术型人才培养质量等原则,引导上海对外贸易学院等高校改善办学条件,提高办学质量,支持学校更名为大学。

二、更名大学的历程

按照教育部审批高校更名的工作程序,每三年会有一次申报更名的机会,第一年受理中东部学校更名,第二年受理西部学校更名,第三年受理高职高专学校设置。从2001年以来,学校意识到"更名大学"对学校发展的重要意义,始终致力于从学科、专业、课程与师资队伍的建设目标上与更名大学的相关指标进行对应,以进一步明确特色,理顺结构,提升层次,打造品牌,为更名打基础。2006年,学校通过教育部本科教学水平评估,教育部评估专家提出,学校在未来发展定位上,应由教学型向教学研究型大学转型,在更高水平上服务国家利益。专家的建议进一步坚定了学校更名大学的决心。2007年,上海市教委报教育部发展规划司《关于"十一五"期间上海高校更名大学的规划要求》(沪教委〔2007〕41号),将上海对外贸易学院列为更名大学的两所学校之一,标志着上海市教委对学校更名的支持迈出一大步。2009年,上海市在呈报教育部的《上海市高等学校设置"十一五"规划》文件中,明确表述"支持符合条件的本科学校更名为大学",其中包括"上海对外贸易学院更名为上海对外贸易大学"。

2011年11月,上海市教委正式向学校下达220个编制,帮助学校解决更名大学中师资队伍达标的问题。随后,学校各部门、各教学单位在之后不到一年的时间里,引进一批高级职称的教师,使全校师资的数量和质量都上了新台阶。

2011年11月25日,上海市教委发文《上海市教育委员会关于同意将松江大学园区部分储备共享土地划拨上海对外贸易学院的批复》(沪教委财〔2011〕119号),同意从松江大学园区储备共享土地中划拨126 540平方米(合190亩)给学校。这块土地位于原校址南侧,南至文翔路,东至人民北路,西至龙城路。以解决学校更名大学指标中土地面积不到800亩的问题。

2012年2月,学校成立了更名大学工作领导小组和办公室,领导小组由党委书记武克敏和校长孙海鸣担任双组长,副组长为夏斯云、陈洁、叶兴国、俞光虹、徐小薇、戴金华、聂清。领导小组下设办公室,主任为副校长俞光虹,副主任为校高教研究所所长宋彩萍和校长办公室主任董伊金。办公室成员有周斌、张鸿、温建平、温耀庆、秦淑娟、严大龙、唐旭生、钱显鸣、马俐俐、王文丽、朱龙艳、翟莉、陈加林、谢峰、缪韵笛、姚福生、吴素梅、李少丹、陈成、王宏霞、姜传松、查自力。办公室按更名大学的时间节点开展工作,共编写32期《更名大学工作简报》。

2012年8月,学校领导召开务虚会,专题讨论更名工作,提出“要牢牢抓住发展的机遇,把握住更名大学的契机,把更名大学作为推动学校快速发展的动力,抓住最后两个月的机会,确保体现学校办学水平的更名大学指标达标;确保教育部专家组能够进校实地考察评估学校;确保各项准备工作万无一失”的工作要求。与此同时,学校全面完成《2008—2012年学科建设规划》,并完成更名大学指标中的土地证、房产证,完成了师资队伍的指标,27个更名指标全部达标。

2012年8月1日,为解决更名大学中办理土地证和房产证的难题,在上海市政府和市分管领导的支持下,市政府召开专题协调会,确定了特事特办的方针,虽几次陷入僵局,但学校最终在上报材料的截止日前完成任务,松江校区文贸路以南的190亩及松江校区610亩地得以划拨到位。松江校区房地产权证共计 16 幢楼、建筑面积 100 522.47 平方米。古北校区房地产权证共计 18 幢楼、建筑面积近 49 501.76 平方米,全部办证成功。

2012 年 8 月 25 日,上海市教委聘请教育部高校设置评议专家对学校的更名工作进行预评估,学校完成更名报告,充分论证了更名的必要性和可能性,提出将上海对外贸易学院更名为"上海对外经贸大学"。专家组给出了"达到更名大学的有关要求"的评价。

2012 年 9 月 17 日,上海市教委完成《关于上海对外贸易学院更名为上海对外经贸大学的论证报告》;上海市人民政府向教育部发出《上海市人民政府关于申请将上海对外贸易学院更名为上海对外经贸大学的函》(沪府函〔2012〕126 号),认为学校"已基本达到大学设置标准,现申请将上海对外贸易学院更名为上海对外经贸大学"。

2012 年 12 月 6 日,国家商务部向教育部发出《商务部关于上海对外贸易学院更名为上海对外经贸大学的函》(商人函〔2012〕1092 号),支持学校更名,明确表示,学校更名将"有利于其为商务事业科学发展发挥新的更大作用"。

2012 年 12 月 14 日至 15 日上午,教育部派出全国高等学校设置评议委员会专家组进校考察。学校制定周密的展示和接待方案。上海市教委副主任李瑞阳参加考察,学校党委书记武克敏、院长孙海鸣、副书记夏斯云,副书记、副院长陈洁,副院长叶兴国、俞光虹、徐小薇陪同考察。14 日上午,院长孙海鸣作《努力建设特色鲜明的对外经贸大学》的工作汇报,从历史沿革、更名大学的必要性、可行性及建设上海对外经贸大学的发展规划和保障措施等方面进行阐述。专家组成员就相关问题进行提问,学校教师代表、老同志代表、学生代表和二级单位、部门的党政负责人参加汇报会。14 日下午,专家组察看学校学科建设成果和研究基地成果展示,考察国际商务实验中心、智能决策实验室、商务全球视频中心、模拟法庭等实验室,考察图书馆、教学楼、教师办公楼、体育设施、食堂、学生宿舍以及学生服务中心等。15 日上午,专家组核查学校更名大学文件资料,对学校进一步发展提出建设性意见。

2012 年 12 月 31 日,上海市教委向教育部发出《上海市教育委员会关于为上海对外贸易学院等三校更名为大学提供支持的函》(沪教委发〔2016〕220号),积极支持学校更名,市教委明确表示,“将向三所申请更名为大学的高校适当倾斜同时还将在基本建设方面给予重点支持”,“其中上海对外贸易学院共有古北校区综合楼、松江校区学科和实验实训楼等5个项目,共计220 559平方米,预计投入77 843万元”。

2013年1月18日,教育部全国高等学校设置评议委员会专家投票,通过学校更名大学。2013年4月18日,教育部发文《教育部关于同意上海对外贸易学院更名为上海对外经贸大学的函》(教发函〔2013〕55号)。2013年5月14日,教育部网站正式对外公布批准上海对外贸易学院更名为上海对外经贸大学的信息。

通过更名大学,学校主干学科和研本比达到教育部规定的标准;专任教师数从570人增至667人,高级职称教师特别是正高级专业技术职务教师达到国家规定标准;省部级以上科研奖励达到15项;学校占地面积(产权)从2010年的724亩增至2012年的1 003亩;固定资产总值从2010年的54 133万元增至2012年的62 421.9万元,学校办学基础得到夯实,发展资源得到拓展,凝聚力得到增强。

三、开启办学新纪元

2013年成功更名大学是学校发展史上的一个里程碑事件。更名大学能够成功是学校历代师生长期艰苦奋斗的结果,是学校创业精神和优良传统的集中体现。从此,学校的发展进入了全新的阶段,开启办学的新纪元。更名之后,全校师生从此有了一个响亮的名字:“上经贸大人”。学校通过开展“努力办好人民满意的教育”大讨论、制定学校教育综合改革方案、不断完善学校治理结构、谋划“十三五”事业发展改革规划和制定六个“三年行动计划”,饱含激情描绘着事业不断向前发展的斑斓画卷。

1. 开展大讨论,“上经贸大人”确立学校事业新起点

学校党委在2013年4月开展“努力办好人民满意的教育”大讨论,以全校各基层党支部为单位,组织全体党员师生在认真学习现代大学制度、客观分析学校现状的基础上,围绕建设上海对外经贸大学的意义、现实基础、面临的形势、需克服的瓶颈、困难和办学指导思想、办学目标、近期步骤和

做法等问题进行深入、广泛讨论。通过调研和大讨论,全校达成共识,在建设上海对外经贸大学过程中,要对学校“十二五”时期的事业发展规划进行修改和调整,并在此基础上,提出学校中长期发展规划目标,即:学校在认真贯彻国家和上海中长期教育改革和发展规划纲要精神的基础上坚持以发展为主线,以改革创新为动力,以提高质量为核心,立足上海、服务全国、面向世界,确立学校发展的长远目标是:建成一所在国内同类高校中居于前列、在国际上有影响、多学科协调发展、特色鲜明的高水平教学研究型大学;而近期目标则是要把学校办成特色鲜明的对外经贸大学。

2. 谋求新发展,主动对接教育综合改革

2014 年,国家确定北京大学、清华大学以及上海市作为教育综合改革试点,进行先行先试,有效探索。在上海教育综合改革试点方案中,涉及高校的有 120 多项,所涉内容不仅广泛,而且事关学校未来纵深发展。2015 年,学校根据上海市教委下发的《上海市属公办高等学校深化综合改革指导意见》,成立综合改革领导小组和工作组,启动深化综合改革方案的制定工作。

学校党委召开会议,提出了全面贯彻党的教育方针和政策,全面落实国家和上海市中长期教育改革和发展规划纲要,全面贯彻《上海市教育综合改革方案(2014—2020 年)》精神,明确“以学生为本,以学术为魂”的办学理念,以立德树人、提高人才培养质量为核心,以人才培养模式、学科建设模式和人事管理模式的创新为主线,以相关制度设计为运行平台,以整合优化资源和提高使用效率为手段,为实现高水平、国际化、特色鲜明的应用研究型大学的发展目标创造良好的制度环境和营造良好的文化氛围。

学校综合改革方案经过凝练,最终确定了 4 条原则:一是坚持服务大局与实现学校发展目标相结合;二是坚持顶层设计和创新实践相结合;三是坚持问题导向和目标导向相结合;四是坚持推进改革与管控风险相结合。明确了改革目标:紧密围绕国家和上海的迫切需求,主动对接上海“四个中心”、上海自贸区、国家“一带一路”、具有全球影响力的科创中心等重大战略,着力提升学校的服务能力。提出到 2020 年,完成既定的综合改革各项任务,着力破除制约学校发展目标实现的思想障碍和制度藩篱,形成多方参与、多元投入、与社会有机互动的办学机制；形成院校协同发展、学术权力与行政权力相互支撑、充满活力的大学内部治理结构，力争建设成为高水平、国际化、特色鲜明的应用研究型大学。提出了以完善治理结构、深化人事制度改革、建立创新型高水平学科建设的运行机制、与时俱进改革人才培养模式、促进教育国际化的转型与提升、优化资源配置作为重点任务。最终形成了包含内部治理、人事制度、学科布局、人才培养、教学科研、资源配置共六大板块的综合改革方案。

2015 年 11 月，上海市教育综合改革领导小组办公室印发了《关于同意备案〈上海对外经贸大学深化综合改革方案(2015—2020 年)〉的通知》(沪教综〔2015〕34 号文件)，并就学校推进落实工作明确了指导性意见。

3. 推动深探索，稳步推进大学治理结构

党的十八届四中全会对全面推进依法治国做出了战略部署。“依法治国”理念的强化对高校“依法治校”提出更高的要求，也为学校进一步修订和完善章程指明了方向。

2014 年 3 月，学校委托上海教科院就《上海对外经贸大学办学能力分析与转型发展研究》和《上海外经贸大学未来发展比较研究》两个课题进行专题研究，利用“外脑”对学校的办学优势、办学特色、未来的办学方向和需要着力解决的问题等进行了全面的梳理。2014 年 6 月，学校成立了由副校长俞光虹为组长的“章程和学校未来五年发展思路课题组”。党委书记张小松和校长孙海鸣还专门集中课题组召开论证会并提出了修改意见。2014 年 12 月，学校党委会审核通过了《上海对外经贸大学章程(教委送审稿)》。这次章程修订和完善的基础是 2009 年完成制定的《上海对外贸易学院章程》。

经过多轮审议、修改和完善，2015 年 12 月 4 日，《上海对外经贸大学章程》得到市教委核准。目前学校章程的共 80 条，总体框架如下：序言；总则；办学功能与办学形式；学生、教职员工、校友；管理体制与基本职能；学术组织；保障体系；交流与合作；学校标识；附则共十部分。

2015 年 12 月 10 日，章程正式对外发布。同时学校还发布了《上海对外经贸大学学术委员会议事规则》《上海对外经贸大学学科建设与科学研究委员会规程》《上海对外经贸大学本科教学指导委员会规程》《上海对外经贸大学研究生教学指导委员会规程》《上海对外经贸大学专业技术职务岗位聘任委员会规程》《上海对外经贸大学学术道德委员会规程》。章程的颁布,对学校统筹协调内外部关系,完善内部治理结构和管理机制,提高依法治校的能力和水平,促进科学发展具有重要意义。

根据《章程》的规定,学校进一步发挥教授在学校办学中的作用。为发挥教授在学科建设、人才培养、科学研究、社会服务及相关资源配置中的作用,学校成立教授委员会,并制定《上海对外经贸大学教授委员会章程》;同时学校将根据《高等学校学术委员会规程》要求,进一步完善学校学术委员会议事规则,进一步加强学术权力在学校治理中的作用。积极探索教授治学的有效途径。要研究制定学术委员会和教授委员会的章程,充分发挥教授在教学、学术研究和学校管理中的重要作用。要不断完善民主管理机制,积极拓宽渠道,充分发挥统战、工会、教代会、共青团、妇指委在凝聚和服务群众、维护群众合法权益、为学校发展建言献策中的重要作用。做好新一届教代会和工代会换届选举的筹备工作,完善教代表提案制度和教职工恳谈会制度,发挥好各类联谊会的平台作用,确保学校言路畅通和科学民主决策。

2015 年,学校制定了《上海对外经贸大学院校两级管理体制实施办法》,该实施办法对学校与学院的定位、学院及其内部机构的设置、学校与学院的权责利关系等重要方面做了明确表述,凸显了从学校办学向学院办学的改革目标的转变;学校重新修订了《上海对外经贸大学学术委员会章程》《学术委员会议事规则》《学科建设与科学研究委员会规程》《学术道德委员会规程》等规章制度和管理文件,学术委员会和各分委员会成员完成改选,学术委员会体系建设得到加强;学院教授委员会在发挥二级学术组织在学科规划、教学质量、资源配置和绩效评估中的作用,保障学术权力科学规范、民主高效运行方面也得到了很有效的实践。以上工作的推进和举措的实施表明,学校已经进入到一个以章程为核心的现代大学制度建设的崭新阶段。

4. 谋划新布局,精心设计十三五事业发展改革规划

学校根据教育部、市教委有关做好“十三五”规划编制的文件要求,适

时启动《“十三五”改革和发展规划(2016—2020)》方案编制工作。2015 年 8 月,学校成立由书记校长担任双组长的“十三五”规划编制领导小组和工作组,并发布《上海对外经贸大学“十三五”发展规划编制工作指导意见》。

2015 年 9 月,学校召开“十三五”规划编制工作推进会,党委书记殷耀发表讲话,提出学校编制好“十三五”事业发展规划要准确把握“四个要点”:深刻认识“十三五”规划编制工作的重要性、准确把握“十三五”规划编制工作的方向性、充分突显“十三五”规划编制工作的前瞻性、高度重视“十三五”规划编制工作的指标性。要认真思考“五个问题”:办学定位问题、学科建设问题、教育综合改革问题、人才培养问题、队伍建设问题。高度重视“五项工作”:梳理家底现状、明确建设重点、汇聚拔尖人才、加强横向交流、推动国际合作。

2015 年 9 月底,规划编制领导小组办公室完成学校“十三五”规划初稿编写工作,并向校党委常委会专题汇报规划编制工作情况。2015 年 11 月底,规划编制工作领导小组办公室反复修改,几易其稿,完成学校“十三五”规划征求意见稿及其注释版的编写工作。

2015 年 12 月,学校领导分别主持召开了面向学院院长、职能部门负责人、学院党总支书记、学院副院长、教授代表、学生代表、校友代表、党外人士代表等 9 场座谈会,征求意见;听取 20 余位校外专家意见,以不同形式听取教师、干部的个人意见。在征求意见基础上,形成学校“十三五”规划修订稿。规划全面总结学校“十二五”期间取得的发展成绩和宝贵经验,动员广大师生员工群策群力共同研究制定学校“十三五”事业发展规划,以及松江、古北和七宝三个校区建设的详细规划方案,规划进一步明确了高水平、国际化、特色鲜明的应用研究型大学的办学定位,进一步强化了“以学生为本,以学术为魂”的办学理念,确立了到 2020 年“全面完成应用研究型大学战略转型”的发展目标。在此基础上,学校将进一步修订完善,并建立分规划和专项规划。

5. 勾绘蓝图,六个“三年行动计划”(2018—2020 年)

学校面对未来发展,积极谋划,在 2018 年制定出六个“三年行动计划”(2018—2020 年)。

（1）“一流本科工程”加快建设卓越国际经贸人才培养创新基地三年行动计划(2018—2020年)

“一流本科工程”重点任务是：建设“1+2+3”彰显优势和特色的应用经济学专业群；构建人才培养荣誉制度体系；建设高水平多元化师资队伍；丰富集聚一流课程资源；完善公共服务平台综合育人功能；形成教学质量文化，完善专业质量标准体系。

学校2018—2020年分阶段逐步开展专业群建设，实现3个100%的目标，即：100%专业基础和核心课程进行全英语教学，100%专业基础与核心课程使用优秀教材和全球通用教材。通过一流本科建设，力争建成4—5个国家级一流专业，6—8个上海市级一流专业；力争获得4—5门国家级一流课程，20—25门上海市级一流课程。通过一流本科建设，将师资队伍、课程教材、案例数据等教学资源以及人才培养经验辐射至其他专业，建成上海领先、国内前列的卓越国际经贸人才培养示范基地。

（2）“一流师资工程”加快建成高水平师资队伍三年行动计划(2018—2020年)

“一流师资工程”重点任务是：以学科建设为龙头，着力提升学科建设总体水平；以高层次人才队伍建设为重点，着力提高师资队伍整体水平；以青年教师队伍建设为基础，着力推促青年骨干教师成长成才；以国际化为发展方向，着力增强师资队伍国际交流与合作能力；以体制机制改革创新为动力，着力优化师资队伍发展的体制机制环境。

为保障“一流师资工程”的完成，学校实施“师德师风塑造工程”，把牢师资队伍建设政治之向；实施“高峰人才汇聚工程”，打造师资队伍核心竞争之本；实施“教师专业发展工程”，夯实师资队伍发展活力之基；实施“岗位设置优化工程”，提升师资队伍规模结构之谐；实施“体制机制创新工程”，构建师资队伍发展动力之源；实施“发展条件保障工程”，增强师资队伍发展支撑之度。

（3）全力建设“重点学科工程”加快建成国内一流特色学科三年行动计划(2018—2020年)

“重点学科工程”的重要任务是，应用经济学(一流学科和高原学科)和工商管理学科(高原学科)国内竞争力明显提升，力争进入国内同类学科的前五分之一，并努力进入上海市高峰学科建设。外国语言学科（市教委重点学科）、法学学科（市教委重点学科）成为有特色的重点学科，在某一或几个研究方向处于全国领先地位，力争进入上海市高原学科建设。理论经济学、统计学、马克思主义理论等一级学科建设有所突破。在科研成果方面，聚焦于高水平学术论文的发表，尤其是在国际期刊论文发表质量和数量取得突破；引进科研经费量显著增长，纵向课题数量尤其是重大和重点项目保持较高比例的增长，提高科研项目与成果的质量；进一步提升决策咨询服务能力，成为国家和地方重要的战略咨询智库。

为完成这一计划学校从多方面开展专项行动，先后以高峰高原学科为引领，建设高水平学科；以人事制度改革为动力，集聚学科建设优秀人才；以完善评价机制为重点，提升科研水平；以服务国家重大需求为导向，打造学科智库平台；继续优化学科布局，实现博士点的突破。

（4）全力建设“博士点工程”加快建成博士学位授予单位三年行动计划（2018—2020 年）

“博士点工程”的建设目标是围绕应用经济学博士学位授权一级学科点申报条件要求，不断凝练学术方向和领域特色，加大相关领域领军人才的引进力度，打造一支知识结构、年龄结构、学历结构、学缘结构以及专业技术职务结构合理的学术队伍，能够承担更多国家级、省部级重点项目，产出更多在国内外具有较大影响力的学术成果。到 2020 年力争在全国同类学科排名中跃升至前 15％，在国际贸易学、产业经济学、国际经贸规则与大国战略等研究领域凸显优势和特色，成为具有一定国际影响力和享有较高国内知名度的学术前沿重镇与智库服务基地。在既往工作基础上经过三年立项建设（2018—2020 年），新增为博士学位授予单位，获得应用经济学博士学位授权一级学科点。

为进一步实现博士点的申报，学校针对相关重点工作及薄弱环节，实施以下专项行动：补齐人才梯队短板，强化学科团队力量；整合校内平台资源，提高科研教学产出；发挥学校传统优势，务实开展国际合作。

（5）“智慧校园”建设三年行动计划（2018—2020 年）

学校智慧校园建设将致力于提升用户体验、优化网络管理、实现网络资源虚拟化;致力于建成与学校教育发展需求相适应,符合未来信息化发展水平的信息化学习环境、信息化科研环境、信息化支撑服务体系、信息化公共基础设施,为创新互动教学模式、深化学校综合改革、提升教育治理能力提供特色集成服务与有力支撑保障,为科学管理决策提供数据支撑。

"智慧校园"建设在三年里主要聚焦于建设"智慧校园网络基础平台",实现网络支撑平台高速泛在、智能安全;建立统一的"综合信息服务平台",以跨业务域的管理平台为支撑提供一站式的便捷服务;建设"大数据分析公共数据平台",开展数据资源的深度开发和应用;建设"智慧校园应用平台",构建高水平的资源共享、绿色节能、平安和谐的智慧校园。

第二节　师资建设　蓬勃向上

什么是好大学?"大学者,非谓有大楼之谓也,有大师之谓也。"学校坚持"人才强校"战略,将引进与培养相结合,不断加大投入、不断推进人事制度的建设与完善,以改革创新为动力,扎实推进上海市高校内涵建设"085工程"、学校"十二五事业发展规划"、"十三五规划"和"骨干教师激励计划"等工作蓝图,以更名促进内涵建设,以更名提升办学水平,集中精力狠抓内涵建设,从而使学校成功实现更名大学的同时,师资队伍建设在总量规模、队伍结构、高层次人才、骨干教师培养、师资队伍国际化、人事管理体制机制创新等方面取得了显著成效。

一、完善人才管理制度建设

因更名大学后对人事工作的新要求,在2013年,学校就已经开展校内外人事制度改革调研工作,着力推进人事制度建设,制定和修订包括《上海对外经贸大学专业技术职务晋升聘任实施办法(暂行)》、《上海对外经贸大学教职工考勤和请假暂行规定》等12部制度性文件。同时,为推进现代大学制度建设,特别是优化学校二级管理体制,学校起草一系列相关文件并广泛征询意见。

学校围绕发展的战略目标和总体任务,深入贯彻"人才强校"战略,以打造高层次、国际化、应用型师资队伍为目标,着力完善人事管理制度,着力推进高层次人才队伍建设，着力加强教师教学科研能力培养，从制度建设、岗位聘任与考核、高层次人才队伍建设、培养培训、岗位设置方案调整、人才引进与录用、人事服务人事档案管理、薪资与报表、社保工作、离退休工作等方面着手，为战略发展目标的实现奠定坚实的基础。

学校坚持“人才强校”战略，按照“引育并举”的师资队伍建设理念，依托高峰高原学科建设规划，依托国家和上海市人才引进计划，大力拓展人才引进渠道和人才培养途径，积极引进重点学科建设所需的学术领军人才和海内外高层次人才，构建学科人才高地和高层次人才服务保障体系；以改革的精神推进教师队伍建设新观念、新举措、新方法的形成，研究制定并实施“青年教师拔尖人才工程”和骨干教师“青蓝工程”实施方案。完善教师管理办法，根据分类管理的原则，科学设定研究为主型、教学研究型等不同类型的岗位职责和评价标准，建立健全专任教师、外聘教师等不同类型的师资队伍体系，提升分类管理成效；组建专业化教师发展中心，搭建专业化培养平台，提升教师培养培训专业化管理水平，为形成贯穿教师职业发展全过程的多元卓越师资发展和培养体系打好基础。进一步加强师资队伍建设的科学化水平。在 2015 年学校先后修订完善《上海对外经贸大学岗位设置方案》《上海对外经贸大学岗位设置与聘任办法》以及《教师岗位设置和聘任实施细则》《其他专业技术岗位设置和聘任实施细则》《管理岗位设置和聘任实施细则》和《工勤技能岗位设置和聘任实施细则》；修订《上海对外经贸大学高级专家延龄聘任管理办法》；制定《上海对外经贸大学专业技术职务岗位聘任委员会规程》、《上海对外经贸大学骨干教师教学激励计划》以及《上海对外经贸大学教师教育教学岗位职责与行为规范》、《上海对外经贸大学教学团队建设管理办法》、《上海对外经贸大学本科生导师制实施方案》、《上海对外经贸大学新进青年教师助教工作制度实施办法》、《上海对外经贸大学教师教学绩效考核实施办法》、《上海对外经贸大学“教学名师”评选办法》、《上海对外经贸大学“教学标兵”评选办法》；制定《上海对外经贸大学高峰高原学科建设特殊人才暂行管理办法》；修订、完善《上海对外经贸大学人员录用管理办法》、《上海对外经贸大学海外博士引进待遇暂行规定》；制定《上海对外经贸大学高层次人才引进管理办法》；修订

《上海对外经贸大学教师公寓租赁协议》。以上成绩和所推进的工作表明，学校的师资队伍建设，正在朝着“师德高尚、结构合理、追求卓越、流动有序”的目标扎实迈进。

在人事制度建设方面，学校广泛听取基层意见并结合学校自身实际情况，在2017年进行了大的改革。这一年学校制定、修订20项制度，包括《上海对外经贸大学教师岗位分类管理及考核评价办法》等管理考核制度、《上海对外经贸大学教师(研究)系列专业技术职务晋升聘任办法》等职称评审制度、《上海对外经贸大学“人才旋转门”制度实施办法》等高层次人才建设制度、《上海对外经贸大学教职工培训管理办法》等教职工培训制度，以及《上海对外经贸大学绩效工资实施方案》《上海对外经贸大学高级专家延龄聘任管理办法》等。

学校积极探索深化教师考核评价制度改革，形成科学合理的教师分类考核评价体系。修订完善《教师管理办法》及其附属的《教师工作量管理办法》，形成科学的教师工作量界定，对不同类型的教师合理确定相应的工作任务和评价考核标准。制定教师考核评价的办法和程序的相关文件，新入职教师，建立合理的退出机制，增强流动性和活力；续聘教师，形成良好的竞争和奖惩机制；长聘教师，形成高层次人才的激励和约束机制。积极稳妥推进教师分类考核评价工作。在2019年3月发布的《教师岗位分类管理及考核评价办法》的基础上对文件进行了完善，同时，牵头相关职能部门修订《教师工作量管理办法》，制定《学术成果认定办法》。修订《高级专业技术职务评聘实施办法》以及《教师高级专业技术职务评聘资格条件》《教学型高级专业技术职务评聘资格条件》。

二、提升师资队伍数量质量

学校历来重视师资力量建设，强化教师队伍质量。学校通过多种途径方式，吸引海内外优秀人才加入学校教师队伍，同时助力学校教师提升自我，申报各类课题立项，短时间内学校教师队伍质与量都得到快速提升。

学校更名后，学校对师资队伍建设的新要求，坚持以“补充数量、提高质量、调整结构”为总方针，全面推进师资队伍建设，教师队伍结构进一步优化。2013年，学校专任教师数量有681人，其中教授113人，占专任教师总数的16.59%;副教授301人,占专任教师总数的44.20%。其中具有博士学位的教师达到312人,占专任教师总数的45.81%。截至2020年4月,全校专任教师已达839人,其中教授109名,占专任教师总数的13%;副教授310名,占专任教师总数的36.9%。专任教师中具有博士学位的教师526人,占专任教师总数的62.7%。

学校在教师数量得到增长的同时,也注重教师质量的提升。一方面,开展高端人才选拔,引进海内外优秀教师;另一方面,助力学校教师申报各类荣誉,提高教师队伍的"含金量"。

2013年,上海"海外名师"项目入选2人;"东方学者"岗位计划报送7人,其中张晓君副教授入选东方学者讲座教授;"思源学者"聘期考核8人,续聘6人。学校有博士生导师9人。2015年,学校试行"人才特区"制度,对接高峰高原学科建设,引进特聘教授1人、副教授2人、海外博士8人。国际经贸学院院长、教授黄建忠入选上海领军人才,实现零的突破;新入围教育部新世纪优秀人才1名,上海东方学者5名。继续实施思源学者计划,完成考核5人,续聘6人。

2017年,学校新增教育部新世纪优秀人才1名、上海领军人才1名、上海青年东方学者2名,并依托人才特区,通过年薪制和科研项目聘任制等方式聘用12人(教育部新世纪优秀人才1名、外籍专家7名)。学校完成思源学者考核6人,续聘2人。

2018年,引进和柔性引进高层次人才9人,纳入高峰高原学科管理的人才8名,其中教育部新世纪优秀人才1名、外籍专家2名、副教授3名、具有海外博士学位6人。同时,学校积极申报国务院政府特贴专家计划等国家和上海市各类人才工程和人才项目,黄建忠教授入选2018年国务院政府特贴专家。学校还积极开展海外高层次人才招聘,2018年赴美国芝加哥参加管理学年会及高层次人才招聘会。

2019年,学校进一步加强高层次人才引育工作并取得较大成效。学校紧密结合学校博士点筹建和学科建设需要,引进急需紧缺人才,精心培育高层次优秀人才,超额完成了年初预定的工作计划。一是积极引进高层次人才,二是积极培育校内高层次人才,组织申报并成功获得"百千万人才工程计划”国家级人选1人，学校实现国家级人才称号的突破；1人入选2018年国务院政府特贴专家；1人入选科技部高端外国专家项目专家；2人入选2018年上海高校特聘教授(东方学者)，2人入选上海高校青年东方学者，3人入选松江区拔尖人才；三是严格各项高层次人才的考核、管理，完成高峰高原年薪制人员聘期考核和中期考核，完成其他类型的高层次人才中期考核和续聘；四是对学校高峰人才工程工作不断推进，对聘用协议按照一人一册的方式多次修改完善。学校还完成了正高职务的岗位等级晋升工作，共有7人晋升三级教授岗位。

近年来，随着学校教育国际化的深入，对外交往与日俱增，来学校进行长、短期交流、教学的外籍教师人数稳步攀升，对高层次外籍教师的吸引力也日益增强，呈现出良好的外籍教师人才引进趋势。近年来，学校在国际经贸学院、金融管理学院、工商管理学院及会计学院开展了全英语实验班试点工作，目的在于培养具有扎实专业知识及良好外语使用能力的复合型人才。这些全英语实验班每年聘请大约20名经验丰富的海外大学在职教授或者具有良好专业背景及知识的专业人士来学校任教，涉及金融、管理、经济学等学科。这些学者利用其丰富的专业知识和实际工作经验进行了教学，教学效果显著，获得学生好评。

随着上海建设“四个中心”的需要，急需一大批高素质的人才，人才的培养靠优质的教育。有鉴于此，上海市教育委员会在市属高校中推出“海外名师”项目。目的在于吸引优秀海外师资前来上海高校做讲学，提升相关院校的教学水平。自从这个项目开展以来，学校每年都积极参与申报，国籍分布为美国、澳大利亚、加拿大、比利时等。课程涉及法学、信息学、会计学等。这些海外名师不但参与教学工作，也承担了学校相应学科青年教师的论文指导，成为学校与国外优秀相关学科、人士沟通合作的桥梁，取得了良好的教学成果。此外，学校每年还招聘8—10位外籍专家担任学校思源学者。这些学者所教授及与学校相关专业教师合作科研的学科涉及国际贸易、金融学、外国语言文学、WTO学科等等。

三、兼顾科研教学人才培养

学校非常重视科研人才的引进与培养，科研梯队总体呈高学历、高职称、年轻化趋势。采取的主要措施:一是重点培养。学校根据学科建设发展需要,将有发展前途的青年教师列入学术梯队进行重点培养,鼓励他们外出进修学习,提高学历层次,扩大学术视野。在科研课题立项、申报、经费资助等方面均向中青年骨干教师倾斜,促使他们快速成长。二是通过实施“安居工程”、校内津贴分配等,有效地改善了广大中青年教师的生活待遇。在稳定人才、引进人才、促进学科梯队建设方面发挥了积极的作用。三是通过对到龄高级专家返聘等政策,使部分学术水平高、教学科研工作急需的高级专家继续发挥他们在科学研究、研究生培养、青年教师培养等方面带头人的作用,确保导师队伍和学术梯队始终保持合理的结构和较高的水平。

同时,学校也重视教学人才的培养。学校每年定期选派新进教师参加上海市教委新教师岗前培训,参加海外访学、国内访学、产学研践习项目。加快师资队伍的学历提升工作,加大投入力度。设立专项资金,资助教师参加高层次的国内外学术进修和交流。依托精品课程和学科高地建设提升师资队伍的培养层次。

学校组织开展各种形式的教学研究和教学业务培训,持续提升教师的教学业务水平和教学能力。在教学业务方面,每年固定组织开展教师教学业务培训。培训形式主要有:专业或学院内部交流、邀请校外学者进行交流、观看优质网络教学资源等。特别是在网络教学方面,学校积极展开Blackboard 网络教学平台培训。邀请网络教学网站开发商对网络教学改版以及教师使用网络教学平台过程中存在问题进行讲解和答疑。参加培训的教师主要为新进青年教师和以网络教学平台为主要教学辅助手段的老师。

学校每年利用暑期时段积极为教师国内外访学创造条件。2013 年伊始,学校曾选派教师先后赴荷兰、美国、澳大利亚、加拿大等著名大学学习。如教师们赴荷兰 Utrecht 大学,运用 CLIL 教学法理论,结合教学实践,从教学理念、教学方法、教学模式、教学评价、课程设计等方面进行系统回顾、树立自我反思教学行为理念,撰写教学学术论文,进一步提高自我教学水平。双语教学一直也是学校重要建设之一。先后选派校“青鸟教师”到澳大利亚的 University of South Australia 进行科研培训。多位国外专家学者结合科研经历，阐述如何阅读学术文献、文章同行评审、期刊评审等重要方面分享自己的学术心得。另外学校还积极组织教师们参加国内知名大学的师资培训，向教师介绍在教学过程中如何使学生听得懂、听得有兴趣、学得透彻、学得精益求精，如何建立师生情谊，如何培养学生的品德等宝贵教学经验。

在教学业务方面，学校通过教学激励计划的实施，为教师提供良好的教学环境，体现教学学术价值，鼓励教师从事本科教学，开展教学改革与教学研究，提升教学质量，深化学校内涵建设。在业务目标上，学校提出教学应该成为教育学术，并从理念、知识、反思和交流四个维度构建教学学术的多维模型，从教师评价、教学评价、教学管理和激励机制四个方面提出了教学学术的外部推动力，强调教师应以“教学学术为志业，理念为先导、情感为纽带、学养为支撑、能力为基石”，在培养学生过程中，提升教师教学学术修养。

除此之外，学校还制定一系列的教师教学激励计划。严格执行弹性坐班和自习辅导的校内自我监管制度。对各教学部门的本科教学教师激励计划绩效进行考察，确定绩效考核等级，并将本次激励计划考核结果与部门激励计划经费配置和教学单位教师年度考核直接挂钩。开展“全英语教学质量奖”和“教书育人贡献奖”的评选活动。

学校着力完善评价机制，创新机制，锐意进取，建立一套适应学校转型发展驱动下学科建设与发展相适应的管理体制，以师资队伍建设为主要任务，为学科建设提供有力保障。

第三节　科研探索　卓有成效

科研是发展传统学科、创建新兴学科、改进长线学科的基础，是提高教师业务水平、促进教师队伍建设的根本保证，是提高教育质量的坚强后盾，是促进经济发展建设的推动器。更名大学以来，学校科学研究走出了一条跨越式发展道路。学校科学研究工作坚持“科研与教学相结合”、“理论研究与应用研究相结合”、“科学研究与社会服务相结合”的基本方针，以重点学科建设为抓手,推动学科、专业和课程建设;以世界贸易组织(WTO)研究为重点,形成科研特色;以项目管理为依托,强化过程控制;以科研团队为核心,拓宽科研发展路径;以学术交流为平台,营造浓厚学术氛围,不断提升学校科研影响力。

一、学科建设成效显著

学科水平是学校办学质量与办学水平的主要标志,建设一流学科是建设一流大学的关键。学校作为一所历史悠久的财经类高校,自 2013 年更名大学以来,一直秉持"以学生为本,以学术为魂"的办学理念,高度重视学科建设的引领作用及学科建设服务于国家与上海市发展战略的重大需求导向,学科建设水平不断提升。"十三五"期间,学校继续加大学科建设投入,致力于将学校建设成为一所高水平、国际化、特色鲜明的应用研究型大学。

1. 学科建设立项

2014 年,学校"085 工程"内涵建设共立项 4 批,包含第二批博士点建设推进计划专项 105 项,批准经费 400 万元;市教委重点学科立项 35 项,立项金额 200 万元;交叉学科专项立项 28 项,立项金额 90 万元;校科研平台智库培育建设项目 20 项,立项金额 64 万元。年内,182 项 2013 年度应用经济学、外国语言学、法学、工商管理一级学科博士点建设推进项目、23 项 2013 年度国际经贸学科群研究项目、17 项 2013 年度"中央支持地方高校发展专项资金"国际经济贸易学科群科研项目通过学校终期验收。

2015 年,学校"应用经济学"和"工商管理"两个学科成功申报高峰高原学科建设项目,"应用经济学"列入上海市一类高原学科建设,三年建设经费 2 800 万;"工商管理"列入上海市二类高原学科建设,三年建设经费 1 500 万。

2. 第四轮学科评估

学科建设的成效,在第四轮学科评估中初见端倪。2017 年 12 月 28 日,教育部学位与研究生教育发展中心全国第四轮学科评估结果公布。学校应用经济学、工商管理、外国语言文学、法学等四个一级学科相比上一轮学科评估结果相对排名均有提升,分别获得 B、B、B- 和 C+ 的评估等级。

2018 年,学校对标第四轮学科评估结果,以学科建设为引领,引导学科建设服务于国家与上海市发展战略的重大需求导向,推进学科建设水平不断提升。组织编制上海对外经贸大学一级学科建设三年行动计划(2018—2020)和应用经济学博士授予点建设三年行动计划(2018—2020)。

3. 高峰高原学科建设

2015年以来,高峰高原学科建设有序推进。高原学科建设坚持以任务为导向,以实体平台为依托,以体制机制改革为动力,以团队领军人物和高素质人才增量提升为主要的任务实现手段。在自主设定的人才队伍建设、高水平成果、体制机制改革、学科整体水平提升四个主要指标方面有明显进展,与标杆学校学科差距有所缩小。

2017年4月,科研处组织团队完成高原学科阶段性绩效评估工作,成绩良好。高原学科团队建设已见成效,先后引进的高层次团队人员近三十名。柔性引进中国工程院院士方滨兴、长江学者客座教授谭勇等数位海内外知名学者和Melendez、林伯强、曾五一、陆毅、谢邦昌、冷明明等一批国内外一流的学科领军人才。截至2017年底,已取得国家重大课题3项、重点课题1项,发表的国际国内高水平论文数量年增长率接近20%。

2018年,学校以一流学科建设为引领,紧密围绕国家和上海发展大局,以服务国家和上海重大战略为导向,强化学科建设龙头牵引作用,创新科研体制机制,大力提升学科建设和科学研究的质量与水平。在2018年软科(交大)中国最好学科排名中,学校7个一级学科共有6个名列榜内,其中有3个一级学科位列前25%、3个一级学科位列前25%—50%。

2019年学校有序推进高峰高原学科第二阶段建设,高峰高原学科建设成效显著,在人才队伍建设、高水平成果、体制机制改革、学科整体水平四个方面有了一定的突破。2月,按照市教委通知要求,组织开展上海高校高峰高原学科建设2018年度进展报告编制工作,形成《应用经济—高峰高原学科2018年度进展报告》和《工商管理—高峰高原学科2018年度进展报告》。3月,按照市教委通知要求,重新编制高原学科2019年度预算。10月,科研处组织了高原学科团队成果汇报会,2019年高原建设团队骨干成员科研水平显著提升,标志性论文成果有所增长,产出了一批有高显示度的科研成果。

与此同时,学校的学科水平不断提升。2019年,软科(交大)中国最好学科排名中,学校的应用经济学、理论经济学、外国语言文学、工商管理、法学、统计学、马克思主义理论7个一级学科全部进入软科2019中国最好学科排名前50%。学校优势学科排名提升,进步明显。按百分位段排位,学校工商管理学入榜前20%;应用经济学、法学两个学科入榜前25%。在2020软科中国财经类大学排行榜中,学校位列全国第10名,创造了历史最好成绩。

二、科研成果节节攀升

学校每年积极申报各类科研课题,聚力于国家和社会密切关注的问题,不断深入探索最新学术研究成果,努力为国家社会经济发展作出有益贡献。多年来学校组织申报课题数以万计,其中大量国家级、省市级课题为国家政策决定提供参考咨询。

1. 各级各类科研项目

2013年,学校获得各级纵向科研项目63项。其中,国家级项目16项,含国家社科基金项目9项。各类纵向经费合计516.3万元,另外,学校新立横向科研项目47项。2014年,获得各级纵向科研项目77项,其中,国家级项目12项,包含国家社科基金项目6项以及国家自然科学基金项目6项,省部级项目43项,各类纵向经费合计553.3万元。学校新立横向科研项目61项。2015年,学校《全球大宗商品定价机制演进与国际经贸格局变迁研究》获得2015年度国家社科重大项目立项资助,实现在国家社科重大招标项目零的突破。全年共获得各级纵向科研项目80余项,其中国家级科研项目立项19项。

2016年,学校国家级科研立项数量创历史新高,共获国家级项目立项22项,其中国家社科重大项目1项,国家社科基金年度项目12项,国家社科后期资助项目1项,国家自然基金项目8项。齐佳音教授领衔的《面向国家公共安全的互联网信息行为及治理研究》(16ZDA055)获年度国家社科基金重大项目立项,这是学校第二次获得该类项目立项。2017年,学校国家级科研立项再获丰收,年内获得国家级项目立项19项。其中,国家社科基金年度项目13项,国家社科后期资助项目2项,国家自然基金项目4项。

2018年,学校获得各级纵向科研项目100余项。国家级项目立项19项。2019年学校获得国家级项目立项21项。其中,国家社科基金项目立项数创历史新高，共有 13 项课题获批立项。

2. 各级各类学术论文

2015 年，学校梳理完善国际学术期刊、国内权威期刊(A 刊 B1 级刊物)的认定标准和奖励办法，修订《经管类优秀国际期刊目录》《国家社科(自科)基金重大(重点)预研究项目管理办法》《学术专著出版资助实施办法》《重大学术活动资助试行办法》《科研标兵奖评选实施办法》等科研管理文件。全年，全校在 SSCI、SCI、EI 发表国际论文 30 余篇；推出著作类成果 50 部，其中专著 20 部，译著 9 部。

2016 年，学校共发表 SSCI、SCI、EI 等国际论文 20 余篇，其中列入学校《上海对外经贸大学经管类优秀国际期刊目录》的一类论文 1 篇，二类论文 4 篇，三类论文 5 篇；SCI 论文二区 1 篇，三区 3 篇；SSCI 其他 2 篇。中文 A 类论文 2 篇，B 类论文 20 篇，C 类论文 43 篇。

根据 2017 年二次奖励及其他渠道统计结果，年内共发表 SSCI(7 篇)、SCI(19 篇)。列入学校《上海对外经贸大学经管类优秀国际期刊目录》中的经济研究 1 篇、A 类 4 篇、B1 类 15 篇、B2 类 29 篇、C 类 65 篇；国际一类 2 篇、国际二类 3 篇、国际三类 8 篇。截至当年，学校公开发表的论文共计有 400 余篇。

2019 年，学校 A 类论文和国际高水平论文数量创历史新高。根据 2019 年科研成果奖励及其他渠道统计结果，其中列入学校《上海对外经贸大学经管类优秀国际期刊目录》中的经济研究 2 篇、A 类 4 篇、B1 类 15 篇、B2 类 27 篇、C 类 62 篇。国际二类 15 篇、国际三类 19 篇。一类论文 1 篇，二类论文 4 篇，三类论文 5 篇；SCI 论文一区 2 篇、二区 2 篇、三区 5 篇、四区 2 篇；SSCI 其他 7 篇；EI 国际论文 2 篇。学校会展与旅游学院教师刘少湃的论文《上海迪士尼在建景区客源市场空间结构预测——旅游引力模型的修正及应用》(地理学报 2016 年第 2 期)获得 2018 年文化和旅游部优秀研究成果奖(旅游类)。学校国际经贸学院经济学系高洁超的博士论文《银行资本监管与货币政策的协调研究》荣获第九届“黄达—蒙代尔经济学奖”。

3. 各类科研奖项

2013 年，陈晶莹的《国际航运发展综合试验区突破自由贸易区制度性障碍的研究》和沈玉良的《后金融危机时期跨国公司对华战略调整与上海应对举措研究》,分获第九届上海市决策咨询研究成果奖二等奖和三等奖。2014 年,汪建新的《"中国出口商品结构之谜"——一个垂直专业化解释视角》获上海市第十届邓小平理论研究和宣传优秀成果奖论文类二等奖;于洋的《美国 337 条款实施机制研究》获第十二届哲学社会科学优秀成果奖著作类二等奖;邬思源的《新中国初期华东区人民监察通讯员制度及其实践》及孙楚仁等撰写的《最低工资标准与中国企业的出口行为》获第十二届哲学社会科学优秀成果奖论文类二等奖;张建华的《美国复兴制造业对中国贸易的影响》获第十八届安子介国际贸易研究奖优秀著作三等奖。2015 年,学校获得省部级科研成果奖 2 项,冯敏的《高校核心竞争力研究》获上海市第十一届教育科研优秀成果三等奖;任再萍的《美元华尔街体系对自贸区金融政策改革的启示》获第十届上海市决策咨询研究成果奖三等奖。2016 年,张翼飞的《城市内河生态修复的意愿价值评估法实证研究》获上海市第十三届哲学社会科学优秀成果著作类一等奖;冯敏的《高校核心竞争力研究》获上海市第十一届教育科研优秀成果奖三等奖。6 月,学校对 2015 年度第二批《金砖银行、上海国际金融中心与自贸区联动发展研究》等 33 项符合条件的优秀科研成果予以奖励;12 月,学校对《环境污染与居民政治态度》等 95 项符合条件的经管类优秀科研成果予以奖励。

三、研究基地特色鲜明

多年以来学校致力于科研发展,不断提升科研实力,增强科研动力,聚焦于最新社会需求,努力开创科研新局面。

1. 省部级研究基地不断增加

2013 年,学校新获 3 项省部级研究基地,分别是张磊的"国际经贸治理与改革开放联合研究中心"(上海高校智库项目)、沈玉良的上海自贸区建设研究基地(2013 年社会科学创新研究基地)以及学校与上海市政府发展研究中心联合成立的上海对外经贸大学"高端开放与国际规则"决策咨询研究基地。

2014 年,以校长孙海鸣为首席专家的"上海发展战略研究所孙海鸣工作室"获准成立,为学校新增一个省部级研究基地。

2016 年,学校新增省部级研究基地 1 个,工商管理学院获批上海高校人文社会科学重点研究基地项目,成立“数据科学与管理决策重点实验室”。

2. 中国首家贸易谈判学院成立

2017 年,中国首家贸易谈判学院——上海对外经贸大学贸易谈判学院和世界贸易组织讲席(中国)研究院在古北校区揭牌成立。校长朱国宏在揭牌仪式上表示,作为我国第一家专门培养贸易谈判人才的学术机构,贸易谈判学院及世贸组织讲席(中国)研究院将对标本领域全球标杆院校(如瑞士伯尔尼大学世界贸易学院)的办学模式,邀请国际组织专家、我国政府贸易谈判专家以及全球贸易投资领域顶级专家作为授课师资和研究力量,着力培养了解我国国情、具有全球视野、熟练运用外语、精通国际贸易规则与谈判的高端应用型人才。

贸易谈判学院的前身是 WTO 研究教育学院,成立于 2002 年 5 月,是我国最早开展世贸组织研究、教学工作的学术机构之一。2009 年 11 月,学院教授作为中国代表,经过与全球 70 多个 WTO 成员的激烈竞争,成功申请到 WTO 秘书处发起的“世贸组织讲席计划”,成为 WTO 特聘教授,学院也成为全球 19 所、中国唯一的世贸组织讲席承担单位。作为我国世贸组织讲席的承担单位,学院已经发展为 WTO 秘书处全球学术网络的核心层,学院也逐渐成为国际著名 WTO 学术机构。

“世界贸易组织讲席(中国)研究院”作为贸易谈判学院的平行研究平台,主要对应世界贸易组织讲席计划的三大支柱(教学、研究、信息传播)。世界贸易组织讲席计划(WTO Chairs Programme,简称 WCP)是由世贸组织秘书处发起的全球性项目,旨在通过在全球范围内选拔设立世贸组织讲席并与之长期合作、资助讲席特聘教授的学术活动来推动国际贸易和贸易合作领域的教育、研究和信息传播,加强发展中国家的学术界、公众、政策制定机构对贸易体制的认知和理解。学校的世贸讲席工作被世贸组织前任总干事拉米先生多次点名表扬。在学校与世贸组织联合举办的“世贸组织 20 周年暨主题报告发布仪式”国际研讨会上,世贸组织易小准副总干事特别肯定了上海对外经贸大学作为讲席院校以及张磊教授作为讲席特聘教授在帮助发展中国家参与多边贸易体制中发挥的积极和重要作用。目前,学校已完成第一期讲席计划任务,并经秘书处考核后顺利进入第二期为期4年的建设工作。

学院注重科研机构的构建。先后建有上海高校智库“国际经贸治理与中国改革开放联合研究中心”、教育部国别和区域研究备案基地“世界贸易组织研究中心”、“21世纪海上丝绸之路研究中心”、“中国—WTO争端解决机制研究中心”等学术研究机构。以这些研究机构为载体，学院集中了世界贸易组织、联合国贸发会议、联合国亚太经社理事会以及国内外知名大学、研究机构以及智库的研究力量，承担了大量的国内外科研项目，为国家相关政府部门提供了大量决策建言，取得了很多重要成果。在中长期，学院致力于实现“三个成为”：成为最具吸引力的贸易谈判研究机构和智库；成为最具潜力的贸易谈判高端人才培养基地；成为最具活力的贸易谈判沟通交流平台。

3. 智库管理攀登新高度

为推动上海自贸区协同创新中心建设，学校出台《上海对外经贸大学关于贯彻实施“高等学校创新能力提升计划”的意见(试行)》、《上海对外经贸大学关于在本科教学中落实“2011计划”的意见(试行)》、《上海对外经贸大学关于在研究生培养中落实“2011计划”的意见(试行)》、《上海对外经贸大学关于在人事管理中落实“2011计划”的意见(试行)》、《上海对外经贸大学关于在国际交流与合作中落实“2011计划”的意见(试行)》、《上海对外经贸大学协同创新中心资源整合与共享管理办法(试行)》共6项文件。

2016年，学校上海高校智库获“全国服务贸易创新研究基地”称号。

2018年，学校加强对实体研究院的管理考核工作，对非常设科研机构进行清理。按照校党委常委会决议要求，科研处对学校63家非常设研究机构进行了全面的清理，通过系统登记、成果统计、上报年报、学院核对四个环节的综合评价，并报校长办公会议通过，决定撤销非常设研究机构17家。学校的智库建设卓有成效。

2018年，在上海高校智库国际经贸治理与中国改革开放联合研究中心在南京举行的“2018中国智库治理暨思想理论传播高峰论坛”上，学校被宣布入选CTTI高校智库百强榜单，成为全国“A区高校智库”。

2019年，学校科研成果被中央办公厅、上海市委办公厅等录用成果50

多篇(其中政治局常委批示 2 篇,政治局委员批示 2 篇,省部级批示 11 篇),省部级以上批示数量创历史新高。

截至 2020 年 6 月,学校有 10 个省部级重点研究基地、3 个上海高校智库、50 多个校级科研机构。上海市政府的"上海 WTO 事务咨询中心",商务部和上海市政府共建的"全球贸易投资研究咨询中心"均设立在上海对外经贸大学。学校是世界贸易组织(WTO)总部选定的世界首批、中国唯一的世界贸易组织教席院校,是世界贸易组织区域贸易政策课程(RTPC)合作机构(亚太培训中心)。作为中国自由贸易试验区协同创新中心核心协同单位和国家发改委"一带一路"协同高校,学校积极开展校内协同、校际协同、校外协同,相继成立中国"一带一路"(上海)协同创新研究院、"自由贸易港研究院"、国内首家"人工智能与变革管理研究院"等。

四、服务社会凝智聚力

学校积极倡导"以学术为魂"的理念,始终坚持科研服务于国家、长三角地区和上海市各项战略。

1. 推进国别和区域研究

2013 年学校启动了"中央支持地方高校发展专项资金"科研平台建设,成立了澳大利亚研究中心、东亚研究中心、金砖国家研究中心、美国研究中心、欧盟研究中心、国际战略与政策分析研究中心、中东欧研究中心、中国特色社会主义道路的国际影响力研究中心等 8 个科研平台,分别就澳大利亚、日本、韩国、金砖国家、美国、欧盟、中东欧等国别地区经贸治理、国际战略等方面展开系列研究。2017 年,学校上报的 5 个国别和区域研究中心获得教育部批准备案,分别是世界贸易组织(WTO)研究中心、澳大利亚研究中心、南亚和印度洋研究中心、爱尔兰研究中心、中东欧研究中心。此次上海获教育部批准的研究中心共 47 个,其中 10 个属于市属高校,而上海对外经贸大学就占了其中 5 个。

2. 推进上海自贸区协同创新工作

上海"四个中心"建设、中国(上海)自贸试验区建设等国家社会经济发展急需的应用研究定位,积极参与上海自贸区合作共建项目,促进提升服务国家战略与地方经济的能力。牢牢把握住上海自贸区建设的重大机遇,顺势而为，乘势而上，成为上海自由贸易试验区建设研究的先行者和决策咨询的排头兵，切实担负起学校服务国家战略和地方经济社会发展的光荣使命。

学校不断加强与上海自贸区建设高度融合的“上海自贸区研究中心”、“上海自贸区协同创新中心”等项目、基地和“智库”建设，切实推进学校产学研领域的协同创新。瞄准上海自贸区监管理念的创新、贸易的开放度和政策的开放度等战略需求与学术前沿，提供一批高水平的决策咨询建议和方案。

2013 年 10 月 26 日，学校与上海财经大学、对外经济贸易大学、华东政法大学签署共建上海自贸区协同创新中心的框架协议。学校结合学科建设，与上海市政府发展研究中心合作发布自贸区专题研究项目 10 项，另外自设研究项目 10 项，获批 6 项；2014 年，学校与上海市政府发展研究中心合作发布 18 项自贸区专题研究项目，其中自设 8 项；与上海财经大学合作撰写自贸区协同创新中心认定书；发布《2014 中国(上海)自由贸易试验区蓝皮书》以及《中国战略性大宗商品发展报告(2014—2015)》。

2015 年 5 月，学校国际经贸学院与北京、上海、天津、福建、广东五省市自由贸易区研究院以及各地院校开展联合研究、整合互补性资源，共同为自由贸易试验区建设提供决策咨询研究的上海共识。参加的单位有：上海海事大学中国自由贸易区供应链研究院、上海财经大学自由贸易研究院、华东政法大学中国自由贸易区法律研究院、对外经贸大学国际经贸学院、中山大学自贸区综合研究院、暨南大学中国(广东)自由贸易试验区研究院、南开大学经济学院、天津财经大学天津市自由贸易试验区研究院、厦门大学中国(福建)自由贸易区研究院、福建师范大学自由贸易试验区综合研究院、福建省委党校福建自贸区研究院等。

3. 推进国家发改委“一带一路”协同高校工作

2017 年，学校成为国家发改委“一带一路”建设协同高校，成立相关专门研究机构并和中国华信能源有限公司联合发布中国—中东欧贸易指数。组织团队完成“一带一路”建设成果汇报工作，并编制上海对外经贸大学“一带一路”协同建设推进方案。

2018 年 4 月，国际发展合作研究院入选“一带一路”国际智库合作委员会成员单位。2019 年，学校先后编制《上海对外经贸大学落实教育部“一带一路"倡议行动计划进展情况报告(2018)》提交上海市教委;编制《上海对外经贸大学"一带一路"建设2018年工作总结及2019年工作重点》提交上海市政府发展研究中心;编制完成2019年服务"一带一路"智库项目推进情况提交上海市人民政府发展研究中心。

第四节　学生为本　成绩斐然

更名大学后,学校本科人才培养继续围绕"高层次、国际化、应用型"的目标,通过实验班、大平台、通识教育等手段,使学生在知识、能力、素质上协调发展。同时,学校围绕一级学科博士点建设、"085商科创新人才学位点"的建设和学校"十三五"发展规划,积极推进商科创新人才研究生教育的改革与创新。在招生规模扩大的情况下,学校就业率仍处于全市高校领先水平。毕业生就业质量不断提高,就业流向与社会需求、学校的专业设置和学科发展相适应。毕业生对母校的满意度、对专业培养的认可度等仍然保持很高的比例。

一、扩大研究生招生规模

1. 招生规模和类型

根据学校规划要求,学校历年全日制本科学生招生总体规模趋于稳定。研究生培养规模呈现扩大趋势,2013年招收643人,2019年达到了995人。根据学校规划要求,逐年递减招收全日制专科生源,2015年停止秋季高考统招全日制专科层次招生。

学校根据最新社会需求,新增新兴专业推动学校教育快速发展,培养社会需求人才。2015年新增招生专业两个:经济统计学(国家专业代码:020102)学制四年、文化产业管理(工商管理类招生,一年后进行专业分流)学制4年;2017年学校申报国际经贸规则和数据科学与大数据技术两门本科专业,在2018年开始正式招生;2019年学校申报了投资学本科专业,并于2019年开始正式招生。学校招生类别主要包括秋季统考本科、保送生、少数民族预科转入、内地新疆班、港澳台侨联合招生、少数民族预科班、专升本,2015年新增春季招生。

表 5-4-1 2013—2019 学校全日制各层次招生人数一览表

2013—2019 年学校全日制本科招生人数

年份	2013	2014	2015	2016	2017	2018	2019
人数	2 442	2 283	2 363	2 319	2 272	2 285	2 268

2013—2019 年学校研究生招生人数

年份	2013	2014	2015	2016	2017	2018	2019
人数	643	689	750	918	995	1 003	995

2013—2019 年学校全日制专科招生人数

年份	2013	2014	2015	2016	2017	2018	2019
人数	119	88	0	0	0	0	0

2. 生源情况

在生源地分布及批次方面,2013—2019 年间,根据教育部和市教委要求,结合学校整体规划,逐渐稳步扩大招生生源地范围,为来自全国各地的莘莘学子提供更加宽广的平台,发挥特长,实现自我。2013 年学校新增黑龙江和陕西两地,黑龙江招生批次为本科第一批次 A 类,陕西招生批次为本科第一批,停止内蒙古第一批次招生。2014 年生源地与 2013 年一致,并停止浙江专科批次招生。2015 年停止在上海地区专科批次招生。2016 年生源地新增西藏地区。2017 年生源地新增新疆地区。2018 年生源地与 2017 年一致。

截至 2019 年,学校共在安徽、北京、福建、甘肃、广西、贵州、河北、河南、黑龙江、湖北、湖南、江苏、江西、辽宁、山东、山西、陕西、上海、四川、天津、西藏、云南、重庆、新疆、浙江 25 个省(区、市)招生,并继续参与港澳台侨联招。

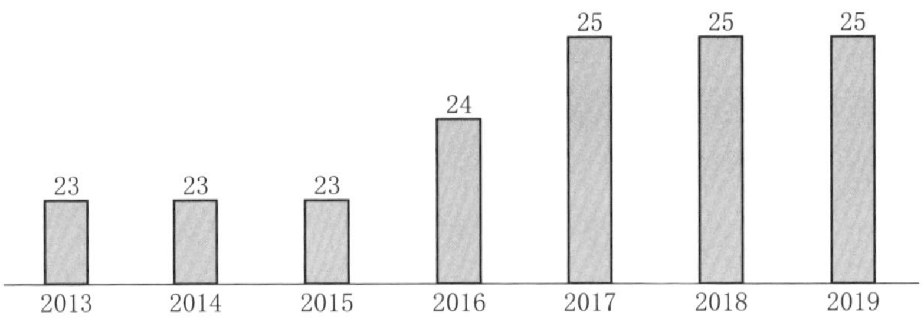

图 5-4-1:2013—2019 年生源地数量示意图(单位:个)

在生源变化趋势上，2013—2019 年学校上海与外省生源比例结构基本稳定。总体趋势为上海生源呈小幅波动减少，外省生源小幅波动增加，生源地逐步向中西部倾斜。

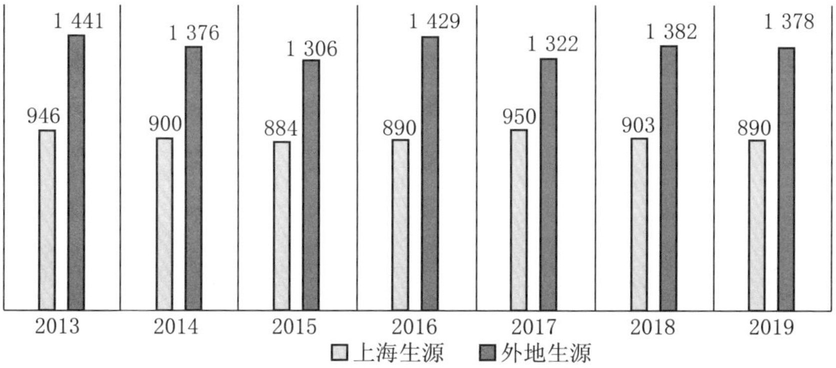

图 5-4-2：2013—2019 年秋季统招本科生本地与外省生源对比图

2016 年，学校在秋季统招中经受上海一二本批次合并录取的考验，生源质量稳中有升，本科内地平均录取分数线超一本线 65 分，比 2015 年提高10 多分；报考研究生的考生人数达到 3 400 人，实际参加考试人数达到 2 300 人，第一志愿录取率超过 50%，为历年最好水平。

2017 年，在上海地区以“院校专业组”为投档单位的高考改革新政下，学校录取分数经受住首届“新高考”考验，在上海高校中保持稳定。在外省(直辖市、自治区)，文理科录取分数线和批次线的分差均值较 2016 年均有提升。与此同时，一志愿报考学校研究生人数达 2 288 人，录取研究生 993 人，其中来自“985 工程”“211 工程”高校的生源占比 13.4%，较 2016 年有明显提高。

2018 年，共录取本专科生 2 275 人。同年，共录取硕士研究生 1 003 人，其中：学术型硕士生 429 人，占 42.77%；专业学位硕士生 574 人，占 57.23%。一志愿报考人数 2 936 人，一志愿录取 484 人，录取比为 6.07∶1。519 人为调剂录取，调剂比例为 51.74%。录取生源中应届生 508 人，非应届人数 495 人。其中 985 高校毕业生 14 人，占 1.4%；211 高校毕业生 63 人，占 6.28%；普通高校毕业生 549 人，占 54.74%；其他高校毕业生 377 人，占37.58%。

2018—2019年学校在本科招生方面基本持平,在留学生和研究生以及继续教育方面有小幅增加,学校在研究生培养规模方面有很大的提高。

二、创新人才培养

1. 本科生教育工作

2013年更名大学后,学校继续推进085工程“全球通用商科人才培养”本科专业建设项目,国际经济与贸易(全英语实验班)和金融学(全英语实验班)两个专业正式列入招生目录,同时积极参与“教育教学综合改革”方案的制定、学校“十三五规划”的编制和开展“骨干教师激励计划”等重点工作,努力提高工作效率和管理水平,积极开展教学研究和项目建设,着力打造一流本科与一流专业建设和应用型本科试点专业建设。遵循以本为本,让课程优起来、教师强起来、学生忙起来、管理严起来、效果实起来,在建设一流本科、做强一流专业、建设一流课程、培养一流人才的工作中发挥重要作用。

2013年,国际经济与贸易专业获批教育部地方高校第一批本科专业综合改革试点项目;国际经济与贸易专业和工商管理专业获批上海市优秀专业称号;国际政治专业和审计学专业通过2013年学士学位授权审核,增列为学士学位授予专业。《国际贸易实务》和《财务管理》两门课程入选第三批国家级精品资源共享课建设项目;学校与上海兰生(集团)有限公司共建的“经济学实践教育基地”获批为地方高校国家级大学生校外实践教育基地建设项目;《中国对外贸易》、《国际企业管理》和《财务管理案例分析》3门课程被授予2013年度“上海高校市级精品课程”称号;《国际营销学》和《商务统计》两门课程被立项为2013年上海高校示范性全英语教学课程建设项目;2010年立项的《国际公法》和《供应链管理》两门课程通过验收,被授予“上海高校示范性全英语课程”称号;《全球通用商科人才实验班实践与探索》、《大学“学术英语”教学模式的研究与实践》、《基于创新创业教育的本科毕业设计改革与研究》和《基于教师激励与发展的教学评价研究与实践》4个项目获2013年上海高校本科重点教学改革项目立项资助;学校共有11个项目获得上海市教学成果奖,其中一等奖5项,二等奖6项;学校教师编写的 4 个原创性案例入选“全国百篇优秀案例”,其中 3 个获得“全国百篇优秀案例奖”;由海外教学团队与学校教师合作撰写的案例及教学笔记被加拿大西安大略大学 IVEY 商学院案例库正式收录;此外,学校被列为上海高校大学英语教学改革试点高校,开展学术英语教学;学校继续开展上海高校课程资源共享课程建设,组织《国际贸易学》、《国际金融》等 8 门精品视频共享课程教学录像拍摄等工作。

2014 年,文化产业管理专业和经济统计学专业获教育部批准,增列为学士学位授予专业,自 2015 年起招生;《国际投资法》、《商业银行风险管理》和《计量经济学》三门课程被批准立项为 2014 年上海高校示范性全英语教学课程建设项目;《国际经济学》和《财务管理》两门课程获得“上海高校示范性全英语课程”称号;《财政学》、《民法》、《中级财务会计》和《大学体育(羽毛球)》4 门课程被授予“上海高校市级精品课程”称号;新生研讨课的开课数量累计达到 50 门;《以通识教育为导向的上海对外经贸大学人才培养模式改革探索与实践》、《工商管理类专业大平台招生改革实践与绩效评价》和《国内外会计在线课程的比较研究与应用》3 个项目获批 2014 年度上海高校本科重点教学改革项目;《财务管理学》、《商务英语阅读教程(1—4)》学生用书及教师用书、《新大学日语听力与会话(1—2)(修订版)》及教学参考书共 3 种教材及参考书入选第二批“十二五”国家级规划教材;以“转观念、减学分、加课程、拓知识、深理论”为原则的通识教育课程建设改革启动;学校 ACCA 项目班的《审计》、《税法》科目通过率居全国高校之首。

2015 年,学校《宏观经济学》和《经济法》两门课程被评为 2015 年度市级精品课程;《国际商务环境分析》等 10 门课程被立项为 2015 年度市教委重点课程;《国际贸易实务》、《国际金融管理》和《跨国企业税务筹划》三门课程被批准为 2015 年上海高校示范性全英语教学课程建设项目;《经贸人才国际化能力培养实践探索》、《经管类专业学生计算思维培养模式的探索与实践》和《法学专业“三位一体化”实践教学模式改革探索》3 个项目被批准为 2015 年度上海高校本科重点教学改革项目;3 门 2015 年度市级示范性全英语课程、两门 2015 年度上海高校市级精品课程和 9 门精品开放课程启动网站建设;《宏观经济学》和《财务报表分析》两门课程获得上海高校在线课程立项资助;《财务管理》、《国际技术贸易》、《概率论与数理统计》、《旅游地理学》和《战略管理》5 本教材获 2015 年度上海普通高校优秀教材奖;“085 工程”16 个大项目通过立项评审,正式建设;6 个专业完成专业评估;学校被评为“2015 年度 ACCA 优秀高校”,ACCA 项目连续 3 年顺利通过白金资格年度审核;学校组织实施教师教学激励计划,接受上海市教委专家组的检查,修订《本科教学质量保证体系》等多个管理文件。

2016 年,学校《审计学》、《计量经济学》和《金融工程学》3 门课程被评为 2016 年度市级精品课程;《中级宏观经济学》、《管理会计》和《企业价值评估》3 门课程被批准为 2016 年上海高校示范性全英语教学课程建设项目;2013 年立项的《国际营销学》和《商务统计》两门课程通过验收,被授予“上海高校市级示范性全英语课程”称号;《国际贸易实务》和《线性代数》2 门课程被立项为上海高校在线课程建设项目;《国际化会展创新创业教育平台建设:研究与实践》和《与经法学科融合下的国际政治应用型人才培养模式研究与实践》2 个项目被批准为 2016 年度上海高校本科重点教学改革项目;53 门课程通过校内全英语教学课程认定;9 门通识教育课程立项建设;“云南白药集团多元化扩张迷局”、“绿叶制药集团:专利先行,迈向国际知名药企”和“上海家化权力博弈与股权激励的设计动机”3 个案例被“上海 MBA 课程案例库”收录,1 位老师的案例参评第七届全国“百篇优秀管理案例”;日语、法语、物流管理(中澳合作)等 17 个专业完成本科专业评估。

2017 年,学校申报的数据科学与大数据技术专业和国际经贸规则专业获教育部批准,增列为学士学位授予专业,自 2018 年起开始招生;学校《综合英语》《创业管理》和《数据仓库与数据挖掘》等 3 门课程被评为 2017 年度市级精品课程;《公共关系学》《跨国并购》2 门课程被批准为 2017 年上海高校示范性全英语教学课程建设项目;《产业投资分析》《跨国公司经营与管理》《学术英语写作》《创新管理与风险资本投资》《行政法与行政诉讼法》《金融企业会计》《跨文化管理》《应用时间序列分析》《统计软件 SPSS》《人文中国》等 10 门课程入选上海市教委本科重点课程;电子商务专业入选上海市属高校应用型本科试点专业。年内,9个项目获上海市教学成果奖,其中一等奖3个,二等奖6个。

2018年,学校共立项建设《涉外卓越法律人才培养创新基地》《服务上海"五个中心"建设,着力打造卓越会计人才培养创新基地》《"语言+文化+商务"三通型商务外语专门人才培养》《全力打造"一流本科",加快建设全球通用商科工商管理类人才培养基地》4个校级一流本科建设培育项目。此外《国际商务环境分析》《行政实务模拟》两门课程被评为2018年度上海高校市级精品课程。《经济学原理》《国际金融法》两门课程被立项为2018年上海高校示范性全英语课程建设项目。

2019年,学校申报的投资学专业获教育部批准,增列为学士学位授予专业,自2020年起开始招生。学校着力打造一流本科课程建设"双万计划"。国际经济与贸易、应用统计学、商务英语、会计学和市场营销5个专业,获批为国家级一流本科专业建设点。学校以上海市一流本科建设引领计划为抓手,组织做好应用型本科试点专业、校级一流本科建设培育、全英语专业和创新实验班改革工作,审计学专业入选上海市高校应用型本科试点专业。2门课程获评国家精品资源共享课程(市属高校共17门);2门课程入选上海高校优质混合式在线课程示范案例;2门课程获评市级虚拟仿真实验教学项目,其中参加国家级项目评选1项;2019年度市教委本科重点课程立项12门;3个项目获得2019年上海高校本科重点教改项目立项。

表5-4-2 2019年学校国家级一流本科专业建设点

归属单位	专业名称
国际经贸学院	国际经济与贸易
统计与信息学院	应用统计学
国际商务外语学院	商务英语
会计学院	会计学
工商管理学院	市场营销

2. 研究生培养工作

2013年更名大学后,学校的研究生规模不断扩大。在课程建设方面,构建研究生精品课程、案例教学、优秀教材等全方位课程建设体系。完善研究生教育管理制度,将研究生思想政治教育嵌入专业培养过程。加快推进落实学校“十三五”改革与发展规划和年度重点工作等任务。抓好博士学位授予单位三年行动计划(2018—2020)的落实工作。

2013 年是上海对外经贸大学研究生教学的开局之年。学校启动“085 商科创新人才学位点”第二年建设任务,包括 3 个重点学位点(国际贸易学、金融学、国际法学)建设、2 个专业学位点(MBA、翻译硕士)建设、WTO 高端人才培养、研究生创新平台建设 4 个方面。学校 6 个新增二级硕士学位点(法语、世界贸易组织法、知识产权法学、金融工程、市场营销、审计学)开始招生;新增 1 个专业硕士基地、1 个交叉学科学位点平台建设项目、研究生创新机制改革、SD 专业(方向)研究生论坛等一批上海市研究生创新项目,合计金额 400 万元。学校还举行第一届研究生教育工作会议,完成《上海对外经贸大学研究生质量报告》,制定《上海对外经贸大学 2013 年申请新增专业学位硕士点的申报和遴选办法》。

2014 年,学校新增的 6 个二级硕士学位点:法语、世界贸易组织法、知识产权法学、金融工程、市场营销、审计学正式招生,专业硕士已覆盖经、管、文、法四大学科。学校在全校范围推出研究生研讨课程,国际贸易专业面向留学生启动全英语国际班。学校还召开第一届专业学位研究生工作会议,制定《上海对外经贸大学研究生学业奖学金管理实施细则》等管理文件,举办或承办高校科学道德和学风建设宣讲会、师生论坛、“青年书社”读书活动、“研—商道”调研大赛、英语达人演讲比赛、研究生篮球赛、足球赛以及迎新晚会等活动。

2015 年,学校推进学位点建设和研究生培养体制改革,优化研究生人才培养模式,制定专业硕士与学术硕士分类管理的制度设计方案,推进专业硕士与学术硕士的分类培养。这一年,学校完成 4 个一级学科学位点和 3 个专业硕士学位点(法律、工商管理、翻译)的评估;推动专业硕士实践基地建设以及研讨性课程和案例教学的改革;实现研究生论文的全程监控;完成《2014—2015 上海对外经贸大学研究生质量报告》;召开第一届研究生教育工作会议,明确“十三五”期间研究生教育改革和发展的目标和思路。

2016 年，学校研究生招生规模达到 1 000 人，新增 5 个学位点的招生，并启动研究生院的调研和筹建工作。学校推进商科创新人才研究生教育的改革与创新，明确研究生培养的主体在各学位点并按一级学科分类制定教学计划，专硕与学硕研究生的分类培养管理制度体系初步形成。这一年学校完成 4 个一级学科与 2 个专业硕士学位点(法律、工商管理)的评估工作；MBA 项目在教育部工商管理硕士专业学位点评估中获江浙沪地区院校小组第二，在全国第九批 52 所院校中名列第三。学校完成《2015—2016 上海对外经贸大学研究生质量报告》的编撰。

2017 年，学校成立研究生院，研究生招生规模达到 960 人。学校理论经济学、统计学、马克思主义理论等 3 个一级学科硕士点和应用统计专业硕士点进入国务院学位办公示名单，筹备并申报建设博士学位授予单位和应用经济学博士学位授权点。学校根据研究生教育新形势、新要求，制定《上海对外经贸大学研究生教育管理办法》《上海对外经贸大学研究生新生奖学金评选管理办法(试行)》《上海对外经贸大学研究生“三助一辅”工作管理办法(试行)》《上海对外经贸大学研究生国家奖学金管理办法》等，修订《上海对外经贸大学加强学术道德规范规定》等管理文件，完善研究生教育管理工作。在第四轮学科评估中，学校应用经济学、工商管理、法学和外国语言文学等 4 个一级学科排名均有不同程度上升。

2018 年，学校根据“博士点工程”三年行动计划及应用经济学博士授权点的要求，对“博士点工程”进行了任务分解，形成了博士点三年行动计划的实施方案(初稿)，并明确了每个方面的主要内容、完成时间节点、责任单位。2018 年经各学院申报，研究生院审核建设，校外专家评审以及研究生院教学指导委员会审议投票，确定《公司金融研究》、《英语教学研究》、《高级计量经济学Ⅰ》等 8 门课程为研究生精品课程。

2019 年，学校全力推进研究生教育工作。研究生院通过对标责任清单将 2019 年度申博重点工作任务进行分解，落实到人，扎实开展博士授权单位和博士授权点建设工作。学校博士学位授予单位申请表和应用经济学学科博士学位授权点申请表已完成第八稿。按照博士点建设标准确定了 7

个一级学科硕士学位点的研究方向，指引二级学位点布局优化调整，明确各一级学科学位点召集人，调整了市场营销、人力资源管理、统计学(应用经济学)、国民经济学、跨国供应链管理、国际经济等二级学位点，加强了管理科学与工程、公共管理两个一级学科硕士点的培育。2019年，学校“应用经济学一级学科博士点建设和提升‘一流人才’培养能力”入围上海市一流研究生教育引领计划项目。此外，2018—2019学年，学校新增5个研究生精品课程建设项目，5个研究生案例库建设项目；5位教师获得研究生优秀教材建设资助，另有2位老师获得研究生全英语课程建设资助，涵盖了专业学位课、公共课和选修课等多个课程类别。

本科教育是立校之本，研究生教育则是强校之基。2020年初“新冠”疫情暴发，学校把本次疫情化“危”为“机”，深化信息技术与教育改革相融合，更新教育理念，不断探索和完善全空间、智能化、信息化、互动式、多选择的教学环境，提升教学质量。为进一步落实立德树人根本任务，深化人才培养模式改革，提升在线教学质量，2020年3月20日，学校召开主题为“立德树人，深化人才培养模式改革”教学交流研讨会。会上，教务处、研究生院分别汇报了本科生、研究生在线教学总体开展情况，与会教师介绍了各自学院、专业和课程开展在线教学的主要做法，交流了各自在教学模式改革、“互联网+育人”、人才培养模式内涵等方面的思考和实践，探讨了怎样通过在线教学提升教师们信息化教学水平，促进教学和人才培养模式的改革，并围绕建设一流研究生教育目标和申博工作，提出了进一步深化研究生培养和改革的想法和建议。

3. 创新创业教育

学校作为国内较早开展创新创业教育的高校，是教育部首届创业教育指导委员会成员单位，突出国际化和商科办学特色，以培养“具有创新创业意识、国际视野、跨文化沟通能力强、熟悉国际经贸规则、具有国际竞争力的高层次、应用型、国际化经贸人才”为人才培养目标，构建集“协同式”创新创业教育教学、“开放式”创新创业实践实战、“六阶式”创新创业项目孵化、“一站式”创新创业服务保障的“四位一体”创新创业人才培养体系，着力培养德才兼备、具有“创新创业意识、创新创业技能、创新创业能力、创新创业素养”的国际化商科创新创业人才。

2013 年,在原教育部“高等学校本科教学质量与教学工程”人才培养模式创新实验区建设项目《本科大学生创业教育基地》建设的基础上,进行上海市创新创业教育实验基地建设。学校与荷兰鹿特丹商学院合作建设创业实训课程《创业计划与实践》,积极引入更多的国际元素和企业元素,与海外企业一起搭建国际合作平台,为课程中的学生团队引进真实的海外企业案例,使学生与真实的海外企业合作。另外,学生创新创业团队,赴荷兰进行为期两周的创业培训和考察活动,围绕新兴行业和市场做可行性分析,进行项目研发和商业计划书的编制,并利用校外创业孵化基地平台将商业计划书付诸实施。依托该平台,已形成上海对外经贸大学 26 个学生创新创业项目群。这一年学校共有 54 个项目获得国家大学生创新创业项目立项,初步形成“专业教学、创业教育、项目实践、创业孵化”新型本科应用型人才培养链。

2014 年,学校积极响应国家“大众创新、万众创业”和上海市“科创中心”建设的号召,制定并实施了创新创业人才培养改革方案,将创新创业教育纳入本科专业培养方案和教学计划,完善创新创业教学管理制度,修订了《上海大学生创新创业活动计划项目管理暂行办法》,制定了《创新创业学分认定管理办法》,全面规范监管大学生创新活动计划的实施。学校加强创新创业资源和平台建设,鼓励学生积极学习创业理论,投入创业实践。学校以全球运营仿真实验教学为载体,建成了全球运营实验教学体系,实验课程实现“全覆盖”,并通过辅修的方式向松江大学城其他高校学生开放。借助学校学生创业中心、校外创业实习基地、区校共建创业孵化基地等平台,为学生提供创业孵化的摇篮,组织学生进行创业孵化实践。提供从“创业苗圃”到“创业孵化”到“加速成长”一条龙服务。第三,学校充分整合各类创新创业资源,以校园创新文化活动为载体,以各类创新创业竞赛为依托,推动学生积极参加创新创业课外活动,培养学生的创新创业能力。年内,学生团队或个人在各类活动和竞赛中,获得 2014 年上海市大学生网络商务创新应用大赛本科组冠军、第八届“挑战杯”上海市大学生创业大赛银奖、全国大学生英语竞赛 C 类特等奖、全国大学生数学建模竞赛上海赛区一等奖、上海市大学生决策仿真实践大赛二等奖等奖项。

2015 年,学校积极组织学生参加各类学科竞赛和创新实践活动,拓展实践活动和实践项目的来源渠道,给学生创造更多的实践机会。通过各种实践和仿真为主题的学科竞赛活动,例如大学生数学建模、上海市大学生网络商务创新应用大赛等,学生得到了更多、更高层次的理论联系实践的锻炼机会,提高了学生的实践学习能力。年内,学校新获国家级大学生创新创业训练项目 35 项,使总数达到 127 项;学校新获上海大学生创新活动计划资助 99 项,使总数达到 518 项;学校 6 个项目团队在第四届上海大学生创新创业活动论坛上获得多个奖项,另有项目团队分获第八届全国大学生网络商务创新应用大赛上海赛区决赛本科组冠亚军。

2016 年,学校进一步完善创新创业人才培养方案,自 2016 级起,本科人才培养总体方案规定所有学生必须修读 7 个学分的创新创业课程。通识教育课程中设置新生研讨课、创新思维方法、技术创新与创业等课程,专业课中设置创业管理、新创企业营销、国际企业管理、商业伦理学、全球创业和公司体系、创业计划与实践、KAB 创业基础、海外创新创业学习项目等课程,个性拓展模块涵盖创新创业拓展、职业生涯设计等课程。创业学院正式启用“古北 620”创业孵化基地,有两批 19 家公司入驻,覆盖国际贸易、跨境电商、数字传媒、文化创意、现代服务、教育培训等行业和领域,入孵项目获千万 A 轮融资。基地组织 8 家创业公司参加松江首届大学生创新创业博览会,组织 3 家企业参加中国青少年新媒体梦创训练营,组织 2 家创业企业首次参加松江七校企业招聘会,推荐 2 家企业参加励业公社“两岸青年创业交流展”,接待斯洛文尼亚卢布尔雅那大学嘉宾来访参观等。2016 年,学校推动创新创业教育并获得“上海大学生创新创业训练计划示范校(培育)单位”称号;35 个项目获批 2016 年大学生创新创业训练项目;109 个项目获评“上海大学生创新活动计划项目”。学生在学科竞赛等各类活动中屡创佳绩,如“外研社杯”全国大学生英语辩论赛华东赛区一等奖、未来领导者论坛东亚赛区冠军、中国大数据创新行动大赛一等奖、中国高校 SAS 数据分析大赛四十强、全国研究生数学建模竞赛一等奖、第三届全国商务英语实践大赛(华东赛区)冠军等。

2017 年,学校完成专业全景生态实验实训体系与发展规划,落实跨境电商生态教学体系、跨境电商供应链、B2B 海外推广等校企合作项目,新增 1 门创新创业教育课程,1 门国际商务模拟训练课程和 20 项创新创业学分认定项目。年内,学校 41 个项目获批 2017 年国家级大学生创新创业训练计划项目;学校组织学生参加各类重大比赛 33 场次,学生屡创佳绩,获得 2017 年美国大学生数学建模竞赛国际一等奖、2017“外研社杯”全国商务英语实践大赛全国总决赛冠军、2017 年全国大学生英语竞赛一等奖、全国大学生网络商务创新应用大赛上海赛区冠军等比赛成绩;1 名学生获得中国金融期货交易所第五届“金融期货与期权研究征文大赛”一等奖。

2018 年,学校进一步加强实践教学基地建设,做好创业项目培育和孵化工作,加强孵化基金的管理,提升孵化项目的成功率,突出创新创业人才培养的教育性、实践性、社会性、开放性,构建“四位一体”的创新创业人才培养体系;进一步完善“古北 620”创业孵化基地建设和学生创业中心建设,学生创业中心获批 KAB 创业俱乐部全国百强创业社团;举办“博实”国际商业创新创业精英人才特训班、松江大学园区创业大赛、创业沙龙、创业论坛、创业训练营、创业企业参观访问等创业实践活动;学校以创新创业项目建设和学科竞赛开展为抓手,切实加强学生创新精神、创业意识和实践能力。2018 年共获得国家级大学生创新创业训练计划项目 45 个。其中国家级大学生创新创业训练计划项目——“童真绘梦”入选第十一届全国大学生创新创业年会参展项目。获批市级“上海大学生创新创业活动计划项目”130 项。组织申报的“上海市大学生网络商务创新应用大赛”批准立项为 2018 年度上海市大学生学科竞赛,已连续承办六届,促进学生的专业能力素养、创新精神和实践能力得到有效提升。教务处联合党委学工部(处)、研究生院和团委共同开展第四届中国“互联网 + ”大学生创新创业大赛校赛选拔工作,248 个项目报名参赛,1 个项目获得第四届中国“互联网 + ”大学生创新创业大赛上海赛区复赛银奖,5 个项目获得铜奖,其中“‘农旅融合’特色电商服务”项目为“青年红色筑梦之旅”项目,该项目参加了“青年红色筑梦之旅”启动仪式及“青年红色筑梦之旅”全国对接活动(江西),与福建省上杭县步云乡人民政府签订共建实践基地协议,与江西省四家单位达成合作意向并签署合作意向书。学校获第四届中国“互联网+”大学生创新创业大赛上海赛区优秀组织奖。

2019年,学校以“国际化+”商科创新创业人才培养为特色,服务于国家创新驱动、高质量发展和上海市建设全球科创中心的战略需求,加强创新创业教育科学化、制度化、规范化建设,进一步将创新创业教育融合于人才培养,强化学生的社会责任感、创业精神、创业意识。全力打造“学科基础+专业技能+应用实践+创新实践”协同的人才培养路径,充实创新创业课程体系,强化第一课堂在创新创业教育中的核心地位,通过构建多元化教学实践、实验、实训、实习平台,将第一课堂与第二课堂有效黏合,使第二课堂成为第一课堂的重要延伸;完善创新创业导师队伍,举办“创新创业基础课程教学认证师资内训班”,35名教师参加培训并获得国际创业教练(中级)资质认证,组织教师积极参与学生创新创业指导活动;拓宽创新创业竞赛平台,积极推动大学生创新创业计划项目、互联网+、挑战杯、汇创青春等国家级和上海市大学生创新创业活动和竞赛,以“兴趣驱动、自主实践、重在过程”为基本理念,从激发学生创新思维、重视学生创新体验、扶持学生创业活动出发,引导学生主动合作学习,用于挑战探索。年内,国家级和市级大学生创新创业项目获批立项43项和130项,校级立项36项。8月,教育部办公厅发布《关于公布2019年度全国创新创业典型经验高校名单的通知》(教学厅函〔2019〕38号),学校创新创业工作获得教育部认可,获批2019年度全国创新创业典型经验高校。

2014—2019年,学生获得省部级以上竞赛奖1345项,其中国际级奖项103项、国家级奖项842项、省市级奖项400项。不断强化学生综合素质和能力培养,学生在国际国内大赛的获奖数量和等级不断攀升,包括美国大学生数学建模竞赛国际一等奖、全国研究生数学建模竞赛一等奖、“外研社杯”全国商务英语实践大赛全国总冠军、ACCA统考单科成绩全球第一等重要奖项。

三、提高就业质量

1. 就业率处于全市高校领先水平

2013—2019年间,学校毕业生的总体规模呈上升态势,其中:研究生毕业生规模涨幅明显，从 2013 届的 269 人上升至 2019 届的 943 人；本科生毕业生规模在 2013 年和 2019 年规模一直相对稳定在 2 200 人左右；专科生毕业生规模减至 2015 年的 117 人，逐年收缩。学校近年的就业率一直处于上海市同等高校的领先水平。

表 5-4-4　2013—2019 年学校毕业生规模及就业率一览表

	本科生		研究生		专科生	
	毕业生数	就业率	毕业生数	就业率	毕业生数	就业率
2013 年	2 225	99.24%	269	92.19%	116	84.48%
2014 年	2 297	98.87%	346	95.66%	127	91.34%
2015 年	2 289	98.71%	347	97.41%	117	99.19%
2016 年	2 095	96.90%	594	96.30%		
2017 年	2 152	95.26%	644	96.89%		
2018 年	2 192	95.30%	709	95.35%		
2019 年	2 248	94.97%	943	95.55%		

说明：1.统计数据以每年 12 月 31 日截止日为主要依据；2.毕业生就业率 =（已就业毕业生人数 ÷ 毕业生总人数）× 100%； 3. 2015 年后学校不再招收专科；4.就业包含了签就业协议形式就业、签劳动合同形式就业、其他录用形式就业、科研助理、应征义务兵、国家基层项目、地方基层项目、自主创业、自由职业、升学、出国出境。

2. 毕业生就业质量不断提高

根据学校每年开展的毕业生抽样调查表明，用人单位对学校毕业生普遍满意，满意度达到 97%以上。用人单位尤其对毕业生所展现的诚信意识、服务意识、团队精神，所具备的外语应用能力、学习能力、人际沟通能力、业务能力都给予了高度评价。

在升学方面，毕业后继续深造的毕业生呈逐年上升趋势，出国留学的流向主要为美国、英国、澳大利亚、法国、德国和日本等国家，进入国内外重点大学的比例也在逐年提高。

就业方面，2016 年 12 月底，2016 届本科就业率为 98.37%，研究生就业率为 97.83%，与 2015 年保持平衡，进 500 强企业的人数和薪资较上一年都有所上升。学校与麦可思公司联合发布的《毕业生培养质量中期评价报告(2016)》显示,已毕业五年的学生对母校的认同感、对专业培养的认可度等依旧保持很高的比例。

2017年12月,2017届本科毕业生就业率为95.26%,硕士毕业生就业率为96.89%,与上一年度基本持平。进入世界500强企业工作的毕业生占2017届毕业生就业人数的21.20%,与上一年度基本持平。根据2017年QS世界大学排名榜,学校2017届本科出国(境)毕业生中进入世界排名前100名院校深造的毕业生,占本科毕业生出国(境)人数的43.19%,较2016年有所上升。2017届毕业生薪酬水平高于2016年水平。学校与麦可思公司联合发布的《上海对外经贸大学应届毕业生培养质量评价报告(2017)》显示,毕业生对母校的满意度、对专业培养的认可度等依旧保持很高的比例。

2018届毕业生就业行业主要集中在"货币金融服务"和"商务服务业"行业;其中本科毕业生在"商务服务业"就业的占比最高,为15.27%,硕士毕业生在"货币金融服务"行业就业的占比最高,为19.75%。这一行业流向与学校专业设置及办学定位相符合。会计师事务所、金融机构和咨询机构是毕业生较为青睐的企业类型,这也从侧面彰显了学校财经类院校的办学理念和特色。

2019届毕业生就业率为95.14%,其中本科生就业率为94.97%,研究生就业率为95.55%。主要流向为国有企业、三资企业和中小企业。其中本科毕业生在"商务服务业"就业占比最高,为11.52%,研究生毕业生在"货币金融服务"行业占比最高,为21.64%,这也与学校专业设置及办学定位相符合。

3. 毕业生就业分布、流向日益多元

随着中国改革开放的步伐越来越大,中国的对外贸易呈现着良好的发展态势,学生在就业的区域上看:一是服务于长三角一体化的发展;二是服务上海"五个中心"建设即国际经济、金融、贸易、航运、科技创新;三是服务于上海自由贸易区建设;四是服务于西部地区、艰苦地区、国家项目。除此之外,学校的毕业生流向在近些年,尤其在2016至2019年更呈现多元化趋势,零售业、地产业、旅游业、互联网产业、媒体、教育、保险等都有广泛涉及。

从就业地域上看,学校毕业生主要集中在上海乃至长三角地区。以本科生为例,2006—2015年间,历年就业人数中选择在上海就业的人群占到90.5%。体现了学校人才培养服务于地方经济发展的特点。2019年,学校共有2 092位毕业生在长三角就业,占单位就业总数的86.34%。其中本科1 327人,占本科单位就业的85.78%,硕士765人,占硕士单位就业的87.33%。

表5-4-5　2006—2019年学校本科生就业地区统计表

地区＼年份	2006—2015年		2016—2019年	
	在该地区工作人数	占　比	在该地区工作人数	占　比
上　海	12 389	90.5%	9 585	82.8%
浙　江	418	3.1%	360	3.1%
江　苏	262	1.9%	274	2.4%
其　他	622	4.5%	1 988	11.7%
合　计	13 691	100%	12 207	100%

从行业分布上看,学校毕业生在就业市场上拥有较强的竞争力,总体就业情况良好,就业的流向呈多元化方向发展。毕业生主要集中在商贸、金融、咨询、会展、旅游、物流等第三产业。在最近五年,毕业生开始呈现多元化趋势,开始进一步流向服务业、零售业、互联网等行业。

从用人单位类型来看,本校毕业生主要就业的用人单位类型是中外合资/外资/独资企业,其次是国有企业,许多毕业生被世界五百强和中国一百强企业所吸纳。特别要指出的是,由于学校毕业生具有良好的职业素养和外语能力,许多毕业生通过外服、中智、外航等公司与外商投资企业签约。

4. 毕业生就业领域不断拓展

从2013年至2015年间,工商贸易、金融保险证券、咨询是学校就业的主流方向,并且在航运业、地产旅游业占有一席之地。2015年后,随着互联网、云计算、大数据、人工智能等新技术的不断发展,服务业、零售业、互联网产业等也逐渐成为学校就业的新方向。

(1) 工商贸易和货币金融仍是最主要就业领域

2013—2015年,工商贸易企业和货币金融企业占据学校毕业生就业的"半壁江山",这也得益于中国经济处于快速发展期。2015年后虽然行业细分以及经济形式的多元化,促进了专业设置的调整,扩充了毕业生的择业领域,金融、咨询、地产等行业的繁荣大大冲击了工贸行业一枝独秀的地位,但是在经历了金融危机重创后,经济形势回暖的背景下,工贸企业的复苏和调整,仍然为毕业生们创造了较多的就业机会,依然是吸纳学校毕业生总量最大的就业流向。2019 年商业服务业和货币金融服务行业占据了全校毕业生的五分之一。

(2) 咨询服务机构市场吸纳量增加

在学校的统计中,咨询服务机构包括会计师事务所、律师事务所、咨询管理公司三个主要方向,其中四大会计师事务所因其国际外资企业的背景和大平台的特点,成为历届毕业生关注范围最广、关注程度最高的职业选择之一。以 2013 年和 2015 年为例,毕业生咨询行业去向占比分别达到了 14.3%和 16.9%。学校学生出色的外语水平、较高的专业适应性和匹配度成为“四大”校园招募的重点关注对象。值得肯定的是,随着上海现代服务业的不断发展,这为学校毕业生进入咨询业提供了良好的条件。

(3) 航运物流业受经济影响明显

受金融危机影响,航运物流市场萎缩明显,学校毕业生进入该行业的就业情况不甚理想,伴随着经济复苏和上海四个中心建设的进一步深化,航运物流业的就业形势有所好转。2015 年后,毕业生开始流向软件信息技术、互联网、旅游等企业,航运方面占比缩小。

(4) 旅游地产行业就业流动性大

旅游会展专业、外语类专业等是学校推动学生进入旅游地产行业的专业优势,但是受经济大环境的影响,学校毕业生进入该行业的人员比例一直较低。该行业的社会稳定性相对较差,很多学生都主动或被动拒绝签就业协议书或劳动合同,使得这一领域的就业具有阶段性、临时性的特点。在 2015 年之后,旅游地产行业在学校主流行业里面呈现边缘化趋势,2016 年和 2017 年均不在学校就业量前十之内,2018 年稍显回升达到了 2.84%,2019 年地产行业仅占 1.08%。

(5) 互联网、软件和信息技术服务业成新热门

伴随社会经济的发展,互联网和信息技术服务在人们的生活中日益重

要，成为社会经济发展的快速通道。市场对于互联网和信息技术服务业人才的需求日益增大，互联网和软件信息技术成为目前最为热门的就业选择。2015 年后，一方面是互联网和信息服务业高收入的吸引力，另一方面也有互联网和信息服务业就业需求量大多的因素，毕业生选择互联网和软件信息服务的人数越来越多。学校的外贸属性加上一定的互联网技能使得学校学生能够进入知名大企业，特别是金融类企业从事技术服务，薪酬和工作满意度都较高。

总之，学校毕业生就业率长期保持良好态势，总体就业率稳定在 95%以上，入选上海高校毕业生就业工作示范基地。毕业生就业质量好，主要进入货币金融业和商务服务业，进入世界 500 强企业工作的毕业生占比达 20%左右，毕业生薪酬在全国高校中位居前列。

第五节　国际交流　深化合作

“国际化”一直是上海对外经贸大学的一张响亮“名片”。从早期的聘请外籍教师到本校教师出国访学，从各类科研合作到中外合作办学，从留学生教育和本研学生海外交流，再到传播中华文化的孔子学院，学校始终将国际化作为学校安身立命的关键词。而提高教师的教学与学术水平，培养具有广阔国际视野和跨文化交际能力的学生，也是学校长期坚持的理念。

一、国际合作办学长期开展

20 世纪九十年代，为了适应国家经济、社会发展对于国际化、复合型人才的需求，学校积极走出去，与国外各大高校建立各种形式的合作办学模式。迄今，学校中外合作办学项目的开展已有二十多年的历史，中外合作办学对于学校的办学产生了长期、积极而深远的影响。二十多年的合作办学引进了境外的优质教育资源，引进了优秀的外国教师和先进的教学方法，引进了先进的管理模式，引进了国外最新的教材，加快了教师和师资队伍的建设，促进了青年教师科研项目的国际化发展。

目前，学校开展的中外合作办学项目有：上海对外经贸大学与澳大利亚皇家墨尔本理工大学合作项目、上海对外经贸大学与加拿大道格拉斯学院合作办学项目、上海对外经贸大学与英国中央兰开夏大学合作项目、上海对外经贸大学与德国奥斯纳布吕克应用技术大学合作项目。

1. 中澳合作办学

上海对外经贸大学中澳合作教育项目是经教育部、上海市教育委员会批准,由上海对外经贸大学与澳大利亚皇家墨尔本理工大学(RMIT University)合作开设的中外合作办学项目。中澳合作教育项目于1995年起试运行,1997年正式招生,至今已开办二十余年。中澳合作曾涵盖国际贸易(境外文凭)、国际贸易专科、物流与供应链管理本科、国际商务本科、物流管理硕士等三个层次的五个教学项目。旨在通过开展多层次的中外合作教育,注重人才英语能力培养,强调理论和实际的紧密结合,广泛采取灵活多样的教学方法和手段,着力培养和提高学生分析和解决问题的能力,努力为社会培养具有较高英语水平、扎实国际经贸理论和实际业务能力的国际商务专门人才。

中澳合作教育项目在两校领导的关心和支持下,在由两校中、高层人士组成的理事会和管理委员会的领导下,在联合培养学生、师资培训和实施教学改革等方面有了稳步的发展,并在科研合作方面也取得一定的进步。从社会影响力来看,中澳合作办学项目经过十余年的发展,已经得到了用人单位和业界的高度认可,其中物流管理专业在中国科学评价研究中心、武汉大学中国教育质量评价中心和中国科教评价网(www.nseac.com)联合推出的“2019—2020年中国大学物流管理专业竞争力排行榜”中位列第18(上海市第2),被评为最高级别5星专业。

随着合作的深入,中澳两校师生互换日益频繁,2010—2015年,学校累计有50余名学生赴皇家墨尔本理工大学参加学期交换,每年接收皇家墨尔本理工大学来校交换学生1名、并接收皇家墨尔本理工大学来校进行“文化之旅”的学生1批(平均50人/批)。

在教学改革实施方面,许多教师借助中澳合作教学项目的平台,在语言上、教学方法上有了很大的提升,取得了丰硕的教学成果。中澳合作教育项目在一定程度上加快推动了学校双语课程体系和全英语系列课程的建设,为学校教育国际化战略提供了重要的支撑。2013—2019年学校先后与澳大利亚皇家墨尔本理工大学合作举办物流管理专业硕士、本科学位教育项目;合作举办国际商务专业本科教育项目;合作举办国际贸易专业境外高等教育文凭项目等。

在科研合作方面,中澳两校也做了一定的努力。学校聘任澳大利亚皇家墨尔本理工大学管理学院的供应链管理学教授兼物流与供应链管理系主任 Shams Rahman 教授为学校首位"思源学者"讲座教授,为提升学科、专业、课程建设水平和推进国际化人才培养作出了重要的贡献,并致力于将两校合作从单纯的课程教学合作进一步延伸到联合人才培养国际网络和科学研究。

2017 年,学校按照"提质增效、服务大局、增强能力"的思路推动中外合作办学内涵发展。2018 年学校与澳大利亚阿德莱德大学签订合作协议。2019 年 11 月,麦考瑞大学商学院代表团来校访问并商谈两校合作事宜,双方初步达成了开展本科或硕士联合培养项目、教师短期培训、联合培养博士等合作意向。

2. 中加合作办学

上海对外经贸大学与加拿大道格拉斯学院(Douglas College)合作办学项目的发展,最早可以追溯到 1997 年。为适应上海建设国际金融中心对金融人才需求的需要,学校积极寻求与发达国家同类学校相同专业合作办学,以快速提升专业的建设层次、加快教师培训、引进一流教材,从而达到加快培养适应时代发展需要的人才。自 1997 年 8 月起,受院长王新奎教授的委托,金融管理学院院长陈伟利副教授与加拿大 Douglas 学院 Farrel 教授、商学院院长 JimSator 和欧阳光伟教授联系,探讨将金融学和财务管理两个本科专业与对方合作的可能性。1997 年 11 月,双方签订合作意向书。1998 年 4 月,学校党委书记皮耐安教授和金融学院院长陈伟利副教授访问加拿大道格拉斯学院,并于 1998 年 4 月 15 日签署正式协议。

作为学校较早开设的中外合作办学项目之一,项目为本科层次合作办学,并全部纳入国家批准的本科招生计划。经上海市教委批准,学校从 1998 年起将金融管理学院下属公司理财专业(后改为财务管理本科专业)和金融学本科专业与加拿大道格拉斯学院合作办学。学制 4 年。合作项目按照世界名校商学院同类专业的课程体系,引进 18 门专业课程。为了确保合作专业办学质量,双方从一开始就对合作办学项目进行了严格的论证,并建立了专门的项目管理委员会,制定相关管理规章制度,保证项目的顺利开展。

随着合作的深入,经双方协商并经教育部复核批准,两个合作项目的毕业生从 2008 年起,只要符合相关条件可同时获得加拿大道格拉斯学院的工商管理学士学位。2016 年,两校再次续签举办金融学和财务管理专业本科教育项目,招生至 2019 年。目前,这两个项目到期后均已经续约,继续开展两校间的合作办学。2019 年 6 月,加拿大道格拉斯学院代表团来校与我校共同庆祝项目成功举办 21 周年。

中加合作办学项目自 1998 年启动以来,累计毕业学生超过 2 300 名。每年毕业生就业率始终保持在 95%以上,大多数学生就业于中外资银行、全球知名会计师事务所、投资公司、中外大中型企业等机构。近年来,适应高层次金融人才需求的增加,攻读研究生的学生比例明显提高,不少学生出国继续攻读学位,留学的学校包括英国伦敦政治经济学院、美国密西根大学、美国康奈尔大学等知名大学。

在引进优秀课程资源的同时,学校在师资发展上采用了引进和培养相结合的战略,并以提高我方教师的教学水平作为师资战略最终目标。从 1999 年开始,学校每年派出教师赴加拿大进行为期三个月的课程进修培训,接受教学法培训、旁听加方相应课程的教学,并适当参加加方的课程教学活动。自项目开始以来,学校累计派出 40 位教师赴加拿大进修。海外进修拓宽了教师的视野,加快了教师在外语表达、教学技巧、教学管理与控制能力等方面的提升,为专业整体建设水平的快速提高提供了良好的人力资源保证。

经过多年的努力,中加合作办学项目取得了明显的建设成果,并产生一定的示范和辐射效应。合作项目专业核心课程《财务管理》2007 年成为上海市精品课程,2008 年成为国家级精品课程,专业核心课程《证券投资分析》2008 年成为上海市精品课程,2009 年成为国家级双语示范教学课程。本合作项目 2001 年就获得上海市优秀教学成果二等奖,该项目 2001 年获加拿大联邦政府杰出国际教育奖(Outstanding International Education Award)。金融学专业2008年成为上海市第三批教育高地重点建设专业，2009年成为教育部第四批特色专业。

3. 中英合作办学

经上海市教育委员会批准，从2000年开始，国际商务外语学院与英国中央兰开夏大学(University of Central Lancashire)合作开设国际商务英语专业。中央兰开夏大学是一所有百年历史的综合性大学，有博士、硕士、学士等不同学历层次，其英语教学及研究在英国国内评估中处于领先地位，享有较高声誉。两校合作从2000开始，首先招收计划外学生，其办学成果在历年上海市教育委员会的年度审核中获得高度好评。2002年，经上海市教育委员会批准，开设同专业专科，招收计划内学生。自项目开设以来，学校坚持走培养复合型、应用型和国际化人才的道路，在专业课程体系设置、课程建设、教学文件规范化、教材编排与使用、教学方法研究、学生实习和实践等方面富有特色，学校共引进英方专业课程27门，在2016—2019年间分三批共组织了37位骨干教师到合作学校开展“暑期科研与教学培训项目”交流，进一步夯实了合作的基础。多年来，我校合作办学培养的学生受到社会各界用人单位的一致好评。

目前，学校与中央兰开夏大学合作的硕士阶段学生交流项目发展得非常顺利，第一届联合培养的12名翻译硕士已于2016年7月顺利毕业，当时英国中央兰开夏大学代表团来校访问，参加上海对外经贸大学和英国中央兰开夏大学国际商务英语合作项目毕业典礼，并签署了中英联合培养博士项目协议。2017年，兰开夏大学代表团来校探讨学科发展、专业建设、研究生层次的教育教学等方面的国际化发展计划。2019年6月，兰开夏大学代表团出席学校举办的中英中外合作办学联合管委会会议；10月，兰开夏大学代表团来访商谈支持学校师生赴英国交流学习。上海对外经贸大学与英国中央兰开夏大学情谊深厚，自合作办学以来，每年6月学校中英合作班毕业典礼中央兰开夏大学都会派出代表团出席并为毕业生送上祝福。

2016年学校与英国爱丁堡大学、英国切斯特大学等大学签订协议，学校结合自身优势，寻找境外优质伙伴，重点围绕学生联合培养等形式，积极推动多种形式的中外合作办学实践,取得较好成效。

4. 中德合作办学

学校与德国奥斯纳布吕克应用技术大学(Hochschule Osnabruck, University of Applied Sciences)合作举办的会展经济与管理专业(英文简称"IEMS")于2004年获得教育部批准,是国内首批获得教育部批准的本科层次会展专业中外合作办学项目,已获得德国教育部海外代表机构德意志学术交流中心(DAAD)的评估认可以及奖学金资助。按照要求成功完成所有规定课程学习者,可同时获得学校与德国奥斯纳布吕克应用技术大学颁发的两个学士学位。

从创办之初,学校引进15门德方课程和优秀师资,并在中外合作过程中,本着"引进、改造、融合、创新"的原则,紧密结合我国会展经济的特点和会展行业的人才需求,逐步形成了中外优势互补、特色明显、科学完整的会展经济与管理专业课程体系。经过十几年的努力探索与实践,中德合作会展经济与管理专业建立了"一个目标、两个体系、三个平台"的人才培养结构,逐渐摸索出了一套具有"中外合作、企业参与、实践创新"明显特色的会展经济与管理(本科)专业人才培养模式。

2016年,学校与德国奥斯纳布吕克应用技术大学合作举办的会展经济与管理专业本科教育项目荣获"第二届上海市示范性中外合作办学项目",取得历史性突破。2017年学校顺利完成与德国奥斯纳布吕克应用技术大学合作举办会展经济与管理专业本科教育项目延期申请工作。2019年德国奥斯纳布吕克应用技术大学代表团来校访问,并出席2019届会展经济与管理专业毕业典礼。截至2020年4月,中德合作会展经济与管理专业共引进德方课程17门,共有12名专业教师先后到德国合作高校进修培训,毕业生人数达到800余人,毕业生无论是就业还是继续深造,均取得了较高的家长满意度、毕业生满意度和用人单位满意度。

5. 留学生教育再创佳绩

学校重视中外高校学生之间的互动,为外国留学生在学校学习做好多种保障,同时组织本校学生前往各国交流学习。

学校在2011年完成《上海对外贸易学院教育国际化行动方案(2011—

2015 年)》编制并组织实施，积极探索与国外高校开展全方位合作的可能性，并启动古北校区市教委“上海来华留学生服务中心”建设项目，为外国留学生提供权威、专业、便捷的留学上海的各项服务。学校同国外高校之间的交流迅速扩大，留学生规模得到快速、稳定增长，在上海高校中留学生规模位居前列，中国政府奖学金生工作进入良性发展阶段。学校自 2011 年获得上海市暑期学校——大洋洲项目后，每年坚持举办该项目，并连续多年当选上海市外国留学生教育研究会年度先进集体单位。2015 年，首次成为全国外国留学生教育研究会的常务理事单位。2017 年，学校当选为中国高等教育学会外国留学生教育管理分会全国常务理事单位。

6. 搭建平台推动学生国际交流

学校积极促进学生国际交流，拓展学生国际视野，通过交换生项目、假期学习之旅为学生提供海外院校学习交流机会，积累海外学习，培养学生国际化经营管理和科学研究的能力。截至 2019 年 12 月，学校已与 24 个国家或地区的 55 所高校开展交换生项目拓展与海外高校之间的交流活动，与 8 个国家的 20 所高校具有学分互认、联合培养项目合作，与 9 个国家或国际组织的 13 所高校开展假期学习之旅合作，为人才培养打造多元化国际交流平台；学校还与联合国等国际机构、KPMG 等跨国公司建立了学生海外实习或全英语工作环境实习项目，利用孔子学院平台提供学生海外实习机会，为人才培养提供了国际化实践平台；学校设有商务全球视频中心供教学部门与国外高校进行教学互动、教学实验、教学研讨等使用，为师生国际化交流提供了新平台；此外，学校为学生留学提供经费资助，也为学生假期海外游学项目提供了一定的政策保障；约 15%的学生在读期间具有海(境)外学习或实习经历。

二、孔子学院建设稳步有序

孔子学院是中华文化走向世界的重要平台，建设好孔子学院文化是大学承担文化传承和创新功能的重要内容。上海对外经贸大学在斯洛文尼亚、克罗地亚、斯洛伐克建有 3 所孔子学院和 1 个独立孔子课堂，是上海唯一一所在中东欧建有 3 所商务孔子学院的高校。2017 年，学校获批成为上海市属高校中第二家具有孔子学院储备教师资格的学校。学校在不断推进孔子学院的建设中,发挥学校的特色优势,强化孔子学院的商务特色,同时探索中华文化走向世界的方法。

1. 斯洛文尼亚卢布尔雅那大学孔子学院

斯洛文尼亚卢布尔雅那大学孔子学院(以下简称卢大孔院)于2009年8月签约创办,设立于卢大经济学院,于2010年5月26日揭牌运营,是由学校和卢大合作共建的一所商务孔子学院,是斯洛文尼亚境内唯一一所孔子学院,也是全球第284家孔子学院。

卢大孔院致力于汉语教学和中华文化推广工作,为中斯两国教育文化和社会多方位的交流互动搭建平台。经过数年的发展,孔子学院规模不断扩大。已在斯洛文尼亚最大的4个城市卢布尔雅那、马里博尔、克拉尼和科佩尔设有4个孔子课堂和30多个汉语教学点,年均注册学生人数超过1 000人,学员年均增幅超过10%。2018年卢大孔院及其下设的孔子课堂共有注册学员2 600余人。2019年,学校与卢布尔雅那大学合作承办的孔院又新增1个下设孔子课堂。

建院以来,在双方合作院校和国家汉办的大力支持下,卢大孔院有了长足的发展,办学规模不断扩大,办学质量和水平显著提高,文化推广活动更加丰富多彩,社会影响力日益增加。卢大孔院一直致力于在斯洛文尼亚推进汉语教学工作,将教学质量视为孔院的生命线和可持续发展的根本。高质量的汉语教学也日渐为斯洛文尼亚民众认可,汉语地位不断提高,汉语已经被纳入斯洛文尼亚国民教育体系。目前一套完整的、自幼儿园直至大学的汉语垂直教学体系正逐步建立,汉语及其相关课程已经成为斯洛文尼亚境内大学的选修学分课程。2013年,学校与卢大合作成功举办第一届“中国—中东欧跨文化对话、教育和商务”大会。2014年,学校向卢大孔院派出教师5人。2016年,卢布尔雅那大学孔子学院荣获“全球先进孔子学院”奖牌,取得历史性突破。2017年5月,孔院举办五月中国文化月活动,组织了较重大的文化活动7场,包括斯中学生和大学生“汉语桥”比赛各一场、“中国日”活动、“童眼看中国”大型文艺演出、托马斯・萨拉蒙双语诗歌分享会、“新丝绸之路上的霓裳”时装设计展、中国厨房体验周活动。2018年孔子学院建设中国茶室和开发龙舟比赛项目等方面的活动。

卢大孔院积极发展自身的商务特色，开设了特色学分课——《如何与中国做生意》。该课程涵盖中国社会经济发展、文化商务等方方面面，兼顾文化教学和商务实践。尤其是进入知名企业实施考察，把脉企业发展并提出相应企业拓展策略。截至 2019 年，已有来自 30 多个国家，超过 1 000 名学生选修了该课程，孔院也将课程和服务延伸至公司企业。

在商务交流方面，卢大孔院参与探讨发展中国与斯洛伐克之间的旅游业发展。2018 年卢大孔院开展一系列有关旅游产业的调研活动。通过调研，发现了斯洛文尼亚旅游行业在接待中国游客方面的问题，找到了孔子学院服务斯洛文尼亚旅游业的着力点。

2. *克罗地亚萨格勒布大学孔子学院*

克罗地亚萨格勒布大学孔子学院(以下简称萨大孔院)成立于 2012 年 5 月 19 日。萨大孔院建设伊始就得到了中、克两国的高度关注，也获得了社会各界的大力支持。学院建立当天，时任全国人大常委会委员长吴邦国专程来到克罗地亚萨格勒布大学，为学校承办的萨格勒布大学孔子学院揭牌。国家汉办副主任静炜、学校校长孙海鸣、萨格勒布大学校长别利什、孔子学院外方院长尤拉克一起见证孔子学院的揭牌。吴邦国还为萨大孔院题下“中国克罗地亚人民友谊万古长青”14 个遒劲飘逸的大字。国内外多家媒体记者记录下这一天萨大孔院的成立。

萨大孔院在全国 8 座城市(萨格勒布、瓦拉日丁、杜布罗夫尼克、斯普利特、里耶卡、扎达尔、普拉、奥西耶克)的 30 个教学点开展汉语教学活动。萨大孔院还在萨格勒布市 4 所中小学和 3 个社区图书馆和 1 个社区文化中心分别开设了汉语课；萨格勒布大学多所学院也即将面向在校学生开设汉语选修课。萨大孔院正在向其他城市扩展影响力，已经在瓦拉日丁、杜布罗夫尼克、斯普利特、里耶卡、扎达尔和普拉分别开设了汉语教学点。2019 年萨达孔院培养学生总数超过 4 000 人，注册学生超过 2 000 人。

萨大学园每年都举办各类文化活动，主要有春节晚会、国际街头艺术节、孔子学院日、汉语桥大学生比赛、汉语桥中学生比赛、国际街头艺术节、国庆招待会、国际书展、国际教育展、中外儿童庆祝儿童节活动等。2018 年还举办了中克建交 25 周年晚会，近几年中，每年的参与活动总人数都超过

40 000 人。

孔子学院不仅在汉语和中国文化推广过程中发挥了很大作用,而且也加深了克罗地亚人民对中国的了解、对中国语言文化的了解以及对中国商务环境的了解。2018 年 2 月,萨大孔院筹划“汉语角”专题活动,联合国内赴萨格勒布大学交换的克罗地亚语专业学生,组成话题讨论小组,帮助萨大孔院的中级班学生进一步提升汉语水平。同时,萨大孔院组织汉语教师开展汉克双语版本的旅游汉语教材的大纲制定及编写工作。此外,萨大孔院还组织汉语教师录制网络课程,实现汉语教学远程辅导。作为克罗地亚唯一的一所孔子学院,传播汉语,让中国文化走向当地人民的心中,培养和增进两国人民的友谊是孔子学院孜孜以求的工作动力和努力方向。萨大孔院积极帮助克罗地亚学生获得奖学金来中国的大学学习。通过开展各种活动促进两国之间的交流和合作。

3. 斯洛伐克考门斯基大学孔子学院

斯洛伐克考门斯基大学孔子学院(以下简称考大孔院)成立于 2014 年 9 月 2 日。考大孔院在斯洛伐克 4 座重要城市(布拉迪斯拉发、特伦钦、特拉瓦、兹沃伦)开设了共计 12 个汉语教学点。

2015 年 10 月 12 日在考门斯基大学哲学学院正式举行揭牌仪式。上海市人大主任殷一璀、中国驻斯洛伐克大使潘伟芳、学校校长孙海鸣、布拉迪斯拉发州副州长 Gabriela、考门斯基大学师生以及中斯社会各界友好人士共 300 人参加揭牌仪式。这是全球第 500 家孔子学院,也是学校在东欧举办的第 3 所孔子学院。

考大孔院揭牌仪式结束后,即按照孔子学院章程要求,召开了第一届理事会,并如期开展各项教学与文化推广活动。成立以来,主要致力于汉语教学和中华文化推广工作,为中斯教育文化和经贸交流搭建平台,受到斯洛伐克社会各界的普遍关注和赞誉。

考大孔院助力与加深中国和斯洛伐克的文化交流,举办形式多样的文化交流活动,其中包括刘震云文学电影交流展映、文化体验日活动、民乐演奏会、中国画展、“汉语桥”世界大学生中文比赛捷克斯洛伐克赛区预选赛等。此外,考大孔院还举办捷克斯洛伐克地区本土汉语教师语料库使用培训,并在使用过程中搜集本土教师反馈意见,进一步丰富和改进语料库建设,将在此研究基础上形成汉斯双语词典。

考大孔院致力于打造“学术型”孔院,为此,孔院与东欧汉学研究重镇——考大哲学学院东亚系紧密合作,实现资源共享,优势互补,共同培养新汉学人才,促进新汉学研究。除了抓住汉语教学这个核心环节,将学术研究作为工作重心,举办东欧汉学家学术论坛、邀请中国知名学者来斯访学、资助本土汉学著作出版、研发中斯语料库,筹备“中斯大辞典”编纂等。孔院还协助学校与斯洛伐克科学院建立学术联系,促进中斯学者的交流。同时,在布拉格学派老一代汉学家的建议下,2018 年考大孔院策划了 2019 纪念“五四运动”一百周年国际学术研讨会,得到全球汉语研究、汉语教学研究、中国文学研究、中国哲学思想研究等方面学者的热烈响应。

4. 推进中华文化走向世界

在孔子学院建设过程中,学校始终坚持推进中华文化走向世界,增强中华文化感召力和影响力。学校孔子学院文化建设,从一开局就进行了充分论证、深入规划、总体部署,确立了“立足·结合·融入·升华”的文化发展理念,形成了“系统规划、分层部署、扎实推进”的工作思路。“立足·结合·融入·升华”的文化发展理念,即中华文化走向世界必须立足于对中华文化的深刻认识和全面把握,必须与大学特色和他国思想文化实际相结合,必须融入到各项具体而充满吸引力的活动中,必须升华为思想的锤炼和精神上的认同,在思想上、行动上对中国梦新时代精神的理解、认同和推崇。在这一理念的指导下,我们形成了“面向学生、社区和企业推广中华文化,为企业寻找对华商务合作机遇,成为商务交流的桥梁”的工作目标。“系统规划、分层部署、扎实推进”的工作思路,即要将中华文化系统而富有层次地向国际友人推送,我们在“传统文化理念、节日民俗文化、汉语言文化”三个层次设计活动,在学生、社区、企业三个层面推广推进,形成中华文化融入学习、生活和经济社会发展的局面,让中华文化成为促进两国经贸经济发展的桥梁,成为两国友好邦交的平台,成为教育国际化的重要窗口,成为双方人民、师生增强多元文化知识结构和国际视野的机遇。

学校着重提高汉语在国际语言的影响力。孔子学院以创新形式宣传汉语学习，除了在大学开设初级、中级汉语和商务汉语课程，还利用学校商务汉语专业优势，为当地企业和社区人士开设商务汉语及商务文化课程。随着基础汉语、商务汉语、中国文化、中国商务文化等课程在当地的深入人心，孔子学院的教学范围进一步扩大，新增了社会科学学院、公共管理学院两个学院的汉语班教学，任务更加艰巨，对教师教学的灵活性提出了更高的要求。面对多个不同的学生群体，采取了有针对性的设置教学主题和内容的原则，针对社区班，采取实用汉语与商务汉语结合的模式；学生初级班以日常生活汉语为主，提高班增加商务汉语内容；社会科学学院等学生群体以中国文化和日常生活汉语为主。与此同时，孔子学院面向华人华侨开设华人华侨子女中文学习班。让旅居海外的华人华侨子女不忘记“乡音”。

学校通过展示节日民俗文化，促进中华文化愉悦认知。采用事件集成方式和传统节日活动，孔子学院创新推进中国月、中国电影周、夏令营等项目。斯洛文尼亚孔子学院举办的“中国月”近千人参加，开展中国舞蹈表演、书法展示、斯中文化交流讲座、少林功夫表演、中国厨艺体验、中国茶文化鉴赏以及走入社区活动。孔子学院将中国传统节日活动推广到东欧，通过开展“一样的月光”中秋联欢会、重阳节活动、中国新春活动、“品美粽”端午节等活动，弘扬民族文化。孔子学院的师生以当地喜闻乐见的形式推广中华文化。同时，孔子学院通过每年举行赴华夏令营和文化之旅活动，让学有所成的海外学生亲身体验中华文化。夏令营形成了系列教育项目：晨练学习太极拳、中国民族舞蹈；文化课程学汉字、讲中国历史故事；文化体验课程制作京剧脸谱、中国结、中华剪纸、踢毽子、唱中国儿歌、学习包饺子等，丰富的活动内容让营员充分体验了中国文化。孔子学院奖学金生文化之旅，组织海外学生参观名胜古迹，组织学生分散到了农家居住，跟村民们吃住在一起，感受原生态中国农村。这些活动将让更多的学生和居民接触和了解中国文化，激发他们学习中文的兴趣，从而扩大孔子学院在当地的影响，让更多的人了解和喜爱中国。

三、国际交流特色持续保持

学校服务国家总体外交和重大战略的全球合作网络不断拓展。与全球 100 多个国家、国际组织和境外伙伴缔结合作交流协议，联合开展人才培养、科学研究和社会服务。通过出访交流、接待外宾访问、承办各类国际交流活动,我校教师不断吸取国外院校的先进教育理念、提高教学和研究水平,并拓展了合作网络和合作领域,进一步加强了我校与合作院校及机构的往来,巩固了相互之间的合作关系。

1. 接待外宾访问

随着国家对外开放程度的加深,每年来自世界各地的外宾访问逐年增多,其中包括高层次的政府官员。通过接待,宣传了学校最新发展的形势,结交了新的朋友,增进了相互间的理解与友谊,探索了校际间合作的可能性。

仅 2013 年至 2019 年间,学校接待的比较重要的宾客包括:保加利亚驻沪总领事白爱琳和丈夫以及商务参赞吕勃弥尔(2013 年)、南非驻沪总领事陶博闻(2015 年)、罗马尼亚市镇协会主席埃米尔·德拉吉西(2015 年)、联合国国际贸易中心总裁 Arancha Gonzalez 执行主任(2015 年)、斯洛文尼亚国民委员会主席 Mitija Bervar 先生(2015 年)、秘鲁驻沪代总领事荷西·伊曼纽尔先生(2015 年)、阿根廷驻沪总领事 Eduardo Matire(2015 年)、卢布尔雅那大学教育代表团及斯洛文尼亚驻华大使 Janez Premoze(2016 年)、联合国亚太经社委员会东亚及东北亚办公室主任 Kilaparti Ramakrishna 博士(2016 年)、外交部委托接待的非洲部分国家驻非盟大使来访团(2017 年)、上海市外办委托接待的爱尔兰政府高级官员访问团(2017 年)、加拿大魁北克大学西库帝米分校校长 Nicole Bouchard(2018 年)、美国圣约翰大学中国区代表徐钧林 Larry(2018 年)、日本驻上海总领事馆总领事片山之和(2018 年)、英国中央兰开夏大学副校长 Tim Steele(2018 年)、俄罗斯圣彼得堡国立经济大学中国和环太平洋地区研究中心副主任 Kovaleva Anastasiia 和国际合作部首席经济学家 Dorofeeva Natalia(2019 年)、美中贸易全国委员会(US-China Business Council, USCBC)高级副会长欧玉琳(Erin Ennis)女士(2019 年)、意大利博科尼大学(Bocconi University)国际交流处代表 Veronica Vassena、意大利教育中心主管林汇、意大利教育中心商科主管夏鹏(2019 年)等。

2. 建立科研教学合作关系

长期以来,学校广泛开展与国外高校与学术团体的交流与合作。迄今为止,学校共与美国、英国、德国、加拿大、澳大利亚、日本、韩国等几十个国家的百余所高校、科研机构及国际组织(联合国、世界贸易组织)建立过和正在开展校际交流关系。学校与国外友好学校、科研机构的校际交流协议关系大体包括 4 项内容:互派教师讲学;学生交换;合作培养、合作办学;合作科研。通过校际交流渠道,学校教师出国讲学、进修、考察等都有较好的保证,加强了与国外的联系,提高了教师的教学与学术水平;同时,也为学生拓宽国际视野,培养跨文化交际能力等搭建了桥梁。

学校与海内外几十所高校建立了科研教学合作关系。2013 年,与美国纽约州立大学石溪分校、法国雷恩商学院、韩国仁川大学等 7 所院校缔结合作协议。2014 年,与美国阿尔巴尼纽约州立大学、美国新泽西城市大学、爱尔兰国立科克大学和法国格勒诺布尔第二大学等 11 所院校缔结合作协议。2015 年,与法国图卢兹天主教大学、南捷克州技术经济大学、日本大阪经济大学、日本国士馆大学、仁川国立大学、美国西乔治亚大学、美国图伦法学院、美国纽约州立大学阿尔巴尼分校等院校和机构缔结 19 份合作协议。2016 年,与荷兰汉恩大学完成续签工作之外,还与奥塔哥理工学院、荷兰温德斯海姆应用科学大学、日本杏林大学、波兰托伦哥白尼大学、奥地利克莱姆斯应用科技大学、布鲁塞尔自由大学、阿根廷商业大学、莫斯科国立大学等 15 所院校及机构签署合作协议。2017 年,除了与克罗地亚萨格勒布大学、澳大利亚皇家墨尔本大学完成了续签工作,还与美国内布拉斯加大学卡尼校区、爱尔兰都柏林城市大学、澳大利亚昆士兰大学、美国协和大学、韩国祥明大学、日本关东学院大学、斯洛文尼亚普利奥斯卡大学、斯洛文尼亚卢布尔雅那大学、法国雷恩商学院等 16 所院校及机构签署了新的合作协议或合作意向书。另外,学校还加入了全球外国语大学联盟。2018 年,与美国宾夕法尼亚州州立大学、俄罗斯莫斯科国际高等商学院、荷兰特温特大学、斯洛伐克布拉迪斯拉发经济大学、瑞士伯尔尼大学、克罗地亚里耶卡大学、日本立命馆大学等院校及机构签署了新的合作协议或合作意向书。另外,学校还加入了中巴经济走廊大学联盟。2019 年,学校以推进学校事业发展为核心工作目标,继续围绕学校“十三五”规划的落实扎实推进各项工作。与海法大学、加州大学圣地亚哥分校、科罗拉多州立大学、卡内基梅隆大学澳大利亚分校、麦考瑞大学、兰卡斯特大学、东洋大学、台湾地区的东吴大学沟通合作协议。

3. 承办各类国际交流活动

学校加强同国外高校、学术团体和地方政府的交流、合作，积极迎接国外学者、专家到学校访问、交流多年来学校同国外高校和机构举办类型多样的交流活动。学校先后成功举办或承办了全球贸易分析(GTAP)第十六届年会、“经济一体化与中日经济合作”国际研讨会、首届中东欧孔子学院大会、第十三届 SUIBE—KAS WTO 年度论坛、金砖五国商学院联合会双年会国际高等商科教育论坛、第十三届国际商务沟通学会亚太地区学术研讨会——商务沟通之“道”、中欧贸易谈判研讨会、TPP(跨太平洋伙伴关系协议)谈判的新发展——地区影响与中国对策、中欧跨境提供服务圆桌会议、第八届电子商务与电子政务管理国际会议、第二届环太平洋论坛、第二届贸易与金融统计上海论坛、法律与社会：上海的犹太人——纪念犹太人在上海幸存 70 周年、2016 年国际贸易前沿问题国际研讨会、G20 与强化多边贸易体制“圆桌会议”、Innovative CSR policy for global performance: towards High Added Value 国际学术研讨视频会议及亚洲组织发展协会第十届年会、“十月革命与马克思主义”国际学术研讨会、东亚经济一体化与自贸区建设国际研讨会、贸易谈判学院和世界贸易组织讲席(中国)研究院揭牌暨 2017 年世界贸易报告中国发布仪式、“一带一路”倡议与中国—中东欧国家经贸合作国际会议、“2019 国际经贸治理论坛”、上海国际贸易中心战略研究院承办了由商务部主办的“APEC 实现亚太自贸区投资规划研讨会”等大型国际化论坛。2019 年学校还成功举办了中东欧及非洲友城外事官员研修班和拉美部分国家政府官员研修班。

第六节　文明校园　全面创建

更名大学以来，学校坚持“以学生为本，以学术为魂”的办学理念，不断完善基础设施建设和公共服务，改善师生工作、学习、生活条件。同时，通过推进校园文化建设、共青团工作、教代会与工会工作、离退休关工委工作等方面,全面创建和谐美丽校园。

一、保障教学科研开展

学校务实发展自身基础建设,强化“硬件”设施。学校从学生和教师的角度出发,积极有为地进行基础设施建设,保障教学环境,为学校教职工和学生创造出一份舒适、温馨的教学和学习环境。

为更好地为松江校区学生提供良好的学习环境,学校从2011年开始提出新建图书馆的设想,2012年开始启动筹建工作,2014年新建图书馆项目获得立项。2015年,新图书馆项目完成方案设计并获得建设工程规划设计批复和环境影响批复。2016年9月,松江校区新建图书馆综合楼项目获得上海市住房和城乡建设委员会初步设计批复。项目总建筑面积18 972平方米,其中地上建筑面积14 996平方米,地下建筑面积3 976平方米,项目总投资11 554万元。2017年3月6日,学校图书馆综合楼奠基仪式在松江校区举行,图书馆综合楼正式开工建设。2019年8月松江图书馆正式开馆,建筑呈独特的“L”形环抱美丽的思源湖,是一个现代化、全开架、自助式的多功能图书馆。

学校图书馆目前由松江校区图书馆和古北校区图书馆组成,馆舍总面积近2.3万平方米。截至2019年6月,图书馆拥有中外文纸质图书151万册,中外文报刊千余种;拥有电子图书近173万册,电子期刊近7万种;拥有中外文数据库近百个,其中,中文数据库51个,外文数据库46个。这些数据库包含中国知网CNKI系列数据库、Science Direct数据库、EBSCO全文数据库、牛津学术专著在线、Lexis Advance法律数据库、国泰安CSMAR系列研究数据库和BvD金融数据库等。近两年,为了更好地适应学校当前学科建设的形势,满足师生尤其是学院专任教师对数字资源、信息获取的需求,图书馆还引进了沃顿(WRDS)系列数据库和彭博金融终端等高端数字资源。此外,作为世界贸易组织在中国大陆高校的唯一寄存图书馆,图书馆以WTO文献为特色馆藏。

古北校区是学校的老校区,随着学校的发展壮大,古北校区的教学建筑逐渐面临不足的压力。学校于2014年开工建设古北校区综合楼,以解决教学面积不够的问题。2015年,古北校区综合楼项目经过前期市、区两级相关部门审批,于2月11日正式开工,3月10日进入全面施工阶段,12月18日实现结构封顶。2016年,学校古北校区综合楼项目通过“上海市文明工地”验收和“长宁区优质结构”验收,12月底基本建成。2017年9月古北校区综合楼交付使用。古北校区综合楼配备各类现代化设备,极大地方便教师教学和学生学习。古北校区综合楼中安装有报告厅LED大屏、实验实训室多媒体系统、厨房设施设备、网络设备、部分会议室多媒体设备、报告厅座椅、实验实训室桌椅和餐厅桌椅等多种现代化设备。

青年教师刚入学校,住宿问题等急需解决。学校从教师角度出发,切实解决青年教师过渡性住房问题。2018年,学校进一步加强教师服务工作,整体承租松江大学园区三新北路生活园区的人才公寓作为青年教师公寓,并启动入住申请。

学校为进一步健全教学体系,实现松江校区从小学到大学一体化教学配套,于2016年与上海市松江区人民政府联合创办一所九年一贯制公办学校即上海对外经贸大学附属松江实验学校。学校办学规模为48个教学班,可容纳2 000多名学生,教职员工约150人。附属实验学校借助上海对外经贸大学优质教育资源,秉承上海对外经贸大学“以学生为本、以学术为魂”的办学理念,坚持育人为本,智慧教育。以外语教学特色为抓手,以教育信息现代化建设为手段,关注学生“知识、能力、素质”协调发展。在办学启动阶段,选聘区级教坛新秀、学科名师等充实学校教师队伍,从全国重点师范大学选拔部分基本素质高的应届毕业生加盟学校教师队伍,配足配齐各学科教师和学校管理人员,从总体上组建一支作风优良、业务精湛的教师团队,为学校发展成为一所新优质学校奠定坚实的人才基础。2016年招收第一届预初学生。

此外,学校不断完善各类教学和生活设施,加大校园建设,保障师生教学环境。学校加大校园信息化建设投入,建设完成校园万兆网核心和出口带宽提升、无线网扩容提速。实现新信息门户上线,集成了迎新系统、人事管理系统、科研管理系统等15套应用系统,为师生提供一站式服务。为方便学生生活,学校完成松江校区乐群楼、学生餐厅、图文信息中心、德政楼、湖滨楼、校史馆、电梯轿厢等部位高清摄像机数字化改造;学生宿舍空调安装及配套工程;学生事务中心、图书馆北馆书库、“行知学习空间”、“文汇141”咖啡馆开放。

二、致力校园文化建设

1. 提升校园内涵构建

更名大学后,为展示学校形象,经校长办公会通过,学校历史上首次视觉识别系统的整体设计和规范工作启动,编印《上海对外经贸大学视觉形象设计手册》,完成视觉识别基础系统部分40项,应用系统部分94项。

为了繁荣校园文化,学校启动松江校区楼宇道路命名工作。2013年10月,由专家、学校师生员工及校友代表共同投稿路名,经过5次评选,形成2套方案。2套方案经教代会和学委会投票,经校党委常委会通过,最终确定楼宇和道路的名称。4月16日,学校发布《关于公布松江校区楼宇、道路命名方案的通知》,松江校区道路、楼宇新名称正式发布。原学院楼A、B、C、D现依次命名为“博闻楼、博识楼、博雅楼、博萃楼”;道路命名方案为:南北向路,由东向西依次为:经学路、经韬路、经贸大道、经纶路、经略路;东西向路,由南向北依次为:文贸路、文津路、文博路、文达路、文跃路。原行政楼命名为“德政楼”;原后勤综合楼命名为“乐群楼”;原商务楼命名为“行知楼”;原第一学生食堂命名为“学生餐厅”;图文信息大楼、湖滨楼、体育馆、思源餐厅保持不变。与此同时,古北校区教学楼命名为“贸源楼”,学位后培训基地命名为“博观楼”,老干部活动中心命名为“悦群楼”。

学校还通过观览校史、开展校园活动等方式介绍学校历史,传递学校最新动态,弘扬正能量,引导学生塑造正确的思想观念。2017年校史馆共接待各类团体参观3 000人次以上,为进一步发挥校史校情教育和爱校荣校的作用,学校开展了讲解团团队建设、校史宣传周系列活动、“镜·界”校史剧展演、“贸大么么答”校史校情答题活动等,软件平台点击量超过10万人次,校史校情教育形式和内容创新赢得了师生喜爱。2018年,学校利用暑假对校史馆部分区域内容进行补充和完善,全年校史馆接待各类参观代表团共计4 685人(次)。校史馆向全校广泛征集图片,举办“改革开放40周年图片展”。成功申报上海市高校“大师剧”项目。2019年,校史馆完成了2019级迎新接待、主题教育校史校情学习参观、校友来访参观接待、附校师生拓展活动参观等接待工作，接待校内外师生、校友团队共 17 批。学校还积极开展校史校情教育，为学校领导班子成员和入党积极分子讲解校史。

2. 增强对外形象宣传

学校继续拓展和管理新媒体平台，在微信公众号、各新闻网站、图书报刊、B 站等都有着学校的讯息，为社会公众传递学校良好形象。此外，学校对校内各组织的微信公众号进行梳理和登记，建立微信联盟，通过微信联盟共同传递正能量。2019 年学校官方微信已成为展示学校形象的重要平台，开设的特色栏目如夜思、校友风采、师说、权威发布等深受读者喜欢。特别是学校庆祝新中国成立 70 周年和上海解放 70 周年的网络拉歌视频在官方微信首发，取得 3 万 + 的阅读量，在学校和社会上取得良好反响。

在对外宣传方面，学校影响力不断提升。2016 年，学校策划“寻找诗词中的美丽家乡”活动，得到媒体关注。光明日报头版进行报道，解放日报在第二版进行长篇报道。此外，家乡特产地图、“一带一路”协同创新研究院成立、大数据管理与决策实验室成立等也得到上海纸质媒体和网络媒体的关注。2018 年，学校将对外宣传重点放在学校教师关于中国首届国际进口博览会，自由贸易试验区，“一带一路”等方面的研究与实践。2019 年将对外宣传重点放在学校“不忘初心、牢记使命”主题教育、庆祝新中国成立 70 周年、对接上海三项新的重大任务、服务第二届进博会等主题。

学校利用多媒体视觉打造学校立体形象，展示学校多维空间。2018 年，拍摄制作了“上海最美教师”、“从教三十年教师”、“科研标兵”、“教学标兵”、“第十五届上海教育博览会学生采访”等 6 个宣传片，制作了学校官方宣传片中文版和英文版。2019 年，每两周推出一个摄影专题，通过学校官微、校园网主页展示学校的风光美、人文美，重点打造了《我爱你中国》视频，为上海高校“歌唱祖国”5 月网络拉歌压轴。组织拍摄制作了教师节宣传片、制作了学校申办“WTO 亚太培训中心”宣传片、更新了学校官方中英文宣传片。

三、彰显当代青年风采

学校共青团积极顺应新时代发展、社会转型和学校建设的新变化、新要求,紧紧围绕学校党政中心工作,以习近平新时代中国特色社会主义思想,特别是习近平总书记关于共青团工作和教育工作的重要思想为指引,贯彻落实党的十九大和团十八大精神,以"凝聚青年,服务大局,当好桥梁,从严治团"为出发点和落脚点,聚焦高校共青团"立德树人"的主责主业,秉承围绕学生、关照学生、服务学生的工作理念,以扩大巩固党执政的青年学生群众基础和满足学生内在的精神成长需求为基本目标,不断提升引领青年和服务青年的能力水平,扎实推进青年思想引领、共青团改革攻坚、第二课堂提升等重要工作,进一步提升共青团在学校发展中的贡献度和影响力。学校共青团通过开展学生思想教育、进行社会实践、参与社会志愿等工作组织、教育、引导和服务学生在建设社会主义实践中建功立业。

学校共青团通过多类活动贴近、了解学生,对学生开展形式多样的思想教育。校团委及时向学生传递党、团的最新思想动态,帮助学生了解国家大事。通过专场报告会、分享会等活动,带动青年学习宣传贯彻党的团代会精神;借助微博、微信,开展"微传递、聚能量"全会和两会精神新媒体传播活动;依托大学生中国特色社会主义理论研究会的校—院—专业—班级四级网络,开展征文比赛。推动"两微一班一网"新媒体阵地建设,即团委、学生会官方网站、微博、微信、易班等工作宣传平台。2019 年学校共青团以习近平总书记系列重要讲话精神为指引,各级团组织开展专题学习会、宣传宣讲活动 320 余场。在五四运动 100 周年、新中国成立 70 周年等重要时间节点举办主题活动 5 场。

学校共青团每年开展"3·5 学雷锋"集中服务行动、纪念"一二·九"运动学生先进集体、先进个人表彰大会等活动,开展"优秀基层团建创新项目"评选,推进团支部"一团一品"建设并开展"五四红旗团支部"、"五四特色团支部"评选。校团委还先后组织"汇聚时代正能量、共筑青春中国梦"、"敞开心扉驱冷漠,关爱他人聚温暖"、"探究上海自贸区,把握发展新机遇"等主题团日活动;多次开展特色鲜明的主题教育活动,如深化"我的中国梦"主题教育活动、深化"社会主义核心价值观"主题教育活动等,这些活动拉近了学校共青团与学生之间的距离,让学生能够相信、依靠团组织。

学校每年在寒暑期组织学生参与社会实践工作。其中,2017 年暑期社会实践以“青春汇梦,实践随行”为主题,全校共有 154 支实践团队、922 名学生分赴祖国各地多个省市、区县、乡镇,分别参与到了“知行杯”社会调研、志愿公益服务、“共享经济”专项调研实践,“美丽中国绿色环保”专项调研实践、“百城千镇”一带一路专项经济调研实践、“扶贫攻坚”专项调研实践、校内部门委托调研项目、爱心暑托班实事项目、走进“丝路明珠金张掖”专项行动等活动中。2018 年寒假期间,针对大一、大二学生开展“感恩·责任”主题感悟实践活动,包括“拾岁月之光,感父母之恩”“年味面对面,春联大拜年”“我是故乡宝藏守护人”“美丽中国梦”和“十九大——我的那年那日”等项目,受到媒体普遍关注,上海教育电视台、《青年报》《文汇报》、东方网、UC 头条、今日头条等多家媒体也纷纷进行了报道和转载。感恩教育形成响亮品牌,在团市委新学期工作会议上向全市高校介绍了活动开展经验,以此为基础申报项目获教育部高校精品思政项目立项。

学校共青团组织学生积极参加社会志愿服务活动。学校组织大学生参与重大国际会议、论坛、赛事、展会,如:2014 上海汇丰高尔夫冠军赛志愿者、网球大师杯、中日韩自由贸易谈判会议等。同时,号召各级共青团、学生会组织开展各种公益志愿者服务活动,如:松江烈士陵园志愿者项目、松江大学城文汇路共建共管志愿者项目、松江七校爱心课堂活动等。在 2019 年学校共青团组织学生做好第二届进博会志愿者保障工作,学校 151 名志愿者积极投入综合接待组、运营统筹组、注册嘉宾接待组、校内保障组等多个岗位工作中,总服务时长约 11 000 小时,服务总人次达 2 200 余人次,部分长期管理岗位志愿者连续服务超过 30 天。另有 30 名轨道交通志愿者参与进博会地铁志愿服务。进博会志愿服务受到《解放日报》等媒体报道 20 余次,收到感谢信 5 封。此后,结合“往社区走”战略、垃圾分类等重点工作,志愿服务覆盖率和注册率达到 100%。2019 年,全年全校共计参与志愿者超过 16 000 人次,全年共计开展各类志愿活动 108 项,入驻志愿中国“志愿汇”平台以来注册人数超过 1 200 人,平台记录志愿者服务时长超过 45 000 小时,在上海高校排名第三。

四、维护教职工权益

学校每年召开教代会、工代会,对上一年度工作进行总结,并安排下一年度工作计划,推动学校事业不断发展、进步。学校工会从教师的自身利益出发,坚持为学校教职工谋取最大的福利,为教职工购买各类保险,关注妇女特别是孕妇教职工权利保障,关心慰问教职工。

2014 年 3 月 15 日,学校召开第五届教代会暨第六届工代会第七次会议,全校各部门的 88 名代表出席会议。2015 年 5 月 16 日,上海对外经贸大学第一届教代会暨工代会第一次会议在松江校区举行,全校各部门 139 名正式代表出席会议,会议邀请相关部门负责人、离退休同志代表、民主党派代表等特邀代表列席会议。2016 年 3 月 26 日,学校第一届教代会、工代会第二次会议在松江校区隆重举行,全校各部门 119 名正式代表出席会议。2017 年 4 月 15 日,学校第一届教代会、工代会第三次会议在松江校区举行,全校各部门 125 名正式代表出席会议。2018 年 4 月 21 日,学校第一届教代会、工代会第四次会议在松江校区举行,全校各部门 115 名正式代表出席会议。2019 年 6 月 14 日—21 日,学校第一届教代会、工代会第五次会议在松江校区举行,全校各部门 124 名正式代表出席会议。2020 年 5 月 22 日,学校第一届教代会、工代会第六次会议在松江校区举行,学校教代会、工代会 107 名正式代表出席会议。

学校每年开展各类工会活动,切实维护广大教职工权利,为教职工谋取各类福利。2013 年,学校组织并办理 2014 年度上海市总工会"综合互助保障计划",共为 899 名教职工办理"综合互助保障计划",占在职教职工 99.6%。2014 年,学校为 946 名在编和人事派遣教职工办理教育系统补充医疗保险,投保率 99.4%,为 885 名在职在编教职工办理总工会职保中心综合险,投保率 99.7%。2017 年,为进一步健全校工会民生帮扶工作,校工会重点从政策法规、目标任务、帮扶对象、工作项目入手,完善服务手段,创新服务方式,提高服务效能。为 918 名在编教职工共办理了上海市职工互助保障计划;为 958 名在编和人事代理教职工办理了上海教师补充医疗保障计划;为 876 名工会会员办理了工会会员卡注册;7 名教职工获工会会员卡大病理赔 16 万,获总工会住院、大病以及补充保险大病理赔 24 万;关心慰问住院手术、生病教职工 25 人,为 11 名生大病教职工申请教育工会大病援助金、慰问金等 2.7 万元。2017 年共组织了 5 个疗休养团,共计 122 名教职工参加了活动。为二级工会下拨经费 826 324 元，按全年文体活动积分对二级工会奖励经费 127 900 元，平均每人约 900 元。2018 年，学校工会为 918 名在编教职工办理了上海市职工互助保障计划；为 958 名在编和人事代理教职工办理了上海教师补充医疗保障计划；为 115 名教职工办理了工会会员服务卡，共计注册 930 名。为生病教职工最大限度地办理各项保险赔付业务。

学校女教职工人数超过全校教职工人数一半，关心她们的成长，凝聚她们的智慧和力量，充分发挥她们的积极性、主动性和创造性是十分重要的。校工会每年召开了“三八节”表彰大会，发扬先进示范引领作用，激励女教师为学校发展再立新功。2018 年，学校工会组织 150 多名妇女参加“田园归居农庄”、“花艺古草沙龙”、“古装艺术摄影”活动；组织 7 名优秀教师及妇女干部参加上海市女性论坛及妇女活动；组织单身女职工参加“初夏相约”等联谊活动。还多次举行校际及校内妇女之家结对共建，组织丰富多彩的妇女活动、讲座及亲子活动。

多年来，学校工会工作多次获得上级部门的嘉奖。2018 年，校工会工作连续四年被上海市教育工会考评为优秀等级；工会常务副主席郭新顺连续五年被上海市教育工会评为优秀工会工作者；校工会爱心妈咪小屋被上海市总工会评为五星级。校工会《推动工会文体活动的积分激励机制》荣获 2012—2014 年度上海市教育系统工会工作创新案例评选中被评为一等奖，《多媒体工会电子期刊》荣获优秀奖。2016 年，以楼军江副书记牵头申报的“‘互联网 + ’时代高校工会服务职工方式的创新研究”获重点委托课题，研究成果荣获一等奖。“新时代高校工会工作重心下移及绩效考核”和“推动妇女工作多元化开展的模式”两个案例分别荣获上海市教育系统优秀工会工作创新案例二等奖和三等奖。戴金华、董伊金二位同志分别荣获 2012—2014 年度、2015—2017 年度上海市教育系统优秀教职工代表。

五、关爱离退休教职工

截至 2019 年 12 月 31 日，学校共有离退休人员 476 人，其中离休干部 19 人，退局级干部 10 人，其他退休人员 447 人。离退休干部为学校的发展做出过许多贡献。学校高度重视老干部工作，在 2017 年 12 月组建老干部工作专门机构——老干部办公室的基础上，2019年12月又成立了离退休党委。与此同时，学校在工作人员配备、工作环境改善、工作资源保障等方面给予充分考虑，确保离退休教职工各项工作落到实处。

老干部办公室坚持每学期请主要领导向离退休人员通报学校情况制度，不定期与离退休干部座谈交流，倾听意见和建议。每月5日，为离休人员和退休人员政治学习日。每月15日，为退局级支部学习日。老同志们非常重视每月一次的集中学习，把它作为落实政治待遇的一个重要方面。2019年，为把开展离退休干部网上正能量活动落到实处，老干部办公室和退休党总支一起，组建微信群，积极引导离退休干部骨干力量入群参加网宣工作，激发他们发挥余热，增强为党的事业增添正能量的工作热情。在喜迎新中国成立70周年之际，退休党员在群里以留言、留影像、发微博的方式表示爱国爱党激动心情。

为关心离退休人员的日常生活，老干部办公室坚持做到定期或不定期的走访、慰问离退休人员，做到严寒高温走访，重大节日走访，生病住院走访。2019年与往年一样，全年送温暖送清凉人数约为300人次；对80岁以上老人、身患重病、养残疾子女、家庭困难人员等进行家访；为70周岁以上退休人员发放高龄高温补贴；为离退休干部祝寿是学校一直坚持的工作。2019年10月重阳节，校领导为5位90岁离休干部送上衷心祝福，大家以吃长寿面和重阳糕的方式祝福离休干部健康快乐、阖家幸福。2019年底还为98位“逢五逢十”寿星举办祝寿会。

学校积极开展形式多样的活动，丰富老同志的业余生活。2013年6月，学校专家教授协会正式加盟上海市老教授协会，正式会员63位。协会的成立为老同志们以自身的学术和专业优势服务学校和社会提供了平台；学校关心下一代工作委员会自成立以来，为学校青年学生的引导和青年教师的培养做出了重要贡献。学校相继成立的舞蹈、朗诵、书法、合唱等兴趣小组，丰富了退休教职工的精神文化生活。离退休老干部组织的活动经常获得各种奖项，2019年金永发同志撰写的《我和桥的合影》荣获高校退管会“我和我的祖国”征文二等奖；43位退休党员群众荣获学校举办“唱响祖国好，奋进新时代”庆祝新中国成立70周年教职工合唱比赛一等奖；离退休干部合作撰写的《关工委工作可持续激励机制对正能量作用发挥的能动作用探析》获市教育系统调研课题优秀奖。

第七节　不忘初心　牢记使命

更名大学之后，学校党委始终把学习宣传贯彻落实党的十八大、十九大及历次全会精神和习近平新时代中国特色社会主义思想作为首要的政治任务抓紧抓好，将党的领导、党的建设贯穿教书育人和办学治校的全过程。领导干部坚持以上率下，带头学习，带头上党课，注重把加强学习与推动工作紧密结合起来，推动学习贯彻新思想往深里走、往心里走、往实里走，不断树牢“四个意识”(政治意识、大局意识、核心意识、看齐意识)，坚定“四个自信”(道路自信、理论自信、制度自信、文化自信)，坚决做到“两个维护”(维护习近平总书记党中央的核心、全党的核心地位，坚决维护党中央权威和集中统一领导)，全面贯彻落实管党治党和办学治校主体责任。

一、扎实开展主题教育

学校通过开展主题教育活动将党的思想动态传递至基层，一次又一次生动活泼又严肃的主题教育的开展，让教职工和学生可以进一步接受党的思想教育。

2013 年，学校开展党的十八大精神的专题培训，将十八大精神的学习贯彻到学校党校的各类培训班。师生们通过主题教育深入学习十八大精神。2016 年，学校开展“两学一做”(学党章党规、学系列讲话，做合格党员)主题学习教育，制定“两学一做”学习教育实施方案，指导基层党组织开展学习教育活动。2017 年，学校开展“不忘初心、牢记使命”主题教育活动。学校制定《关于开展“不忘初心、牢记使命，贯彻落实党的十九大精神”学习实践活动的实施方案》和工作任务表，积极履行组织部门牵头抓总责任，为开展“不忘初心、牢记使命”主题教育做好充足的思想准备、组织准备和工作准备。并面向全体党员组织开展“不忘初心、牢记使命，贯彻落实党的十九大精神”主题征文活动。

2018 年，学校进一步规范主题党日和组织生活的开展。先后组织基层开展纪念马克思诞辰200周年、学习习近平总书记在北大的讲话、全国组织工作会议精神、纪念改革开放40周年、首届进博会和习近平总书记在上海考察时讲话、全国教育大会精神等专题的主题党日活动和组织生活。

2019年,学校在全体党员中开展“不忘初心、牢记使命”主题教育。学校构建了立体化的督导机制,压实主题教育责任。一是构建“三层四类”的组织领导体系,形成学校党委统筹推进、二级单位党组织承上启下、基层党支部落细落实的工作格局;针对教师、学生、机关和离退休党员四个群体,形成分类指导工作意见。二是构建“对标对表”的校内督导机制,建立校领导联系指导、主题教育办组织推进、校内指导组督促指导的立体化督导机制;制定《主题教育重点措施任务100条》,将“规定动作”具体化。三是构建“以点带面”的工作培训机制,抓好书记培训,确保相关要求及时传达并覆盖全校党员;通过做好每周工作提示,确保工作有序扎实推进。

2020年,全面开展“四史”学习教育,将“四史”融入思政课,融入党员学习教育全过程。在新冠肺炎疫情防控中,学校各级党组织和党员干部把疫情防控作为考验初心使命的战场,充分发挥基层党支部战斗堡垒作用和党员先锋模范作用,确保校园安全和师生健康;确保疫情防控和事业发展两手抓、两不误、两促进;确保停课不停教、不停学,确保2020年毕业年级学生返校离校等各项工作顺利推进。

学校按照四项重点措施贯穿始终,有序推进主题教育。一是紧扣学习教育主线,力争学深悟透学以致用。二是深入一线加强调研,务求找准问题精准施策。三是全面对标检视反思,切实提高站位激发动力。四是逐级压实整改责任,推动问题整改落地见效。

二、夯实基层党建工作

党的基层组织是党在社会基层组织中的战斗堡垒,是党的全部工作和战斗力的基础。党的十八大以来,习近平总书记提出了“把抓基层打基础作为长远之计和固本之策”的重要思想,树立起了大抓基层的鲜明导向。学校党委认真落实全面从严治党的要求,多措并举,切实加强基层党组织建设。

1. 加强基层党建制度建设

2015年,学校制定《从严从实抓党建,凝心聚力谋发展——上海对外经贸大学基层服务型党组织建设 2015—2016 年度推进方案》。定期召开党建主管例会,组织党建主管集体培训《中国共产党发展党员工作细则》。2018 年初,制定《2018 年度基层党建工作主体责任清单、任务清单和制度清单》并推动落实。根据中组部、教育部党组等通知要求,研究制定《学习贯彻〈高校党建工作重点任务〉工作一览表》,明确责任部门和时间节点,层层压实责任。学校落实党员领导干部基层党建"一岗双责"要求。抓好二级单位党组织书记和党员领导干部履行基层党建工作责任述职工作;制定《关于规范二级单位党员领导干部联系基层党支部通知》,进一步强化二级单位党员干部联系教师、学生党支部的要求,推进党员班子成员在支部中思想引领和业务指导作用的发挥。

2019 年,学校在党建工作中再接再厉。一是加强制度建设,促进党建工作规范化。先后牵头起草制定学校《关于进一步加强基层党支部书记队伍建设的意见》等 2 项制度,修订《关于进一步加强专职组织员队伍建设的实施意见》等 3 项制度。二是制定落实《基层党建工作主体责任清单、任务清单和制度清单》。三是研究制定学校《关于新时代基层党建质量提升工程的实施意见》。四是研究制定学校《基层党支部建设年实施方案》,推进实施"五个一"。

2. *提升党支部组织力和政治功能*

学校不断深入加强支部建设、提升支部组织力和政治功能。学校每年组织基层党支部开展上一年度党员民主评议专题生活会,通过生活会及时掌握党支部成员的思想动态,支部成员互相沟通交流共同成长。2016 年,学校以院系党组织建设为重点,结合深化校院两级管理改革,选优配强各级党组织负责人,不断强化二级院系党组织的政治核心作用。推进工商管理学院党委、统计与信息学院党总支、国际交流学院直属党支部等 3 个二级党组织按期换届;进一步优化组织设置,切实发挥党支部的战斗堡垒作用。推进学习型、服务型、创新型党组织建设,机关党委、金融学院、会计学院、统计与信息学院等单位所属的 21 个支部完成换届工作。截至 2017 年年底,在 32 个教师党支部中有 21 个实现了支部书记和系主任交叉任职,有效增强了支部战斗力。学校着力选优配强教师支部书记,在 32 名教师党支部书记中,具有高级职称或博士学位的达到30名,占比达93.8%。

2018年,学校深入推进教工"双带头人"工程,加强党支部书记队伍建设。按照上级标准,通过基层党支部换届,在56个教工党支部书记中有51个实现了"双带头人",占比达91.07%。通过教师党支部书记兼任系主任、机关处室负责人担任机关党支部书记、教师党支部书记与系主任同待遇、在优秀辅导员和优秀大学生中培养选拔学生党支部书记等措施,保障基层党支部书记积极履职。实现本科学生党支部中已经全部由辅导员担任支部书记。

2019年,学校进一步加强党支部建设。一是优化支部设置。截至2019年12月,全校所有教师党支部均实现了把支部建在系(专业、教研室)上。二是推进教工党支部书记"双带头人"工程。33个支部已经符合"双带头人"标准(占比为84.6%),暂时没有满足"双带头人"标准的支部已制定整改措施。三是推进组织员队伍的双重管理。实施专兼职组织员"一月一专题"培训机制,加强素质培养和业务指导。

3. 严格党委换届工作

学校严格规范党委换届,保持党的生机活力。2016年,学校按照上级和学校党委要求做好党的十九大代表初步人选的推荐提名工作,做好人大代表换届选举中的候选人提名、考察等工作。此外,学校依据《党政领导干部选拔任用工作条例》,推进干部任期制和任期目标责任制,进一步加强二级单位领导班子建设。先后完成对工商管理学院、体育部、国际经贸学院三家单位的行政领导班子换届调整工作。2017年,学校修订完善《二级单位党组织委员会换届选举——公推直选实施细则》,推动落实二级单位党组织按期换届,选优配强党组织领导班子。先后完成会展与旅游学院党总支,体育部、图书馆、离休直属党支部等4家二级单位党组织换届工作。2018年,学校制定二级单位党组织换届计划,积极推进基层党组织按期换届整改工作。按照基层组织按期换届要求,以公推直选方式,推进7家二级单位党组织进行换届,指导22个三级建制党支部完成换届。

4. 持续做好党员发展教育管理服务工作

2013年,学校根据教卫党委关于学校发展党员的最新调控指标要求,结合各基层组织的工作实际和发展计划执行率,党委组织部提出了新的指标调控方案,并召开发展党员工作专题会议,统一思想,进行具体部署。会后,各基层党组织采用入党答辩、联系人和辅导员打分评价、班级同学打分评价、入党答辩、支部评议、检查思想汇报等多种形式对发展对象进行了全面考察。在此基础上进一步调整了 2013 年党员发展计划,严格执行了发展党员的数量调整指标要求。2013 年教卫党委批准学校的全年发展计划为 218 人,完成发展 216 名,为计划的 99.1%。预备党员转正 271 人,年末党员总数为 1 820 人。

2014 年,学校发展学生党员 191 人,发展教工党员 2 人,共完成发展预审 80 余人次,党员审批 80 余人次。学校成功举行第 7 期党校入党积极分子培训班,共有 75 名入党积极分子参加培训,68 名学员顺利结业;成功举行第 8 期党校预备党员培训班,共有 133 名预备党员参加培训,有 133 名学员顺利结业。

2015 年,学校修订《发展党员工作规程》,年内发展新党员 179 人,完成发展计划的 98.4%。完成学校关于贯彻落实《中国共产党发展党员工作细则》情况自查报告和年度党员发展工作自查报告。

2016 年,学校严格按照党员发展程序做好党员发展工作,共发展学生党员 172 名,完成发展计划 98.85%,入党积极分子及预备党员培训工作得到圆满完成,在与二级党组织携手做好失联党员排查工作中,所有失联党员都已取得联系。

2017 年,学校高质量完成党员发展工作。按照控制总量、优化结构、提高质量、发挥作用要求,做到年初有计划、年中有检查、年底有总结,完成 165 名年度发展党员计划,计划执行率为 99.4%。

2018 年,学校严把发展预审关,严肃党员标准和发展程序,完成党员发展预审 148 人,预备党员转正预审 108 人。

2019 年,学校强化党员发展工作。一是编写新生《入党导航》,指导做好新生入党启蒙教育。二是发展和转正工作。坚持把预审权留在组织部,严把发展预审关和发展关。三是坚持问题导向,做好发展党员工作培训。先后对专兼职组织员、党支部书记、辅导员进行业务培训,并强化院系实地指导。四是做好组织关系转接工作。以毕业生党员离校教育为契机,重点做好学生组织关系转移指导工作;负责做好全校教工党员组织关系的转接工作。五是加强组织关系排查,稳妥做好失联党员处置工作。六是落实党内关爱、帮扶机制。七是积极开展校地共建项目,推动学校各级党组织党员积极融入区域化党建工作格局。

5. 加强党建品牌特色凝练

多年来学校一直进行党建品牌建设,为加强党建树立榜样。学校在2013年,开展市教卫党委系统优秀组织工作评选。在全校开展特色组织工作项目评选活动,共收集特色组织项目7个,经过组织专家进行评审,最终推荐外语学院党委和工商管理党总支两个项目参与教卫党委特色项目申报。2015年,学校开展第一届优秀组织生活案例评选活动,获奖案例6个,推荐2个优秀组织生活案例参评市教卫党委优秀组织生活案例评比,其中1个案例获奖。2017年,学校择优推荐5个支部参加第二届全国高校“两学一做”支部风采展示活动,2个党支部参评教卫工作党委基层特色党建项目,2个党支部参评教卫工作党委优秀主题党日活动。

2018年,学校在多个方面进行党建品牌建设。一是将“两优一先”(优秀党务工作者、优秀共产党员和先进基层党组织)由5年一评调整为2年一评。组织开展2018年度“两优一先”评选,表彰优秀党员24人,优秀党务工作者10人,先进基层党组织10个。二是培树基层党建特色项目。组织专家评选出2017年度学校基层党建特色项目12个。三是继续深入推进“一支部一品牌,一学院一特色”工作。结合学科专业特色,挖掘基层党组织党建特色。国际商务外语学院教工第四党支部获评全国高校“党建工作样板支部”;外语学院研究生郝前获评全国高校“百名研究生党员标兵”;马克思主义学院教工二支部工作案例获第二届全国高校“两学一做”支部风采展示活动教工党支部工作案例特色作品奖;会计学院本科学生党支部获上海市教卫工作党委系统“党支部建设示范点”称号;统计与信息学院学生第一党支部获上海市教卫工作党委系统“十佳主题党日案例”;工商管理学院党委组织开展的党建活动获上海市教卫工作党委系统“基层党建特色项目”奖。四是加强党建新媒体宣传,大力推进信息报送工作。这一年“上经贸大党建”微信公众号共推出107篇新闻信息，其中原创新闻稿65篇。市教卫党建网采录发布学校党建新闻14条，比上一年度同期增长了75%；“上海教卫党建”微信公众号发布学校党建新闻8篇，发文数量居上海高校前列；《发挥学科优势，深入融入进博》发表于中共上海市委组织部主办的《上海组织工作》2018年第21期，这是学校首次在此刊物上发表文章，有效扩大了学校基层党建的影响力。同时，学校不断完善基层党支部书记年度轮训班，通过专家讲座、红色基层参观等形式，举办了为期一个月的全校基层党支部书记培训班。

2019年，学校在党建品牌建设上持续发力。深入推进“一支部一品牌，一学院一特色”工作。组织评选党建示范院系、示范支部7个，党建特色项目12项，优秀组织生活案例22个，优秀党建新媒体平台3个。大力推荐优秀党员和党组织参与上级评选表彰。2人获市教卫党委系统“优秀共产党员”、“优秀党务工作者”称号，1个单位获“先进基层党组织”称号。2个党支部获上海高校党组织“攀登”计划样板支部、“双带头人”教师党支部书记工作室立项。加强党建新媒体宣传，推进信息报送工作。“上经贸大党建”微信公众号共推出124篇新闻信息(原创108篇)。市教卫党建网等采录学校新闻19篇。

三、重视思想政治教育工作

学校思想政治教育工作牢固树立“育人为本、德育为先”的理念，健全工作制度，提高队伍素质，创新方式方法，优化育人环境。

1. 成立马克思主义学院

思想理论教育肩负着宣传党的基本理论、路线、方针政策和培养人才的重要使命，学校为了对加强师生的思想理论教育，不断探索创新新途径。2015年6月10日，经校党委常委会研究，为进一步加强大学生思想政治教育，充分发挥思想政治理论课的主渠道作用，根据中央《关于进一步加强和改进新形势下高校宣传思想工作的意见》(中办发〔2014〕59号文件)精神，决定成立上海对外经贸大学马克思主义学院，与人文社会科学部建制合一。

2016年11月，学院开设《人文中国》课程。这是上海推出的高校“中国系列”课程之一，是学校获得的上海市教委教学改革试点项目，也是学校探索通识教育教学改革向“课程思政”转化的又一新尝试。该课程秉承“故事中说道理，道理中找方法，方法中育人才”的理念，以“解读中国人文传统，传递中国人文精神，展示中国气派，凝聚中国力量”为主线，直面青年学生关注的社会热点现象和焦点问题，从不同角度深描中国人文的演进过程，让学生全方位地感受人文、认知人文，进而理解中国、热爱中国，增强学生的人文理念和爱国热情，进而达到“课程思政”的“以文化人”之目的。

学院在2018年开设《开放中国》课程。这是学校精心打造的课程思政改革成果。课程以“聚焦对外开放的中国热点，梳理对外开放的中国经验，展示对外开放的中国形象，讲好对外开放的中国故事”为主线，以改革开放重大事件为主线，引用大量数据和史实，阐述改革开放取得的重大成就与经验。2018年10月12日《开放中国》第一节课由全国政协常委、民建中央副主席、上海市政协副主席、杰出校友周汉民教授开讲。周汉民教授曾担任上海对外贸易学院副院长和浦东新区副区长，参与中国入世和举办世博会各项事务。特别是在举办世博会过程中，周汉民教授担任世博局副局长，全程参与世博会的申办和举办工作，主持与200多个国家和国际组织的参展谈判，接待外事来访团500多批，接待各国元首、政府首脑近百位，主持起草、审核各类法律文件、参展合同400多份。在课程上周汉民教授结合学校发展历程和自身经历，以大量的数据和事例，回顾了改革开放四十周年所取得的巨大成就，向同学们传达了坚定政治立场、增强自身本领，发扬和传承上海对外经贸大学师生服务社会、服务国家战略的精神，期冀同学们关注国内外热点问题，为积极投身于新时代改革开放事业打下坚实基础。

此外，学校积极构建“学校有氛围、课程有品牌、教师有风采、成果有固化”的课程思政教育教学改革工作格局，做到课程、专业、教师3个“全覆盖”，实现3个“百分百”，国际经贸学院获批上海高校“课程思政重点改革领航学院”称号，为推进课程思政教育教学改革提供了典范。

2. 加强思想引领和价值领航

多年来，学校每年组织开展各类思想政治教育活动，加强思想引领和价值领航，帮助学生塑造正确的思想观念。

学校积极开展社会主义核心价值观培育和践行活动。连续5年举办社会主义核心价值观校园剧比赛,连续两年主办松江区高校社会主义核心价值观短剧展演活动,有效地推动了师生将社会主义核心价值观内化于心、外化于行。以庆祝新中国成立70周年为契机,组织开展了22项主题为"不忘初心、牢记使命,同心共筑中国梦"国庆系列活动,通过活动增强了师生"爱国情""强国志""报国心"。

结合"不忘初心、牢记使命"主题教育,学校党委精心组织好两级中心组政治理论学习,扎实开展师生理想信念教育,引领师生深入学习贯彻习近平新时代中国特色社会主义思想、全国教育大会和上海市教育大会精神、十九届四中全会精神以及习近平总书记考察上海重要讲话精神和在第二届中国国际进口博览会开幕式上的主旨演讲精神等内容。2019年,学校主动对接服务第二届中国国际进口博览会,与海关总署共建全球贸易监测分析中心并共同发布第二届进博会主宾国贸易指数。学校党委组织师生赴龙华烈士陵园、中共一大、二大和四大会址的现场学习教育活动,设计推出"1+9"讲座菜单。

今年疫情防控期间,学校组织师生共同聆听由教育部社科司和人民网联合举办的"全国大学生同上一堂疫情防控思政大课";举办"云间思政课",学习习近平总书记给北京大学援鄂医疗队全体"90后"党员回信精神,共话青春担当;马克思主义学院与龙华烈士纪念馆共建"红色育人课堂",开设"往昔重忆,心意网寄"在线直播课,500多万师生和网友在线观看了直播课程。

3. 构建全员全过程全方位思政育人大格局

为深入贯彻落实全国和上海市高校思想政治工作会议精神、《中共中央　国务院关于加强和改进新形势下高校思想政治工作的意见》、全国教育大会精神学校党委主动谋划、整体布局,于2018年10月启动全员全过程全方位育人建设工作。2018年10月10日,学校党委常委会通过《上海对外经贸大学"三全育人"综合改革试点方案》,明确实施原则:先行先试、分段实施、中期总结、复制推广,四家单位先行先试,及时总结阶段性成果,条件成熟后在全校进行复制推广。

2018年10月17日,学校思想政治工作领导小组专题研讨学校三全育人建设工作,明确职能部门责任和目标要求,落实具体任务清单、路线图与进度表。

2018年10月19日,启动学院试点工作,在四家试点单位(法学院、工商管理学院、会计学院、统计与信息学院)进行院系层面三全育人改革试点,形成有效的制度、经验和做法,逐步在全校予以复制推广。

2019年1月21日,学校制定《上海对外经贸大学思想政治工作质量提升工程实施意见》,进一步提出三全育人建设的指导性意见。

学校围绕立德树人根本任务,结合人才培养目标和学科特色,着力构建制度完善的固本工程、资源整合的聚力工程、组织建设的引领工程、平台推动的发展工程等"四大工程",形成"三全育人"新模式。

健全新制度方面,学校建立教工支部书记和系主任抓思政工作考核制度;细化班主任、学业导师、人生导师、校外导师等各类导师制度;教师工作部出台12项制度、落实8项举措,加强师德师风建设、保障专业教师参与"三全育人"。探索新机制方面,打造"1 + X"多元育人新机制,建立思政工作"会诊"机制、党建思政融合机制、校内外师资整合机制等。2018年起,组织实施"家校共育"新机制,200余名教授、专业教师、管理干部等寒暑假前往全国各地的学生家庭,送上学生《成长足迹单》,获得《新闻晨报》《青年报》《上观新闻》等媒体报道。2019年创新"辅导员双导师制",提升大学生思政工作质量。为充分发挥党员教师专业优势,聚焦学生实际需求和成长需要,2019年12月,学校在教师人才公寓成立"红领驿家","红领驿家"加强了教师与学生社区党员工作中心的资源共享和优势互补,开创"三全育人"新场域。打造新品牌方面,《感恩教育实践探索——以德育内容和教育方法创新为视角》获教育部第二批高校思想政治工作精品项目;《立德树人实践育人——改革开放40周年社会实践调研报告》入选教育部2018年《高校思想政治工作研究文库》。结合"不忘初心,牢记使命"主题教育,学校开门办思政,与龙华烈士纪念馆揭牌共建"研学与育人基地",打造"红色育人课堂";组织学生党员理论宣讲团,打造"初心讲堂"品牌;着重打造射艺、冰壶、龙舟等优秀传统文化体育项目,射艺项目入选教育部2019年全国普通高校中华优秀文化传承基地。

四、加强干部队伍建设

学校推进干部队伍建设，提升干部队伍素质，通过多种方式培训干部，让学校各单位干部都能对学校发展情况有明确了解，能够完全胜任所在岗位。

1. 干部选拔任用标准拔高

在干部队伍建设方面，实行干部交流轮岗、干部挂职锻炼、后备干部贮备、干部考核与监督等管理模式。学校每年组织干部交流或轮岗，促进多种岗位的全面锻炼，在不同岗位不断历练，对学校各部门职能有着熟悉了解，促进相关干部开阔视野、丰富经验、发掘潜能、快速成长。根据国家和学校安排，部分干部会进行挂职锻炼，其中有多人赴商务部、教育部、中国(上海)自由贸易区管委会、上海市教卫工作党委等单位挂职。对于后辈干部的储备学校采取各二级单位、部门组织推荐和党委常委深入各基层联系单位、个别访谈推荐相结合的方式，推荐产生一批后备干部人选，并通过校内外挂职、党校培训、交流轮岗、担任专业主任、学科带头人等方式进行分批、全方位培养。学校还加强干部考核与监督，每年开展对全校中层干部年度考核；开展干部离任经济责任审计工作；个人有关事项报告抽查核实上报等工作。

在干部选拔任用工作上，突出政治标准，坚持事业为上，切实选准配强干部。改进完善考察识别干部的机制和方法，通过多渠道、多层次、多侧面了解干部，精准识别“想为、敢为、勤为、善为”的干部，把忠诚干净担当的好干部选出来、用起来，营造风清气正的良好政治生态。根据学校新时期事业发展需要，在做好党委教师工作部、贸易谈判学院、马克思主义学院党总支等机构调整与设立的同时，履行好组织部门职能，选优配强干部队伍。构建以实绩为导向的干部考核评价机制。坚持严管和厚爱结合、激励和约束并重，建立激励机制和容错纠错机制，旗帜鲜明为那些敢于担当、踏实做事、不谋私利的干部撑腰鼓劲。坚持班子考核与干部个人考核并举、绩效考核与民主测评并重、书面述职与现场述职并用，进一步规范考核体系、严格考核程序、完善考核方法，压实责任、提实要求、抓实考核，提振干部队伍精气神。2018 年学校组织部牵头起草了学校《选人用人情况报告》、《干部不担当不作为报告》。

2. 干部选拔任用制度建设

学校还加强对干部选拔任用的制度建设，形成一系列制度化工作条例，更好地加强学校干部队伍建设。学校严格执行《党政领导干部选拔任用工作条例》，推进干部任期制和任期目标责任制，加强二级单位领导班子建设和干部选拔任用的制度建设。2017 年，学校根据党的十九大精神和《事业单位领导人员管理暂行规定》、《高等学校领导人员管理暂行办法》等有关规定，结合学校实际，制定、修订学校《处级干部选拔任用管理实施办法》、《中层领导班子和中层干部年度考核办法》(试行)等 10 项干部工作文件，落实全面从严治党、从严管理干部精神，建立健全长效管理机制。2018 年，学校组织部先后制定《中层干部工作日请销假制度》、《科级干部选拔任用管理实施办法》、《聘任制干部管理实施办法》、《特邀党建组织员管理实施办法》等制度，修订完善《二级单位党组织工作细则》、《基层党支部工作细则》、《发展党员工作规程》、《处级干部选拔任用管理实施办法》、《处级干部出国境管理办法》等 8 项制度。2019 年，学校组织部先后牵头起草制定《关于进一步加强基层党支部书记队伍建设的意见》等 2 项制度；修订《关于进一步加强专职组织员队伍建设的实施意见》等 3 项制度；制定落实《基层党建工作主体责任清单、任务清单和制度清单》；研究制定《关于新时代基层党建质量提升工程的实施意见》、《基层党支部建设年实施方案》。

3. 强化干部党性培训

作为“上海市干部教育培训高校基地”，学校多次举办局级干部选学班、党校预备党员培训班、党校中层以上干部学习贯彻党的十九大精神培训班、入学积极分子培训班、中共上海对外经贸大学委员会党校新上岗处级干部培训班等多项主题班会。

学校强化对干部队伍的党性培训。学校每年开办“局级领导选学班”，阅读、思考党的经典著作，互相探讨理论心得，提升党员干部的党性修养，更有助于领导干部加强自身理论水平。2014 年，完成局级领导参加市委党校“领导干部学习习近平总书记系列重要讲话精神培训”相关工作。2017

年，先后举办了中层干部专题培训班、青年骨干教师培训班等班次，选派 50 余人次参加由市委党校及第四分校举办的“处级干部进修班”、“处级干部学习贯彻党的十九大精神专题研讨班”等班次培训学习，组织开展上海市干部学习城在线学习，参与处级科级干部近 200 名。2018 年，先后开展 226 名处级、科级干部上海干部学习的系统注册上报、日常督学等工作。2019 年，组织 209 名局级、处级、科级干部参加上海干部学习系统学习，做好 38 人次的上级调训。

五、迎接上级督导巡视

多年来，各级巡视督导组来到学校检查，对学校的党务工作做出积极评价，同时指出学校存在的薄弱环节，学校都进行了及时改进和完善。

1. 推进党的群众路线教育实践活动

2013 年，在市教卫工作党委第四督导组的指导下，按照学校党委统一部署和要求，党委组织部全面参与党的群众路线教育实践活动各项工作，坚持统筹兼顾，精心组织实施，从启动部署到学习教育、听取意见、查摆问题、开展批评和自我批评，到整改落实、建章立制，各个环节逐一推进，以高度的责任感和自觉性扎实推进党的群众路线教育实践活动，取得了阶段性成效。2014 年 1 月 9 日，校党委召开党务工作例会，会议专题传达了市教卫工作党委系统第四督导组关于党的群众路线教育实践活动总结工作专题会议精神，并就学校教育实践活动总结工作进行部署。2 月 25 日，学校召开党的群众路线教育实践活动总结大会。市教卫工作党委第四督导组组长黄晞建出席会议并进行指导。校党委书记张小松出席会议并讲话，校长孙海鸣主持大会，校党委副书记夏斯云代表学校党委作总结报告。张小松书记就学校进一步巩固扩大教育实践活动成果提出希望和要求：第一，要巩固和扩大党的群众路线教育实践活动的成果，保证活动收尾不收工；第二，始终要把加强学习放到突出位置，努力在学习中开阔视野、更新观念、转变思路、与时俱进，不断提高自身素质，始终跟上时代进步步伐，推动各项事业不断发展；第三，要强化制度建设，形成长效机制，推动常态发展，把成功做法经验化、零星探索系统化、可推广措施制度化；第四，要以作风建设新成效汇聚起推动学校事业发展的正能量，为学校内涵式发展注入强大动力。

2. 开展纪委工作"三转"

学校积极迎接纪委工作检查,务实开展"转职能、转方式、转作风"的"三转"活动。2016 年 3 月,市教卫工作党委、市纪委驻市教卫工作党委纪检组下发《关于深化市教卫工作党委系统纪检监察机构转职能、转方式、转作风工作的若干意见(试行)》,学校党委积极响应,开展研讨会,督促领导班子成员和相关职能部门做好"三转"对接工作,细化强化"一岗双责",推进"三转"工作真转、实转、转到位。11 月,市教卫工作党委、市纪委驻市教卫工作党委纪检组下发《关于报送市属公办高校纪委书记分工调整情况及"三转清单"的通知》,学校党委为此召开常委会,专题研究了报送市属高校纪委书记分工调整情况及"三转清单"相关工作,再次对纪委书记分管工会工作予以调整,对纪委办公室的工作职责进行了重新明确。同时,学校党委制定了《中共上海对外经贸大学委员会关于对接纪委"三转"工作的实施意见》,明确了党委落实党风廉政建设主体责任工作的主要内容。

2019 年 8 月 26 日,上海市纪委召开上海高校纪检监察体制改革推进会,会议明确纪委继续深化"三转"为监察体制改革的重要内容。通过学习市委文件,9 月 1 日学校党委常委会研究,纪委书记只分管纪检、监察、巡察工作,协助学校党委落实全面从严治党主体责任。12 月 25 日党委常委会研究,纪委退出与履行监督责任无关的议事协调机构,只保留与巡察、审计有关的议事机构。

3. 迎接市委巡视组工作

2013 年 1 月 19 日,市委第二巡视组反馈了市委第二巡视组巡视学校的意见。认为学校形成了自己的特色,以内涵建设为抓手,办学能力明显提高;突出重点环节,党风廉政建设开展扎实有效;坚持民主集中,注重制度落实,内部管理水平稳步提升;抓住基层基础,党建工作有序推进。在肯定领导班子工作的同时,要不断加强班子自身建设,切实改进思想作风和工作作风,不断加强管理体制、机制建设,努力推进科学发展;不断深化干部人事制度改革,打造一支适应发展的高素质干部队伍。2014 年 1 月 17 日,学校完成《上海对外经贸大学关于市委第二巡视组反馈意见中有关问题的整改工作报告》。

2018 年，上海市委第四巡视组进驻上海对外经贸大学开展巡视工作，学校迎接市委巡视，并做好相关整改。学校在巡视前重点做好选人用人专项巡视材料准备。牵头起草了学校《选人用人情况报告》、《干部不担当不作为报告》。巡视期间按照巡视组要求及时提供材料。根据要求，先后提交了《校领导参加二级单位民主生活会材料》、《机关职能部门设置及人员变化情况》、《2016 年查找的失联党员处置情况》、《应转未转组织关系的党员名单》、《2015 年以来中层干部因私出国(境)情况汇总表》、《中层领导班子行政换届情况》等多份材料。在选人用人工作专项巡视期间，根据要求，协助做好两个单位的深入访谈工作。

巡视后落实巡视整改工作，制定路线图逐项销号。针对市委巡视组和专项检查组反馈的问题，做到诚恳接受，照单全收，举一反三，把整改工作作为最严肃的政治任务抓紧抓实，研究制定整改方案和时间表路线图并组织实施、督促落实。一是加强制度建设，完善党建和干部工作机制；二是开展全校发展党员工作违纪违规自查；三是开展《二级单位党组织会议议事规则》和《二级单位党政联席会议制度》实施情况专项检查；四是开展支部"三会一课"执行情况专项检查；五是开展党费、党建经费使用情况专项检查；六是进一步规范干部选任办件材料；七是加强干部日常监督管理。

六、加强党风廉政建设

学校坚决贯彻落实党中央、上海市委和上海市教卫工作党委的指示精神，紧紧依靠全校各级党组织、全体党员和干部，在上级纪委和学校党委的领导下，坚持标本兼治、综合治理、惩防并举、注重预防的方针，紧紧围绕中心工作，强化廉政教育，注重制度建设，加强监督检查，构建惩治和预防腐败体系，深化落实党风廉政建设责任制，为学校科学发展、健康发展提供了有力保障。主要从以下四个方面着手，开展工作。

1. 开展党风廉政教育

学校党委和纪委一直高度重视党员领导干部的廉洁自律教育工作，把党风廉政教育纳入到党建和思想政治教育的总体规划中，逐渐形成了四大廉政教育抓手。一是定期召开党风廉政建设干部大会。每年学校积极组织领导干部学习贯彻中央、市委、市纪委、市教卫纪工委有关精神，部署反腐倡廉工作,不断强化政治纪律、组织纪律,使广大党员干部坚定了中国特色社会主义道路自信、理论自信、制度自信与文化自信,努力在政治上、思想上、行动上同党中央保持高度一致。二是组织开展主题教育活动,加强廉政宣传教育。学校先后开展了中心组廉政教育专题学习活动、支部廉政专题民主生活会活动、专家廉政专题辅导报告、反腐倡廉档案文献图片观展、廉政话剧进校园、“廉政建设大家谈”、“一个主题、一杯香茶、一批干部”为特色的廉政文化沙龙、“树清风、扬正气”廉政文化书法大赛以及与师德师风教育、学生品德教育、学术道德教育有机结合的“廉政文化进校园”等各类活动。三是积极鼓励基层创新学习形式。学校向中层以上干部提供了《中国共产党党员领导干部廉洁从政若干准则》、《上海教育系统党风廉政建设制度汇编》、《反腐倡廉 10 个热点问题》、《从政提醒——党员干部不能做的 150 件事》、《干部素养读本》、《廉政舆情观察》等书籍以及《中国共产党廉洁自律准则》和《中国共产党纪律处分条例》,要求各二级党组织结合实际,组织开展丰富多彩的学习活动。四是切实加强领导干部的廉政谈话。学校坚持每年与新提任或转岗的副处级以上领导干部进行廉政谈话,明确党风廉政建设的具体责任和要求。通过上岗前深入谈、考核时普遍谈、发现苗头及时提醒、发现问题进行诫勉,充分发挥廉政教育的预防功能。

2. 加强制度建设

学校坚持以党风廉政建设责任制为龙头,不断完善党委统一领导、党政齐抓共管、纪委组织协调、部门各司其职、群众支持参与的领导体制和工作机制,扎实推进了反腐倡廉建设各项工作。学校在党风廉政建设责任、惩治和预防腐败以及信息公开等关键领域,研究制定了一系列规章制度,并认真落实。如:《党风廉政建设责任制实施办法》、《领导干部廉洁自律若干规定》、《领导干部经济责任审计办法》、《开展党务公开工作实施细则》、《党务公开目录》、《关于执行“三重一大”制度的规定》等。

3. 党风廉政建设为学校中心工作服务

学校始终秉持纪检工作围绕中心、服务中心、为学校发展保驾护航的基本定位,坚持问题导向和需求导向,积极探索和寻求纪检工作与中心工作的有效结合点,充分发挥党风廉政建设和反腐败工作在推动和保障学校中心工作中的现实作用。一是加大对制度执行情况的监督。学校建设和完善 OA 办公运行系统、科研信息管理系统、招投标信息系统等平台,促进行政审批事项网上运行和实时监督,既为保障制度的执行提供了便利,也为实时督办提供了路径。中央八项规定出台后,学校加大了对职务消费的治理整顿。在公费旅游、宴请、消费卡等方面设立关口,制止奢侈浪费,严肃整治公款大吃大喝和公款旅游行为。二是强化监察和审计的监督职能,全面推进防控机制建设。近年来,学校有效形成了概算审计、过程审计、绩效审计、大额票据必经审计、招标主体与实施主体相分离的审计制度体系,积极变事后审计为全过程跟踪审计,在不断彰显审计监督成效和审计监护作用的过程中,学校财经制度的执行监督更加严格。三是深入开展专项治理工作。学校通过自查、抽查,进一步完善了防治“小金库”的长效机制。

4. 高度重视查信办案工作

学校党政领导、纪委主管领导高度重视查信办案工作,本着“抓早抓小,治病救人”的原则,及时受理群众信访、举报和上级纪检监察机关的转办件,做到认真核实、澄清事实、及时反馈,批评、教育、帮助和保护广大干部,努力营造风清气正的校园氛围。在市纪委、市教卫纪检组的指导下,学校纪委监察处自我严格要求,扎实推进信访工作一步步完善,并从制度上保障信访工作程序的客观、公正与严谨。

七、团结各党派人士

学校团结各党派人士,紧紧围绕在中国共产党的领导下发挥建言献策的作用,为学校发展、建设出谋划策。学校成立统战工作领导小组,扩大统战工作影响力,加强民主党派思想组织建设,推动各党派人员献言献策,支持民主党派发展。学校民主党派工作呈现欣欣向荣的局面。

1. 扩大统战工作影响力

学校以统战工作研究为先导,以研究成果引领学校统战工作的创新发展。2017 年,学校参加松江区统战调研课题 1 项、市教卫工作党委统战系统课题 1 项,并动员民主党派成员参加市教卫工作党委统战系统调研课题 1 项,这些研究成果的发掘进一步指导了学校的统战工作。

为扩大学校统战工作的影响力,学校推动微信公众号和微信群建设,加强统战工作宣传教育和信息发布,通过新媒体加强与统战成员的密切联系和互动交流;提升统战干部服务基层、服务群众的能力,提高统战工作的群众满意度,当好统战成员"娘家人"。发挥各党派基层组织和统战团体信息通讯员制度,加强信息报送工作,及时向上级党委报送学校工作信息,加大宣传力度,扩大学校统战工作影响力。

2. 重视民主党派思想和组织建设

学校重视各民主党派思想建设,继续支持和协助各民主党派深入学习贯彻党的十八大、十九大以来习近平同志系列重要讲话精神、中央统战工作会议精神和《中国共产党统战工作条例》。组织民主党派成员听取全国人大代表、民盟中央常委、民盟上海市委副主委沈志刚作的全国两会精神传达报告。

同时,为加强各民主党派基层组织建设,激励创新实践稳步发展成员,学校组织开展党派创新建设项目资助活动,支持各民主党派结合实际,组织开展各具特色的品牌活动,激励各党派组织创新理念、创新制度、创新文化建设、创新实践;推进区校合作、校校合作共建,践行社会主义核心价值观,提升服务社会的贡献力。2013 年,民盟支部被评为"民盟上海市委 2012 年度参政议政工作先进集体"、"民盟市委 2012 年度社情民意信息工作先进集体三等奖"。

3. 鼓励民主党派发挥建言献策作用

学校推动并鼓励各民主党派充分发挥在服务学校发展和地方经济社会发展中建言献策的重要作用。各民主党派一方面围绕学校十三五规划制定、深化教育综合改革、加强学科建设、创新人才培养模式、校区功能定位等工作,通过立足本职工作和课题调研的方式,为推动学校向应用研究型大学转型发展进一步凝心聚力;另一方面,着眼于服务国家推进落实"四个全面"、"一带一路"经济合作战略和上海"四个中心"、科创中心、自贸区建设等发展战略,助推向各党派市委提交高质量的社情民意稿件和提案,代表学校党派组织和成员发出更多好声音。

为鼓励广大统战成员积极参与学校党委和党委统战部组织开展的各项工作,统战部对全年统战成员参与活动情况进行写实性记录,并于年度考核前通过感谢信的方式反馈给各单位、各部门，建议作为教师年度考核和各单位、各部门绩效奖励的参考依据。同时，为进一步激励学校广大统战成员主动对接和服务国家经济社会发展，积极为学校事业发展建言献策，切实增强围绕中心服务大局的责任感和使命感，在 2018 年，结合“新时代高校党派成员和知识分子的作用”主题交流活动，第一次组织开展了统战系统建言献策先进集体和个人评选表彰工作。以各民主党派、统战团体为单位，全面汇总梳理 2018 年度本组织范围内参与各层面建言献策活动及获奖情况，秉持择优评选、宁缺毋滥的原则，共设立先进集体 1 个；设立先进个人一等奖 1 名、二等奖 2 名、三等奖 3 名、优秀奖若干名。2019 年，学校建立《统战系统建言献策表彰奖励办法(试行)》，对年内取得突出成绩的集体和个人进行表彰。注重发挥党外人士在决策咨询研究方面的作用，动员邀请统战成员参加决策咨询信息撰稿工作，着力提升参政议政能力和决策咨询水平。

4. 支持民主党派党员发展

学校支持各党派有计划稳步发展成员，协助做好发展前的考察工作，贯彻好把一部分优秀人才留在党外的政策。2013 年，学校经与九三学社上海市委沟通协商，组织成立九三学社上海对外经贸大学支社(筹)，并帮助选配第一届支部领导班子。2018 年，积极筹建民进支部，年底前举行成立大会。每年，民革、民盟、致公党等都会发展各党派成员，与此同时，学校贯彻落实《中共上海对外经贸大学委员会关于加强新形势下党外代表人士队伍建设的若干意见》，推进党外代表人士培育工作。落实校领导与党外代表人士联谊交友制度，将党外代表人士队伍建设纳入学校干部队伍建设和人才工作的总体规划，充实调整党外代表人士信息库。强化党派团体建设，推动组织建设。继续资助各党派支部结合实际开展创新建设项目，形成各具特色、卓有成效的活动品牌和典型案例，结合学校党委工作思路，发动党派基层组织就七宝校区的功能定位开展调研，为党委决策提供参考和依据，并做好党派成员发展和教育引导、服务管理工作。学校还进一步动员和吸纳学校留学归国人员加入联谊会，并帮助做好上海市欧美同学会、上海市留学人员联合会会员入会申请。开展欧美同学会百年历史主题巡展活动。

八、勇担使命抗击疫情

2020年初,突如其来的“新冠”疫情打乱了新年的步伐,也打乱了学校的教学秩序。疫情暴发后,学校党委把疫情防控作为最重要的工作任务,有条不紊地夯实各项疫情防控工作。

学校党委高度重视疫情防控工作,第一时间成立疫情防控工作领导小组,由校党委书记殷耀、校长汪荣明担任组长,其他校领导为组员;领导小组下设疫情防控工作小组;研究部署各项疫情防控工作。

学校党委深入学习领会全国和全市教育系统疫情防控工作部署视频会议精神,认真研究部署防控要求,充分运用党的政治优势、组织优势和密切联系群众优势,充分发挥学校各级党组织战斗堡垒作用和党员先锋模范作用,精准施策、联防联控,把党员联系服务群众工作做深做细做实。学校党委研究制定《关于进一步发挥学校各级党组织和全体党员在疫情防控工作中的积极作用的实施意见》,要求各级党组织和全体党员坚决贯彻落实上级有关决策部署,做深做细做实党员联系服务群众工作,坚决打赢疫情防控阻击战。机关党委紧密依靠机关各支部、各职能部门,加强工作研讨交流、信息沟通报送、宣传思想教育、防控举措部署和工作督导落实,切实发挥了统筹协调和政治核心作用,印发《机关党委在疫情防控工作中充分发挥机关各支部战斗堡垒作用和党员先锋模范作用的实施方案》,将疫情防控工作纳入到机关作风建设年的重要内容;党委学(研)工部印发《关于进一步发挥学院党组织和党员在疫情防控中联系学生帮扶学生作用的通知》,细化学院党组织和党员联系帮扶学生工作方案;各二级单位党组织认真贯彻落实学校党委的决策部署,精心研究制定并推进实施疫情防控期间党员联系群众工作实施方案,形成“一单位一特色”做法。

抓好在线教学工作,是学校疫情防控工作的重中之重,也是学校全体师生最关切、最具挑战性的工作。学校党政高度重视,加强在线教学的组织与管理,压紧压实院系主体责任,严格按照市教卫工作党委和市教委的最新要求抓好贯彻落实,确保做到“停课不停教、不停学”,确保在线学习与线下课堂教学“等质同效”。2月18日,学校召开疫情防控工作第六次专题会议,重点研究部署新学期在线教学工作。2 月 20 日,学校党委组织召开各学院党组织书记专题会议,就新学期开学工作方案、在线教学工作方案及疫情防控工作预案等进行交流研讨。各学院党政负责人靠前指挥、加强指导,千方百计帮助师生解决好在线教学过程中的现实困难和具体问题。教师们积极应对、迅速行动,充分运用各类教学平台和线上资源,确保了在线教学平稳有序地开展。

与此同时,学校充分发挥自身学科优势,围绕统筹抓好疫情防控和经济社会发展,积极开展科学研究,建言献策。学校第一时间设立抗击疫情研究应急课题,面向全校教师、智库、研究机构发出招标公告,共计收到课题申报材料 35 份。经专家评审,确立 15 项立项课题,形成一批科学性、针对性、前瞻性强的决策咨询成果。学校通过建立联络员制度,积极加强与上海市人民政府发展研究中心的联系,每日统一报送疫情防控研究成果。随着疫情防控形势的变化,学校继续发挥在财经类、外语类高校中的经贸研究特色,为打赢疫情防控阻击战贡献智慧和力量。

在学校党委的领导和号召下,广大师生党员自觉把疫情防控工作作为当前的重大政治任务和最重要的工作,作为“守初心、担使命”的试金石、磨刀石和考验场,提高站位、迅速响应、积极作为,凝聚起众志成城、全力以赴、共克时艰的强大正能量。

结 语

回望上海对外经贸大学一甲子风云岁月，虽经过“两落三起”曲折历程，但一代又一代的上经贸大人传承艰苦奋斗、百折不挠的精神，始终与国家对外开放进程同呼吸、共命运，和我国贸易强国建设同频共振、休戚与共。学校60年的改革和发展史，也是一部上经贸大人的奋斗史，一段上经贸大人凝心聚力、团结奋进的历程。

百舸争流，奋楫者先。60年的苦难与辉煌都已是历史，甲子一轮回，如今学校到了一个新的发展阶段。2020年是学校发展十分关键的一年，学校党委、行政班子将实行换届，学校发展面临着“十三五”规划收官、“十四五”规划编制、博士点授予权单位申报冲刺、迎接全国第五轮学科评估等多项硬任务。相信在新一届领导班子的带领和全体上经贸大人的共同努力下，上海对外经贸大学定将续写辉煌！

附　录

附录一　历任党委书记

姓　名	职　　务	任职时间
谭守贵	上海对外贸易学院党委书记	1960.3—1962.12
谭守贵	上海对外贸易学院党委书记	1964.9—1972.4
贾振之	上海对外贸易学院党委书记	1981.5—1984.2
程远庄	上海对外贸易学院党委书记	1986.7—1992.1
张贵相	上海对外贸易学院党委书记	1992.1—1993.5
封福海	上海对外贸易学院党委书记(代理)	1993.3—1994.9
皮耐安	上海对外贸易学院党委书记	1994.10—2004.11
武克敏	上海对外贸易学院党委书记	2004.12—2013.4
武克敏	上海对外经贸大学党委书记	2013.4—2013.8
张小松	上海对外经贸大学党委书记	2013.8—2015.3

附录二　历任院长、校长

姓　名	职　　务	任职时间
谭守贵	上海对外贸易学院院长	1960.3—1962.12
齐维礼	上海对外贸易学院院长	1964.9—1972.4
贾振之	上海对外贸易学院院长	1981.5—1984.2
傅嘉范	上海对外贸易学院院长	1984.2—1986.1
王钟武	上海对外贸易学院院长	1986.7—1992.1
封福海	上海对外贸易学院院长	1992.1—1995.12
裘劭恒	上海对外贸易学院名誉院长	1984.1—2009.9
王新奎	上海对外贸易学院院长	1995.12—2009.8
孙海鸣	上海对外贸易学院院长	2009.9—2013.4
孙海鸣	上海对外经贸大学校长	2013.4—2017.4
朱国宏	上海对外经贸大学校长	2017.4—2019.4

附录三 上海对外经贸大学本科专业(方向)

（2020 年 6 月）

专业(方向)名称	专业代码	学位授予门类	所在学院
国际经济与贸易	020401	经济学	国际经贸学院
国际经济与贸易(全英语)	020401	经济学	国际经贸学院
经济学(国际投资方向)	020101	经济学	国际经贸学院
电子商务	120801	管理学	国际经贸学院
物流管理(中澳合作)	120601	管理学	国际经贸学院
国际商务(中澳合作)	120205	管理学	国际经贸学院
商务英语	050262	文 学	国际商务外语学院
英语(国际商务英语方向,中英合作)	050201	文 学	国际商务外语学院
英语	050201	文 学	国际商务外语学院
新闻学(经济新闻报道方向)	050301	文 学	国际商务外语学院
日语(商务日语方向)	050207	文 学	国际商务外语学院
法语(商务法语方向)	050204	文 学	国际商务外语学院
汉语国际教育(商务汉语方向)	050103	文 学	国际商务外语学院
金融学(中加合作)	020301K	经济学	金融管理学院
金融学	020301K	经济学	金融管理学院
金融学(全英语)	020301K	经济学	金融管理学院
金融工程	020302	经济学	金融管理学院
保险学	020303	经济学	金融管理学院
投资学	020304	经济学	金融管理学院
财务管理(中加合作)	120204	管理学	金融管理学院
财务管理	120204	管理学	金融管理学院
资产评估	120208	管理学	金融管理学院
法学(国际经济法方向)	030101K	法 学	法学院

续表

专业名称(全称)	专业代码	学位授予门类	所在学院
法学(商法方向)	030101K	法　学	法学院
行政管理	120402	管理学	法学院
国际政治	030202	法　学	法学院
工商管理(国际企业管理方向)	120201K	管理学	工商管理学院
人力资源管理(国际人力资源管理方向)	120206	管理学	工商管理学院
市场营销(国际营销方向)	120202	管理学	工商管理学院
文化产业管理	120210	管理学	工商管理学院
会计学(国际会计方向)	120203K	管理学	会计学院
审计学(注册会计师方向)	120207	管理学	会计学院
旅游管理	120901K	管理学	会展与旅游学院
会展经济与管理(中德合作)	120903	管理学	会展与旅游学院
应用统计学	071202	理　学	统计与信息学院
经济统计学	020102	经济学	统计与信息学院
信息管理与信息系统	120102	管理学	统计与信息学院
数据科学与大数据技术	080910T	工　学	统计与信息学院
国际经贸规则	030105T	法　学	贸易谈判学院

附录四　上海对外经贸大学硕士学位授权一级学科

（2020 年 6 月）

一级学科代码	一级学科名称	所属门类	授权时间
0301	法　学	法　学	2011 年
1202	工商管理	管理学	2011 年
0502	外国语言文学	文　学	2011 年
0202	应用经济学	经济学	2011 年
0201	理论经济学	经济学	2018 年
0305	马克思主义理论	法　学	2018 年
0714	统计学	理　学	2018 年

附录五　上海对外经贸大学硕士学位(学术学位)授权点

（2020年6月）

学科代码	学术学位点名称	授权时间
020101	政治经济学	2018年
020104	西方经济学	2018年
020105	世界经济	2018年
020106	人口、资源与环境经济学	2018年
020201	国民经济学	2015年
020202	区域经济学	2011年
020204	金融学	1998年
020205	产业经济学	2011年
020206	国际贸易学	1986年
020208	统计学	2014年
020209	数量经济学	2011年
0202Z1	金融工程	2013年
0202Z2	保险学	2014年
0202Z3	国际经济	2015年
0202Z4	国际投资	2015年
030105	民商法学	2006年
030106	诉讼法学	2015年
030107	经济法学	2011年
030109	国际法学	1996年
050201	英语语言文学	2006年
0301Z1	知识产权法	2013年
0301Z2	世界贸易组织法	2013年
050203	法语语言文学	2012年
050205	日语语言文学	2011年
050211	外国语言学及应用语言学	1986年

续表

学科代码	学术学位点名称	授权时间
120201	会计学	2011 年
120202	企业管理	2003 年
120203	旅游管理	2011 年
120204	技术经济及管理	2011 年
1202Z1	财务管理	2011 年
1202Z2	审计学	2013 年
1202Z3	市场营销	2003 年
1202Z4	商务信息管理	2011 年
1202Z5	会展经济与管理	2011 年
1202Z6	人力资源管理	2011 年
1202Z7	跨国供应链管理	2011 年

附录六　上海对外经贸大学硕士学位(专业学位)授权点

(2020年6月)

学科代码	学术学位点名称	授权时间
035102	法律硕士(法学)	2009年
035101	法律硕士(非法学)	2009年
125100	工商管理	2010年
025400	国际商务	2014年
125300	会　　计	2014年
025100	金　　融	2016年
055101	英语笔译	2010年
055102	英语口译	2010年
025200	应用统计	2018年

附录七　上海对外经贸大学机构设置

（2020 年 6 月）

行政机构

校长办公室

教务处

科研处

人事处

学生处

研究生院

财务处

后勤综合管理处

外事处（港澳台办公室、孔子学院办公室、留学生办公室、中外合作办学办公室）

审计处

监察处

发展规划处

教育质量监控评估中心

资产管理处

信息化办公室

古北校区管委会办公室

校友工作联络处

招投标办公室

档案馆

党群部门

党委办公室

党委统战部

党委组织部

党委宣传部（精神文明办公室）

纪委办公室

党委教师工作部

党委学生工作部（党委研究生工作部）

党委保卫部

团委

工会

机关党委

离退休党委（老干部办公室）

党校

二级单位

国际经贸学院

国际商务外语学院

金融管理学院

法学院

工商管理学院

会计学院

会展与旅游学院

统计与信息学院

马克思主义学院（人文社科部）

贸易谈判学院

国际文化交流学院

继续教育学院

体育部

创业学院

国际经济贸易研究所

国际发展合作研究院

世界贸易组织讲席(中国)研究院

人工智能与变革管理研究院

直属单位

信息技术中心

高等教育研究所

图书馆

学术期刊社

上海大学生体育中心管理办公室

学术组织

上海对外经贸大学学术委员会

上海对外经贸大学学位评定委员会

上海对外经贸大学学科建设与科学研究委员会

上海对外经贸大学教学指导委员会

上海对外经贸大学师资队伍建设委员会

上海对外经贸大学学术道德委员会

附录八　上海对外经贸大学科学研究基地一览表

（2020 年 6 月）

一、省部级科研机构

序号	机　构　名　称	负责人	成立时间
1	国际经济贸易研究所	黄梅波	2008
2	上海市社会科学创新研究研究基地暨上海市人民政府决策咨询研究基地“王新奎工作室”	王新奎	2009
3	上海国际贸易中心战略研究院	孙海鸣	2012
4	国际经贸治理与中国改革开放联合研究中心	张　磊	2013
5	“高端开放与国际规则”决策咨询研究基地	孙海鸣	2013
6	上海市人民政府发展研究中心暨上海发展战略研究所“孙海鸣工作室”	孙海鸣	2014
7	上海市社会科学创新研究基地暨上海市人民政府决策咨询研究基地“黄建忠工作室”	黄建忠	2015
8	中东欧研究中心	尚宇红	2015
9	数据科学与管理决策重点实验室	齐佳音	2016
10	上海高校思想政治理论课名师工作室“赵勇工作室”	赵　勇	2011

二、校级常设性研究机构

序号	机　构　名　称	负责人	成立时间
1	世界贸易组织讲席（中国）研究院	张　磊	2017
2	人工智能与变革管理研究院	齐佳音	2017
3	国际发展合作研究院（与国际经贸研究所建制合一）	黄梅波	2018

三、校级非常设性科研机构

序号	机　构　名　称	负责人	成立时间
1	商务英语研究中心	王艳艳	2001
2	外国文学研究所	王卫新	2003

续表

序号	机　构　名　称	负责人	成立时间
3	法律实务研究中心	邓　旭	2006
4	金融与资产管理法律研究院	倪受彬	2006
5	世界经济研究所	张晓莉	2006
6	国际经贸教育教学研究所	章丽群	2006
7	现代国际商务研究所	邱　强	2006
8	产业经济研究所	谷永芬	2006
9	大学英语教学研究中心	王　勇	2006
10	中西语言文化研究所	曹合健	2006
11	中国与欧盟经济研究所	张永安	2006
12	澳大利亚研究中心	周小进	2006
13	保险与风险管理研究所	赵　蕾	2006
14	金融发展研究所	李爱喜	2006
15	企业金融研究所	张　强	2006
16	哲学与社会研究所	潘　宁	2008
17	日本经济研究中心	陈子雷	2008
18	会计研究所	李婉丽	2008
19	中国 WTO 贸易争端解决机制研究中心	张　磊	2008
20	经济法研究中心	殷　洁	2008
21	技术经济研究所	乔明哲	2009
22	物流与供应链研究中心	袁庆达	2009
23	国际贸易文献研究与翻译基地	温建平	2009
24	公共政策与社会发展研究中心	邵德兴	2010
25	爱尔兰研究中心	冯建明	2010
26	资产评估研究所	应尚军	2010
27	战略性大宗商品研究院	孙海鸣	2013

续表

序号	机　构　名　称	负责人	成立时间
28	国际战略和政策分析研究所	郭学堂	2013
29	廉政文化教育研究中心	许　玫	2013
30	终身教育研究所	杨晓雁	2014
31	中德国际会展研究所	王春雷	2014
32	青年领导力研究与开发中心	母天学	2014
33	南亚和印度洋研究中心	郭学堂	2015
34	世界贸易组织(WTO)研究中心	张　磊	2015
35	商务大数据研究中心	刘永辉	2015
36	场外交易市场研究中心	嵇尚洲	2015
37	上海 TPP 与区域贸易协定研究中心	张　磊 Chen Leng Lim	2016
38	文化创意产业研究院	张佑林	2016
39	“上海一带一路协同创新研究院”	宋锡祥	2016
40	中国对外贸易史研究中心	张国义	2016
41	21 世纪海上丝绸之路研究中心	张　磊	2017
42	美国研究中心	陈晓静	2017
43	自由贸易港战略研究院	张　鸿	2017
44	“一带一路国家经贸关系与合作高等研究院”	刘永辉	2017
45	《资本论》与中国政治经济学研究中心	王朝科	2019
46	创新与发展研究中心	邵宜航	2019

后　记

盛世修史是中华文明的优秀传统。恰逢学校60周年之际，在广大上经贸大人的热切期待下，学校开始筹备校史编撰工作。校史编撰是一项艰巨的工程，作为一所有着60年历史的大学，大量历史细节被淹没在厚厚尘封的档案、报刊资料中，编撰者需要有“上穷碧落下黄泉”的顽强精神和史料搜集能力；为一所仍在蓬勃发展的新时代高校编史，编撰者一方面需要能够调动各方面资源、获取大量当下的资料，同时还要有贯通今昔的编撰眼光和敢于排除各种干扰的勇气。

鉴于60年校史编撰的专业水平要求和工作力量的不足等多种因素，经过慎重研究，学校决定聘请专业团队负责校史编撰。经过认真严谨的遴选，最终确定上海师范大学历史系姚霏副教授团队负责校史编撰。姚霏副教授长期致力于上海史研究，出版有学术专著《上海城区史》、《城市空间与中共建党》、《近代人物与中共建党》等，姚霏团队擅长于现有史料的整理和新史料的搜集，与上海各级图书馆、各级各系统档案馆有较为密切的联系，近年来，承担有上海市黄浦区文物保护管理所的“老城厢”系列调研、口述访谈项目；上海市肿瘤医院院史写作、口述访谈项目；上海市杨浦区党史办公室“百年杨浦党史知识读本”项目等。

本书旨在呈现上海对外经贸大学从筹建、创立到发展、壮大的光辉历程。以学校历史上的重要时期、重要领域、重要事件、重要成果为线索，力图对每一阶段的教学、科研、师资、学生培养、党的建设等方面的基本情况进行具体描述，凸显每一阶段的办学特点、教学成果、科研特色、社会贡献等。同时，本书试图以“外贸”和“国际”为校史的核心与精髓，勾勒出上海外经贸大学60年大致轮廓的同时，展现学校在中国对外经贸发展史和教育史上的地位。

全书22万字，总体脉络采用编年体下的专题史，但在具体处理时，专题和事件需要相对平衡。所以在目前的框架中，可以看到专题和事件穿插出现。总体体例按“章、节、目”形式,各章格式按“引言、节、目”形式。

编撰团队从 2019 年 9 月开始资料搜集工作。编撰团队到上海市档案馆获取关于学校成立到 80 年代期间的相关资料,同时,到上海市图书馆的当代报刊资料中,获取关于学校的各种媒体报道。这个过程前后历时两个月,取得各类抄写、复印、扫描、电子资料 200 余份。11 月起,编撰团队重点到学校档案室查阅资料,主要获取 1978 年以来的学校人事、教学、科研、招生、就业等方面的资料,并在这一时期形成了校史的基本框架。

2020 年初,一场突如其来的疫情打乱了编撰团队的计划。原来计划赴商务部查阅相关档案资料的计划无法实施,而由于疫情防治要求学校的封闭式管理,也使得编撰团队无法进入学校档案室继续查阅资料。眼见付梓的时间已渐渐临近,那段时间,编撰团队真可以用“绝望”来形容。万般无奈的情况下,编撰团队顶着巨大的压力,充分挖掘已掌握的档案资料,等到疫情稍有缓和,就继续到学校档案室查阅资料。同时,由于近年学校的相关档案保存较完整,也为校史编撰省力很多。

经过编撰团队的争分夺秒,终于在 5 月中旬,书稿第一稿提交至党委宣传部审核。5 月下旬,第一稿修改意见反馈。编撰团队加班加点进行补充修改,并于 6 月上旬再次提交二稿。党委宣传部邀请退休老同志、学校相关部门负责人和曾经参与校史编撰的相关教师对第二稿提出了补充和修改意见,编撰团队再度进行了认真的修改,于 6 月下旬提交了第三稿。可以说,校史的编撰过程中,编撰团队与学校密切配合、积极沟通,是校史编撰最终能够得以按时完成的最重要保障。本书的撰写凝结了校内外各界人士的努力和付出,在此致以诚挚的感谢。

本书由姚霏副教授主编,王军、赫华程、丁千钧、闫成参与资料收集和编写。郭茜、陈加林、董伊金、秦淑娟、金道明、戴金华、莫怡、王越等老师参与了审稿,在此表示衷心的感谢。这里,我们还要由衷感谢周琬华、郑鹏程、秦浩、黄芝鑫、俞静、王蕾、林世均、潘子彦、金永发、徐家仪、陆志华、董来、秦淑娟、董伊金、郭茜等老师之前所做的校史内容的基础性工作,是他们阶段性的校史编撰工作,为此轮 60 年校史编撰打下了一定的基础。

当然,必须说明的是,在本书编撰过程有着较多的遗憾:首先,由于学校历史上多次撤校复校，加之年代久远，导致学校早期的相关资料短缺。其次，2020 年初突如其来的新冠疫情致使图书馆、档案馆等各类机构停止对外开放，影响了相关资料的搜集和挖掘工作。再次，由于一些主客观原因，没能对学校历史上的相关知情人员做大范围、深入的访谈调研(这方面的遗憾希望可以通过口述史聊以弥补)。最后，囿于资料、体例、字数限制等因素，特别是编撰团队编撰水平有限、编撰时间仓促，本书对学校发展 60 年的历史，难免挂一漏万。俗话说"一千个人眼中有一千个哈姆雷特"。作为一所万人大学的校史，必然不可能做到人人满意。由衷希望各位读者能给编撰团队一定的包容。此次校史编撰在学校发展历史中是第一次采用正式出版的形式，这是一个良好的开端，我们相信在全校师生的共同努力下，学校发展的历史必将更加灿烂辉煌，校史编撰工作也必将更加完善。

上海对外经贸大学
1960—2020 校史编写组
2020 年 7 月